破产法文库
总主编 王欣新

译著系列
石静霞 主编

ELEMENTS OF BANKRUPTCY

美国破产法精要

第六版

[美] 道格拉斯·G. 贝尔德（Douglas G. Baird）著
徐阳光 武诗敏 译

法律出版社 LAW PRESS·CHINA

Elements of Bankruptcy, 6th Edition
By Douglas G. Baird

著作权合同登记号
图字：01-2019-4837

作者简介

道格拉斯·G.贝尔德（Douglas G. Baird）

芝加哥大学哈里·A.毕格罗（Harry A. Bigelow）杰出服务教授，美国著名破产法学者，主要从事公司重组与合同法的教学研究工作。1975年在耶鲁学院（Yale College）以优等成绩获得英语文学学士学位（BA）；1979年在斯坦福大学法学院获得法学博士学位（JD），曾入选法学院优等生协会并担任《斯坦福法律评论》主编；1994年获得罗契斯特大学荣誉法学博士学位（LLD）；曾在哈佛大学、耶鲁大学、斯坦福大学担任法学客座教授。1979~1980年担任美国第九巡回上诉法院法官雪莉·霍夫斯特德勒（Shirley M. Hufstedler）和多茜西·尼尔森（Dorothy W. Nelson）的助理。1980年转入芝加哥大学法学院任教，1984年荣任法学教授，1994～1999年担任芝加哥大学法学院院长，1996年入选为美国艺术与科学学院（American Academy of Arts and Sciences）院士，1997~2005年担任全美国家破产立法会议（National Bankruptcy Conference）副主席，2005~2009年担任美国破产学会（American College of Bankruptcy）主席，2013～2014年担任美国法律与经济学会（American Law and Economics Association）主席。

译者简介

徐阳光

湖南平江人，中国人民大学经济法学博士、北京大学法学博士后。现任中国人民大学法学院教授、博士研究生导师，英国剑桥大学访问学者。兼任中国人民大学破产法研究中心副主任兼秘书长、北京市破产法学会副会长兼秘书长、中国破产法论坛组委会秘书长。入选中国人民大学首批“杰出学者”（青年学者A岗）、北京高校青年英才计划。

武诗敏

山西孝义人，中国人民大学经济法学博士研究生，中国政法大学比较法学硕士，美国印第安纳大学法学硕士（LLM）。

《破产法文库》编审委员会

献给沃尔特·布卢姆（Walter Blum）教授

总　序

现代破产法融清算退出与挽救更生程序于一体，是警醒正常市场主体“向死而生”之法，是帮助困境企业“涅槃重生”之法，是促使失败企业“规范退出”之法。破产法律制度是市场经济法律体系不可或缺的重要组成部分，甚至被称为市场经济之“宪法”。市场经济社会的基本法则乃公平竞争、优胜劣汰。故，凡市场经济之法治国家，无不将破产法视为其法律体系不可或缺之重要组成部分，并将其作为评价一国市场经济地位和营商环境水准的重要标志。

中国自改革开放以来，高度重视营商环境建设。1986 年 12 月2 日第六届全国人民代表大会常务委员会审议通过了《企业破产法（试行)》，于 1988 年 11 月 1 日起施行。2006 年 8 月27 日第十届全国人民代表大会常务委员会第二十三次会议审议通过了《企业破产法》，自 2007 年6 月1 日起施行，《企业破产法（试行)》同时废止。2013 年 11 月《中共中央关于全面深化改革若干重大问题的决定》指出：“健全优胜劣汰市场化退出机制，完善企业破产制度。”2014 年 10 月《中共中央关于全面推进依法治国若干重大问题的决定》指出：“社会主义市场经济本质上是法治经济。使市场在资源配置中起决定性作用和更好发挥政府作用，必须以保护产权、维护契约、统一市场、平等交换、公平竞争、有效监管为基本导向，完善社会主义市场经济法律制度。”2018 年9 月第十三届全国人大常委会立法规划发布，《企业破产法》的修订纳入立法规划，属于“需要抓紧工作、条件成熟时提请审议”的项目。2018 年 11 月中央全面深化改革委员会第五次会议审议通过了《加快完善市场主体退出制度改革方案》，将加快以破产法为核心的市场主体退出制度建立健全的步伐，以更好地服务供给侧结构性改革和营商环境优化建设。

我国破产法的历史虽然短暂，但也已走过了30余个春秋，《企业破产法》及其司法解释构成了较为完整的破产法制度体系，全国各地各级法院组建了约100家破产审判庭，北京、上海、深圳等地更是在最高人民法院的批准下组建了破产法庭，破产审判的法治化、专业化建设取得了长足的进步，破产案件数量逐渐上升，破产法的理念、文化与制度规则也得到了更广泛的传播和认可。

破产法律制度的建立健全和破产审判的法治化、常态化推进，是市场经济可持续发展、营商环境优化建设的重要保障，市场经济之发展亦注定离不开破产法学研究之繁荣。中国人民大学破产法研究中心和北京市破产法学会自成立以来，始终坚持学术为本、理论联系实际和以问题为导向的研究理念，不遗余力地创办"中国破产法论坛"及其专题研讨会等权威交流平台，多年来持续编辑出版《破产法论坛》等图书，凝聚了中国破产法理论与实务界之顶尖研究力量，致力于破产法治事业之发展与进步，赢得了全体"破人"之赞誉与支持。

为进一步整合中国破产法理论界与实务界之研究力量，经与浙江省高级人民法院民四庭庭长章恒筑法官、中国人民大学破产法研究中心副主任郑志斌律师、中国人民大学破产法研究中心副主任兼秘书长徐阳光教授、法律出版社法治与经济出版分社社长沈小英编审反复商议，中国人民大学破产法研究中心、北京市破产法学会决定联合法律出版社创办"破产法文库"，面向国内外同仁开放。

"破产法文库"设置5个子系列，其中，学术系列希冀广纳中国学界高水准之破产法专著；译著系列拟推介域外之经典破产法文献与法典；论坛文集系列继续推出"中国破产法论坛"及其专题研讨会之优秀论文；实务系列侧重出版破产法实务经验总结之佳作；茶座系列则旨在分享破产法实施中的趣闻轶事以及破产法同仁办理破产案件的心得体会。

从历史上看，中国缺乏破产法文化传统与理论实务研究积淀。"破产法为一重要之法律，然学者研究之者，远不如研究民刑之法之夥；

良以向者适用较少，兴趣遂减。”民国法学家吴传颐先生数十年前之感慨，仍让今人有现实之叹。而今，破产法的社会调整作用日益得到人们的认可与重视，破产法的研究也日益深入。破产法是一个综合性的法学领域，破产法治建设是我们共同的事业追求。但愿“破产法文库”之创办能够团结更多法学同仁来关注和研究破产法理论与实践之重点难点问题，并将自己高水平的研究成果纳入文库中出版，共同推动中国破产法学术之繁荣、立法之完善与司法之进步。

是为序！

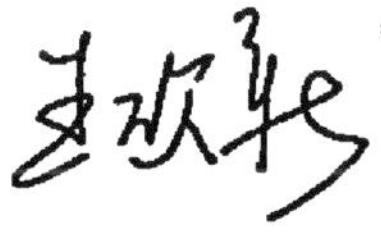[*]

2016 年 7 月 16 日撰写

2019 年 2 月 26 日修订

---

* 中国人民大学法学院教授、博上研究生导师，中国人民大学破产法研究中心主任，北京市破产法学会会长。

中文版序言

《美国破产法精要》的中文译版将美国破产法的第一性原理（first principles）介绍给了全新的读者。美国破产法自 1978 年法典化以来，基本上没有改变，40 多年来一直行之有效。它们为数百万不幸的有血有肉的个人提供了一条重新站起来的道路。成千上万大大小小的企业因为《破产法典》而有机会与债权人一起来解决他们的事务。通用汽车（General Motors）和克莱斯勒（Chrysler）、美国航空公司（American Airlines）和联合航空公司（United Airlines）、梅西百货（Macy's）和布鲁明戴尔百货公司（Bloomingdales）等标志性品牌公司，都曾利用该法典第 11 章来整顿自己的财务状况。

然而，1978 年《破产法典》远远没有为拯救困境中的债务人提供通用的方法。美国的破产法是一个非常大的拼图中的一部分。个人债务人享有许多州法和其他联邦法律提供的保护。除了破产之外，债权人可以占有的资产和可以扣押的工资还受到很多限制。更重要的是，虽然破产可以提供一个全新开始（fresh start），但它并不会改变最初造成财务困境的根本情况。对于陷入财务困境的公司来说，破产也只是故事的一小部分。美国每年有超过 50 万家企业倒闭，但其中只有一小部分——每年不到 1 万家——试图根据《破产法典》第 11 章进行重整，而且，只有少数企业能够重整成功。

美国破产法的实践提供了有益的经验教训，但将其移植到另一个有着不同法律制度的经济体系中则须谨慎行事。在这个序言中，我将首先明确自本书第 6 版出版以来法律和实践方面的两个主要变化，然后，回到美国破产法的基本原则，这也许是在与美国完全不同的环境中依然有用的原则。

一、小企业破产

1978年，《破产法典》的起草者决定为所有规模的公司制定一部统一的公司重整法。然而，事实证明，以这种方式把大公司和小企业联合起来是很尴尬的。当一个公司拥有独立的身份时（大公司几乎都是如此的），有意义的是关注业务本身而不是那些在任何时刻碰巧经营它或拥有它的人。小企业则完全不一样。①

餐馆、建筑承包商和服务公司通常由一个人经营。这种经济型企业无法脱离运营它的**业主经理**（owner-manager）。带走经营餐馆的人之后，餐馆除了几张桌子和一些二手厨房设备外，什么也没有留下。对于建筑公司，如果背后的人消失了，可能也就只有几件用以设立担保权益的重型设备。而会计或咨询公司可能根本就没有资产。

债权人的权利仅限于通过变卖资产所能实现的利益。公司仅仅是一种使那些个体经营者能够以独资企业主的身份来谋生的工具。诚然，企业家和资产之间可能存在协同效应，但两者共同创造的价值并不属于债权人。企业家并没有与公司捆绑在一起。以有限责任形式从事经营活动的人可以从公司中脱身。没有这个企业家，也就不会有持续经营的企业。

将这些小企业和那些可以与现有管理者分离开来的大公司区别对待是有道理的。因此，美国国会在2019年对小企业破产制度进行了全面改革，制定了《小企业重整法》作为《破产法典》第11章的第5分章。第11章的这一全新部分建立在第12章为家庭农场主提供的处理方案基础上，设计了一个允许个体经营者继续经营其小企业的简化程序。然而，小企业的重整计划必须确保担保债权人获得其担保物的价值，

① See Douglas G. Baird & Edward R. Morrison, Serial Entrepreneurs and Small Business Bankruptcies, 105 Colum. L. Rev. 2310 (2005).

而普通债权人获得该企业至少未来3年的收入。

国会两党在法官、学者和从业者的广泛支持下通过了这项法律。该法案即使在绝对优先规则最坚实的拥趸中间也没有争议。对于那些本质上是个体经营者的人来说，该法案为他们提供了一个**全新开始**，而且对债权人来说几乎不需要付出什么代价。由于它是针对这些独资企业主的，所以并不适用于规模较大的公司。②

二、重组支持协议

《破产法典》第11章的大型企业重整，依赖于债权人（及其聘请的专业人士）在会议桌前坐下来谈判，由他们自己建立新的资本结构。破产法官的职责是充当监督谈判的裁判员，而不是直接参与制定计划。然而,《破产法典》本身却对这一谈判如何进行着墨甚少。我们可以从这些谈判进行的方式中窥得近年来大型企业重整最显著的变化。③

在向全体债权人提出重整计划之前，债务人越来越依赖于与关键主体达成的个别协议。债务人试图在与所有利益相关者达成共识之前与关键主体达成正式协议。这些初步协议（preliminary agreements）被称为**重组支持协议**（restructuring support agreements）。

无论是在重整之前还是重整期间，两方或多方主体都可以就时间表和重整计划的基本要素达成一致。虽然过后还必须制定具体细节，并且仍需其他各方加入，但是重组支持协议至少为此提供了一个起点。重组支持协议常常与经管债务人（debtor-in-possession，DIP）融资协议

② 特别是，债务人的债务总额必须少于300万美元。[参见11 U.S.C. §101(51D)] 在美国，债务低于这一标准的企业很少有一个独立于其所有者的身份。这类企业即使是在财务健康的情况下，通常也会在所有者退休时关门。甚至是大城市里的高级餐厅也太大了，不符合《破产法典》对“小企业”的定义。“2019新型冠状病毒”危机发生后通过的立法将这一标准临时提高到了750万美元。

③ See Douglas G. Baird, Bankruptcy's Quiet Revolution, 91 Am. Bankr. L. J. 593 (2017).

共同发挥作用。优先债权人同意在达成重组支持协议的同时提供 DIP 融资或同意现金担保（cash collateral）。

表面看来，达成重组支持协议是一件好事。重组支持协议确保每个人都能确信重整程序将朝着特定的方向进行。如果管理者和主要利益相关者对他们面前的道路有一个大致的了解，那么重整最有可能成功。债权人只有在债务人支持某一个重整计划的情况下才会愿意支持该计划。就其本身而言，债务人希望确保债权人信守诺言，投票支持重整计划，并且不会对重整计划的顺利通过设置任何障碍。

现代破产法官通常允许当事人在破产案件审理期间达成此类初步协议，尽管《破产法典》第 1125 条似乎对此进行了明确禁止。法官们关注重组支持协议中那些给予当事人“信义退出”（fiduciary outs）的条款、各种终止事件的存在以及债权人只有在**披露声明**（disclosure statement）获得批准后才进行实际投票这一事实。他们认识到，在一个有着许多易变的不同投票主体的环境中，达成这样的协议，才能使协商一致的计划成为可能。此外，大型重整案件中的参与者都是经验丰富的不良债权投资者。他们与第 1125 条保护的对象，即为退休存钱的小的单一个人投资者没有什么共同之处。

然而，这种协议也有其不利的一面。优先债权人有时会施压推进一项重组支持协议，以使其在重整的蛋糕中获得相对较大的份额。那些代表债务人的人又不愿意抗拒并保护那些不加入协议的主体的利益。相反，他们更关注重组支持协议是否能够催生一个获得批准的重整计划，无论重组支持协议如何分配利益。如果代价是优先债权人在重整后的企业中所占的份额略大一些，他们也乐于付出这样的代价。原则上，没有加入重组支持协议的债权人有权在批准重整计划的听证会上坚持自己的实质性权利，但由于无法准确界定其优先权，所以那些掌握控制权的债权人很容易欺骗他们。

三、展望未来

美国的破产制度在未来几年可能会面临新的挑战。美国的破产专业人士已经习惯于那些主要问题在于修复资本结构的公司重整。在最近的第 11 章案件中，公司背负了很多的债务，但是经营方面的问题却很少。然而，下一波破产可能就是完全不一样的情况。

许多能源领域公司的商业模式都是以原油价格超过每桶 40 美元为前提。在当前的经济环境下，当这些公司进入第 11 章时，面临的挑战远远超出了修复资本结构，它们的运营可能需要从根本上进行改变。同样的模式也存在于许多零售商、医疗保健提供者以及休闲和旅游行业的所有参与者。这些挑战导致了下一轮的重组将尤其具有挑战性，因为在第 11 章中有许多工作要做。

然而，《破产法典》的精妙之处在于，它在很大程度上依赖于健全的第一性原理。公司重整首先是提供了一个喘息的空间，为那些需要盘点和整理事务的企业提供了时间。自动冻结使各种利益相关者可以解决债务人的问题，无论这些问题是什么。但是我们不应当忽略法律功能的有限性。如果一家公司不能再在市场上竞争，合理的破产制度面对这一现实宜早不宜迟。如果一家公司的收入注定低于其运营成本，那么任何破产法都无法解决它的问题。

美国破产法中最强有力而且最重要的原则之一是这样一种理念，即破产中的债务人必须遵守与其他所有人相同的规则。首先，破产只是一个厘清已经存在于其他地方的权利的程序。在美国国会中负责破产立法的是司法委员会而不是商务委员会，这并非偶然。我们需要理清权利，而不是重塑这些权利。

设计一个合理的程序不需要改变任何已经恰当存在的权利。破产中的债务人不应仅通过申请破产就获得新的权利。联邦最高法院已经多次重申了这一观点，最近的一次是在 2019 年，联邦最高法院认为债务人不能通过援引其拒绝履行待履行合同的权利来取消对第三方的商标许可。④ 破产法依原样对待非破产法。⑤ 公司重整所需要的唯一变化是创造谈判空间所必需的改变，让利益相关者自身有机会在谈判中去发现公司是否还有未来。

《美国破产法精要》为我们展示了一个法律体系如何以一种相当不错的方式来实现这一理念。因此，即使在其他面临着完全不同挑战的国家和地区，这种理念及其实现方式也可能找到知音。出于这个原因，我很高兴本书的中文版将使这一理念在更广的范围内为人所了解，也非常感谢中国人民大学法学院徐阳光教授和武诗敏同学翻译和出版本书。

道格拉斯·G. 贝尔德（Douglas G. Baird）*

2020年4月15日

④ Mission Product Holdings, Inc. v. Tempnology LLC, 139 S. Ct. 1652 (2019).

⑤ Butner v. United States, 440 U. S. 48, 55 (1979).

* 芝加哥大学法学院哈里·A. 毕格罗（Harry A. Bigelow）杰出服务教授。特别感谢弗兰克·格林伯格基金（Frank Greenberg Fund）对研究工作的支持。

译者前言

美国破产法，因其体系成熟、规则详尽、实践生动而屹立全球，成为各国破产立法的标杆。诚然，知识的全球性无法为国家或文化的边界所限制，阅读美国破产法是提升我国破产法学术研究水平和推动破产法治建设的有效路径，但我们要关注的不仅是美国破产法的条文内容，更重要的是制度背后的第一性原理（first principles）和法律适用中的思维逻辑。呈现在读者面前的中文版《美国破产法精要》，以 20 多万字的篇幅，扼要描绘了理解美国破产法的路线图，生动诠释了破产免责、豁免财产、全新开始、绝对优先、破产债权、破产财产、待履行合同、强臂权、自动冻结、欺诈性转移、偏颇性清偿、衡平居次、实质合并、债权削弱、债权交易、营运出售、重组支持协议、强制批准等核心制度的基础原理和实践动态，展现了破产法的“丰富多彩、妙趣横生和通俗易懂”。对于习惯了通过鸿篇巨制来了解美国破产法的读者，阅读本书将是一种全新的思维启迪和别样的知识之旅。

本书是美国著名法学家道格拉斯 · G. 贝尔德（Douglas G. Baird）教授的代表作。贝尔德教授现为芝加哥大学哈里 · A. 毕格罗（Harry A. Bigelow）杰出服务教授，1994 ~ 1999 年担任芝加哥大学法学院院长，1996 年入选为美国艺术与科学院（American Academy of Arts and Sciences，AAAS）院士，1997 ~ 2005 年担任全美国家破产立法会议（National Bankruptcy Conference，NBC）副主席，2005 ~ 2009 年担任美国破产学会（American College of Bankruptcy，ACB）主席，2013 ~ 2014 年担任美国法律与经济学会（American Law and Economics Association，ALEA）主席。

贝尔德教授在美国享有崇高的学术声誉，尤其是在破产法与合同法领域。国内读者应该不会对贝尔德教授及其作品感到陌生，他的很多文章，题名就深深地吸引住了读者。比如,《破产法静悄悄的革命》(Bankruptcy's Quiet Revolution)、《反破产》(Anti Bankruptcy)、《破产的终结》(The End of Bankruptcy)、《无破产的世界》(World without Bankruptcy)，这些代表性论文的题目很文艺别致，又极富哲理。我一直很喜欢阅读贝尔德教授的研究成果，也基本收集了他所有破产法方面的著作和论文，完成这部著作的翻译之后，我更加深入地了解了贝尔德教授的学术思想和写作风格。他的作品总是能够在严谨的论证中给人带来精神的愉悦，在精练的语句中给人带来哲理的启示，他为我们展示的重点不是现行制度本身的内容，而是规则体系和制度实践中蕴含的基本原理、逻辑结构和思维模式。

贝尔德教授在“导论”中介绍了这本著作的最初由来。20世纪90年代初期，他在索南臣·纳斯－罗森萨尔律师事务所（Sonnenschein, Nath & Rosenthal）讲授一系列研讨课，讲课的成果成为本书的第1版，之后不断修订，目前为第6版。在这一背景下，本书的每一章就仿佛是一个专题讲座。生动的语言和丰富的案例是本书给读者的第一印象，而跳出纷繁复杂的学术文献，直接触及制度的本质和问题的痛点，则是本书最为鲜明的特点。

贝尔德教授将自己数十年来研究破产法和参与破产立法活动的心得体会融入了本书中，娓娓道来，字字珠玑。例如，如何看待美国《破产法典》第7章破产清算制度的目的？“允许公司提交第7章破产清算申请的目的，并非向普通债权人分配资产，而是使债权人确信已经没有什么值得继续纠缠的了。对于总是被骚扰的公司管理人员来说，提交第7章申请是使公司的债权人确信公司已经没有资产并且诉讼是毫无意义的最简单的方法。”如何评价美国2005年修法引入的“经济状况审查”？“这个游戏可能不值得进行，抓几个坏人的好处可能并不足以证明让其他所有人承担成本的正当性。”如何看待美国引以为傲的重整制度？“无论我们是拥抱好的光明的一面还是暗淡的一面，问题本身都凸显了我们目前面临的最大挑战：如何在一个参与者众多且不断变化的体系内中合纵连横。在此过程中，参与者必须关注破产法官批准计划时使用的特定标准。”如何准确认识破产法的功能和价值？“法律规则无法使鲁莽的人聪明、不幸的人幸运，也不能将经营不善的企业与市场现实隔离开来。破产的目标必然是适度的。‘诚实而不幸’的个人应该获得**全新开始**。具有营运价值的公司应当能够获得新的资本结构，而那些无法生存的公司应该能够迅速处理好它们的各项事务。破产法不能创造奇迹，追求无法拥有的东西往往得不偿失。”

贝尔德教授在书中提到了两个对他乃至对整个破产法学界而言都十分重要的人物。一位是他的同事和导师沃尔特·布卢姆（Walter Blum）教授。布卢姆教授曾执教于芝加哥大学法学院，是美国税收、保险、破产和公司重组方面的权威学者，1994 年驾鹤西去。时任芝加哥大学法学院院长的贝尔德教授在悼念中追思：“布卢姆教授是过去半个世纪最伟大的法律学者和老师之一，他改变了我们对税法、公司重组和许多其他领域的看法，无论是学者、法官还是其他法律工作者，只要对法律有深切的了解，就会怀念他，他将被后人所铭记。”本书以对布卢姆教授的致敬作为开始，在正文最后一页引用布卢姆教授经常说的“在法律中，95% 就是完美”宣告结束。另一位是作者在导论中特别鸣谢的，将其引入破产法殿堂并帮助构思本书的托马斯·杰克逊（Thomas Jackson）教授。杰克逊教授 1986 年在哈佛大学出版社出版的《破产法的逻辑与界限》(*The Logic and Limits of Bankruptcy Law*)，运用经济学、哲学的方法探讨破产法的第一性原理，对贝尔德教授的破产法研究产生了重要的影响。有机会翻译贝尔德教授这样一位重情重义的法学大家的代表作，是我们译者的荣幸。

鉴于本书内容反映的是 2014 年 6 月之前的法律状态，为了让读者能够对美国破产法的最新动态有所了解，我特意发邮件邀请贝尔德教授为本书中文版撰写序言。贝尔德教授慷慨应允，其在序言中重点对美国 2019 年通过的《小企业重整法》和美国《破产法典》第 11 章重整实践中十分重要的“重组支持协议”作了介绍，为中文版的读者提供了最新的动态和洞见。

贝尔德教授强调，“美国破产法的实践提供了有益的经验教训，但将其移植到另一个有着不同法律制度的经济体系中则须谨慎行事”，与此同时，“美国《破产法典》的精妙之处在于，它在很大程度上依赖于健全的第一性原理”，围绕着如何为个人提供**全新开始**，如何为大企业的重组谈判提供讨价还价的机制和空间而展开，因此，“即使在其他面临着完全不同挑战的国家和地区，这种理念及其实现方式也可能找到知音”。

在翻译最后定稿阶段，我们两位译者对若干存疑问题进行了多次深入讨论之后仍然无法达成共识，于是通过邮件直接请教贝尔德教授。贝尔德教授在收到邮件不到24小时就给我们做了完整细致的解释，对那些他认为太多内容凝聚在一起进而增加了阅读困难的句子作了分解说明。在一来一往的书信联系中，我们深深感受到了贝尔德教授是一位学术严谨、知识渊博、思想深邃而又平易近人的学者，事实上，他的这些特点也反映在了本书的写作风格中。

本书由我和我指导的博士研究生武诗敏同学共同翻译。我们没有进行章节任务上的分工，每一章，每一段，每一句，都是通力合作的结果，都至少经历了从1.0到12.0的版本。从始至终，我们都抱着敬畏之心，不敢稍有懈怠。即便是一个看似简单的术语，也要查阅大量的背景资料，也经常为了某个词组、某个术语的译法争论不休，生怕因错漏而减损了原著的准确度和优美感。译者只是文字和思想的传递者，我们唯有力求精准、生动地传达每一句话的本意。在此过程中，我在剑桥大学访学期间阅读了大量英美破产法文献，为本书的翻译提供了很好的帮助；合作者武诗敏同学对英文语言出色的理解和领悟能力，对中文文字的精准运用和熟练处理能力，让本书中译本添色不少。我们时常为对方找到了一个准确而优美的译法而相互鼓励。作为导师，我也很欣慰地看到她在学术规范训练、学术风格养成和学术悟性拓展方面的快速成长，她的较真和执着，在具体问题讨论时的不妥协精神，让我们得以尽可能地发现翻译中的问题并展开了更多的讨论，最终让本书的关键术语、字句、段落的表述更为精练和准确，提升了本书中译本的品质。

初读本书，或许会有晦涩之感，但是反复阅读、仔细琢磨便能体味到其中的精妙之处，颇有几分“书读百遍、其义自见”之感。这一过程带来的阅读的快乐与满足十分难得，亦使其称得上是一本令人回味无穷的著作。本书名为“精要”，关注于破产法之中最为重要和核心的原理与制度，相应地省略了一些基本知识的介绍。囿于篇幅，本书对于有些具体制度内容着墨不多，但往往都是切中要害，一针见血，能够启发我们的思考，这也正是阅读这本书的乐趣所在。

《美国破产法精要》是一部十分难得的精致之作。因为精致，所以删繁就简，要言不烦，给人酣畅淋漓之感；因为精致，所以富有哲思，意蕴悠长，带来无限想象的空间；因为精致，所以言辞优美，语言生动，读来总是令人回味。该是把时间和空间留给各位读者的时候了，让我们一起“聆听”贝尔德教授为我们娓娓道来的美国破产法故事。

徐阳光

2020年5月4日

谨识于剑桥大学

目　录

导　论　1

现代破产法是一个具有明确和清晰界限的领域。在《美国破产法精要》(*Elements of Bankruptcy*) 一书中，我将向律师和想要理解破产法基本规则和原则的其他人介绍破产法的世界。我力图展现现代破产法的丰富多彩、妙趣横生和通俗易懂。这一版本反映了 2014 年 6 月前的法律情况。

前三章勾画出了破产法的全景。第一章探讨了《破产法典》(Bankruptcy Code) 的实质性条款和适用于破产案件的程序规则。第二章着眼于个人债务人在破产程序中的权利。破产法给予个人一个“**全新开始**”(fresh start)：被债务压垮的“诚实而不幸”的债务人可以申请破产，享有未来的收入不受过去债务影响的权利，既要确保“诚实而不幸”的债务人重获新生，同时又要防止那些可以清偿债务的债务人滥用破产程序，这给法律带来了相当大的复杂性。

第三章检视了公司重整的基本原则——**绝对优先规则** (absolute priority rule)。公司进入破产的原因与个人不同。公司根据州法已经享有有限责任：当一家公司倒闭时，其股东并不对这家公司或者其债权人承担责任。通过《破产法典》第 11 章下的重整程序，一家境况不佳但在其他方面表现强劲的企业用更能反映自身状况的合理资本结构取代现有的资本结构。与个人一样，公司通过破产获得了原有债务的免责，但是这样做的原因与保护有血有肉的个人不受债权人的侵害毫无关系。

陷入财务困境的个人和公司的不同法律问题在同一地方——破产法院——进行裁决，不仅是因为历史的原因，也因为它们存在相似的管理方面的困难。在这两种情况下，都需要牵制债权人，同时处理债务人

2 的事务、归集债务人的资产、确认债权债务、确定不当行为（如果有的话），以及权威地决定谁能得到什么。本书剩余的章节集中讨论这一过程运行的方式。

第四章探讨了那些产生于破产之外的权利在破产内如何处理。大多数情况下，债权人在破产中的债权取决于债权人在破产之外的权利状况。第五章展示了《破产法典》如何保证债务人在破产程序之外可供清偿债权人的财产在破产程序内仍可用于清偿债权人。第六章通过分析**待履行合同**（executory contracts）的处理问题，完成了对债务人及其交易相对方基本权利和义务的检视。待履行合同是指双方当事人均对对方负有义务的合同。因此，待履行合同既是负债也是资产。

债务人在**资不抵债**（insolvent）的情况下不能转让资产，除非其获得了合理的**等值对价**（equivalent value），不得从事主要目的在于影响债权人受偿能力的活动。由此可见，欺诈性转让法（fraudulent conveyance law）的这一基本原则是毋庸置疑的，但其影响是深远的。欺诈性转让法、**衡平居次**（equitable subordination）以及**实质合并**（substantive consolidation）的相关问题是第七章的主题。第八章论述了可撤销的**偏颇性清偿**（preference）。在即将进入破产的情况下，债务人不能够再自由地选择清偿哪些债权人。现有的偏颇性清偿立法通过各种规则和标准的复杂组合来实现上述目的。

破产申请提交之后，债权人必须停止债务追收的行为，但债务人必须继续同以前一样处理其他事务。《破产法典》试图通过**自动冻结**（automatic stay）来实现这两个目标，这是第九章的主题。第十章探讨了《破产法典》第11章大型和小型重整案例的情况。大多数第11章破产申请都是由小型公司提交的，在这些案例中，面临的挑战不是维持营运中的事业，而是推动企业家实现从一种事业到另一种事业的转型。公司是正式提交破产申请的主体，但是拥有公司的企业家才是中心焦点。相比之下，大型的第11章案件虽然数量较少，但是却涵盖了破产中绝大部分的资产。在这些案例中，事业与其经营者是相区分的，《破产法典》第11章允许陷入财务困境的公司通过类似破产外并购的方式取得新的资本结构。本书的最后两章着眼于重整计划草案的制定和批准程序。

本书的构想源于我与托马斯·杰克逊（Thomas Jackson）教授卓有 3
成效的合作，他在我还是学生的时候就将我引入了破产法的殿堂。本书的第 1 版形成于 20 世纪 90 年代初期我在索南臣·纳斯－罗森萨尔律师事务所（Sonnenschein，Nath & Rosenthal）讲授一系列研讨课的时候。我一直在与许多出色的法官和律师进行的长时间交流中学习，包括汤姆·安布罗（Tom Ambro）、弗兰克·伊斯特布鲁克（Frank Easterbrook）、罗伯特·戈伯（Robert Gerber）、芭芭拉·豪瑟（Barbara Hauser）、理查德·莱文（Richard Levin）、哈维·米勒（Harvey Miller）、莎莉·尼利（Sally Neely）、克里斯·桑奇（Chris Sontchi）、罗纳德·特罗斯特（Ronald Trost）和尤金·维多夫（Eugene Wedoff）。与许多同事，特别是巴里·阿德勒（Barry Adler）、罗纳德·伯恩斯坦（Donald Bernstein）、托尼·凯西（Tony Casey）、爱德华·莫里森（Edward Morrison）和罗伯特·拉斯穆森（Robert Rasmussen）的合作，为这一版本也就是第 6 版的完成提供了很大帮助。杰西卡·阿瑞特（Jessica Arett）、贾斯汀·莫库里奥（Justin Mecurio）和迈克尔·特克尔（Michael Turkel）提供了出色的研究上的协助，阿什莉·加西亚（Ashlee Garcia）被证明是最能干的编辑。最后，我还要感谢约翰·奥林（John M. Olin）基金会提供的研究支持。

4 第一章　破产法的线路图

《破产法典》的结构

“*破产*”（bankruptcy）一词起源于中世纪意大利的习惯，即砸烂那些弃债潜逃的银行家或者商人的工作台（benches）。根据这一单词的词根所示，英国最早的破产法针对的是商人债务人（merchant debtors），是一种严苛的惩罚性措施。事实上，其严苛的特点促使一位参加1787年费城制宪会议的代表反对授予国会制定统一破产法的权力。根据英国法的规定，不合作的破产者有被绞死的危险，该代表担心国会也会效仿这一规定。对于如今的律师而言，破产与死刑的极度不相容恰好表明了现代破产法与17、18世纪英国的破产法并无太多紧密的联系。通过聚焦于目前的立法，并在恰当的时候回溯破产法的历史，我们将能做得更好。

《破产法典》是《美国法典》的第11卷。尽管可以很容易地找到破产法的成文法，但是破产法仍然属于普通法，律师必须进行类推适用并持续地了解一般原则。破产法的适用不是机械的，其涉及的问题十分广泛。破产中的委托人可能面临在破产之外可能遇到的所有法律问题。

破产法以*非破产法*（nonbankruptcy law）为基础。* 因此，破产律师必须通晓可适用的非破产法以及破产法可能给其带来的改变。举例

* 译者注：本书出现的非破产法，是指破产法以外的法律。

来说，假设你作为律师代理一家计算机硬件制造商，该制造商拥有制造计算机芯片的专利工艺。你的委托人发现竞争对手正在使用这项专利工艺，并且该竞争对手提交了破产申请。你首先需要了解在破产外如何实施专利，然后要研究破产如何改变了基本权利和维护基本权利的方式。

这项任务并没有看起来那么艰巨。破产法仅在破产目的需要时才会
改变非破产法。保证有血有肉的个人有一个**全新开始**就需要这样的改 5
变，但是令人惊讶的是，除此之外几乎没有其他需要进行改变的情况。在破产法没有作出特别相反规定的情况下，破产程序依原样对待非破产权利，仅仅是程序作出了改变，这些改变只是为了解决破产旨在解决的特定问题。因此，《破产法典》是在非破产法的背景下运作的。《美国法典》第 28 卷（司法机关与司法程序）第 959 条强化了的一般性授权要求托管人遵照可适用的非破产法行事。托管人享有第 363 条规定的财产使用权，但托管人必须同时遵守可适用的非破产法。托管人不能使用债务人的化学实验室制造可卡因，也不能将有毒废弃物倾倒在债务人的不动产上，这不是因为《破产法典》中的任何规定，而是因为这些活动在破产程序外也是非法的。

联邦最高法院在 *Butner v. United States* 案中确立了这项原则：

> 国会通常把破产人财产上财产权的确定权留给州法。财产利益由州法创设并定义。除非某些联邦利益要求不同结果，否则没有理由仅仅是因为利害关系人牵涉进了破产程序就对这些利益进行不同的分析。①

因此，*Butner* 案让我们从复杂的法规中总结出单一的组织原则。了解非破产法下的结果对理解破产中的问题大有帮助。当诉讼当事人寻求的结果不同于破产程序之外的结果时，破产法官很可能会要求该诉

① Butner v. United States, 440 U. S. 48, 55 (1979).

讼当事人明确破产法中要求此种不同结果的具体规定。

我们可以从《破产法典》的基本结构梗概开始。《1978年破产改革法》(1978 Bankruptcy Reform Act）重构了破产法院和破产程序，其中的实质性条款写入了《破产法典》，构成了《美国法典》的第11卷，定期进行修订。《2005年防止滥用破产和消费者保护法》的颁布是最大范围的一次修订，给《破产法典》带来了相当的复杂性，但是其基
6 本结构和原则仍得以保持。与《美国法典》的其他卷一样，第11卷分为多个章节，第1章、第3章和第5章涵盖了适用于所有破产案件的一般性条款。其余章节规定了针对各种类型破产案件的不同程序。第15章规定了推动跨境破产的必要原则和美国的债务人在其他国家拥有资产或者其他国家的债务人在美国拥有资产时所需要的规则。

联邦托管人负责监督破产案件的管理。联邦托管人应确保案件不滞留在破产法院，这种情况在利害关系不大、没有单个债权人有动机调查债务人的情况下并不罕见。这项工作不仅对于保护普通债权人很重要，对于发现那些经常导致企业破产的欺诈也十分重要。在大型第11章破产案件中，联邦托管人也起到相当大的作用。联邦托管人任命债权人委员会，并且经常以利害关系人的身份出现。

《破产法典》第1章规定了定义［第101条］，告诉我们法典的哪些部分适用于哪些类型的案件［第103条］，并规定了每种破产案件的资格要求［第109条］。第1章还包括对破产法官的广泛授权。破产最初是在大法官的管辖范围内，而第105条反映了这种衡平法上的起源。第105条赋予破产法官“发布任何必要的或适当的令状（order）、传票（process）或判决（judgement）以执行《破产法典》规定”的权力。但是该条款并没有赋予法官独立的权力，法官根据第105条所享有的权力最终必须源于《破产法典》的其他规定。② 如果律师提出的主张仅

② See, e. g., Law v. Siegel, 134 S. Ct. 1188 (2014). （法院驳回了基于第105条的主张，认为“我们一贯主张破产法院的衡平权力必须并且只能在《破产法典》的界限内行使”。）

仅依据第 105 条，那么可能会败诉。《破产法典》并没有“设立一个巡回的衡平委员会”。③

任何法典的核心都在于其“定义条款”，第 101 条所下的定义是许多争议的焦点。例如，**债权人**和**债权**的定义在面临大规模侵权责任的企业破产中发挥着核心作用。假设一家企业销售了可能在多年后造成 7
伤害的产品，企业是否可以在破产程序中处理其侵权责任，取决于这些未来的受害者是否被视为债权人，以及他们是否享有第 101 条所指的“债权”。

第 101 条还向我们介绍了现代破产实务中的用语。例如，破产案件涉及的人是**债务人**（debtor），破产的人或公司不再被称为**破产者**（bankrupt），尽管这个词汇在一些外行人之间仍然在使用，但是对于破产律师，这个词汇是过时并且少见的。第 101 条对整部《破产法典》适用过程中的大部分术语进行了定义，但是并非全部。《破产法典》中最重要的定义之一，**通知和听证**（notice and a hearing）的定义规定在第 102 条，该条名义上是规定解释规则的。

《破产法典》中的许多规定允许在通知和听证之后采取行动。但是，不应认为每个人都必须收到实际的通知或者每种情形下都必须进行听证。第 102 条规定只需要进行“在特定情况下恰当的通知”。另外，如果没有当事方要求举行听证或者法院认为没有足够的时间进行听证，则无须进行听证。多年以来，在每个阶段都需要通知谁以及如果不通知谁将会有什么后果方面，已经形成了一个知识体系。④ 与许多其他情况下一样，破产内的基本原则遵循破产外的基本原则。大多数的分析都从联邦最高法院的 *Mullane v. Central Hanover Bank & Trust Company* 案⑤开始：

---

③ United States v. Sutton, 786 F. 2d 1305 (5th Cir. 1986).

④ See e. g. , Fogel v. Zell, 221 F. 3d 955 (7th Cir. 2000).

⑤ 5 339 U. S. 306, 314 (1950).

> 在所有终局性的程序中，正当程序的基本和根本要求就是在所有情况下都要合理地进行通知，以告知利害关系人该未决诉讼，并给他们一个提出异议的机会。

容易遗漏的一个条款是第104条，该条为《破产法典》中其他条款规定的许多美元限额提供了指标。这些限额每3年通过行政法规修改一次，以反映消费物价指数。例如，根据第109条的规定，想要根据第13章提交申请的个人，其无担保债权不能超过规定的数额。第109
8 条还规定了哪些债务人可以适用《破产法典》中的哪些具体章节。

第109条是了解《破产法典》如何运作的极佳条款。要弄清楚一个有限责任公司是否能作为第11章下的债务人，首先要看第109(d)条。该款规定要成为第11章下的债务人，必须符合第7章规定的债务人资格。第109(b)条将某些“人”（persons）排除在第7章外，但是并未提及有限责任公司，这就将我们带到了第109(a)条。第109(a)条告诉我们只有当债务人是“人”的时候才能享有破产的益处。第101条规定《破产法典》中的“人”包括“公司”（corporation），继而对公司进行了定义。第101条对公司的定义很大程度上超出了州法定义的公司的范围，其表述十分宽泛，足以涵盖有限责任公司。因此，有限责任公司可以申请破产。有限责任公司是“公司”，公司是“人”，除非明确予以排除，否则“人”就可以申请破产。

《破产法典》没有明确要求个人或企业在申请破产之前陷入了财务困境或者资不抵债。第101条将**资不抵债**（inslovency）定义为债务人的负债合理折现后超过其资产的状态，但是“资不抵债”本身并不是个人或公司破产的前提。实际上，这一点可以从第109(c)条反推出。第109(c)条规定市政当局必须资不抵债才能提交第9章的破产申请，但是第109条的其他部分并未提及资不抵债，由此可以反推出其他的债务人并不需要资不抵债才有资格申请破产。

《破产法典》没有这样的明确要求是有其道理的。假设一家公司有100美元的资产，49美元的普通债务，并且有一半的概率输掉一场诉讼，这将会使该公司背负额外 100 美元的债务。从技术上来看，这家公司是有清偿能力的：经合理折算，它有 99 美元的债务和 100 美元的资产。但是，这家公司的普通债权人可能会认识到有 50% 的概率无法获得清偿，因此，他们会很不安并且可能引发一种破坏性的资产争夺竞赛，而这正是破产程序可以避免的。[6]

另外，是否资不抵债在开始时是不容易衡量的。在面对债务人是否可以非自愿地进入破产程序这个问题时，《破产法典》采取了不同的衡
量财务困境的方法。只有当债务人不能清偿到期债务时，债权人才能 9
使债务人非自愿地进入破产程序。这一标准相较于资不抵债标准更容易适用，并且与资不抵债标准有实质性的重合。大多数的贷款会包括一项条款，当债务人可能出现资不抵债时，加速债务人的义务到期。当第二种情形存在时，第一种情形也常常存在。我们曾经将这两种衡量财务困境的标准区分开来，将第一种（负债超过资产）称为“破产意义上的资不抵债”，将第二种（不能清偿到期债务）称为“衡平法意义上的资不抵债”。

然而，所有的这一切并非建议财务状况良好的人去利用破产法。破产法遵循非破产法的规定，有清偿能力的债务人必须全额清偿其债权人。当存在滥用的机会（例如，破产程序提供了一种方法来迫使令人恼火的反垄断诉讼达成有利的和解，或者允许有偿付能力的债务人为其对房东的债务设置上限），法院很可能会基于该申请是恶意提出的而予以驳回。[7] *Butner* 原则（破产法应尊重非破产法权利，除非是为了维护特定的破产政策）限制了此类案件的数量。

《破产法典》第 3 章规定了案件管理。第 301 ~ 307 条介绍了破产案件如何开始。第 321 ~ 331 条规定了适用于管理破产财产的人的规则。法院必须发布命令，然后债务人才能聘请律师或其他专业人员。

[6] See In Re Johns-Manville, 36 Bankr. 727 (Bankr. S. D. N. Y. 1984).

[7] See In Re Integrated Telecom Express, Inc., 384 F. 3d 108 (3d Cir. 2004); In re SGL Carbon Corp., 200 F. 3d 154 (3d Cir. 1999).

根据第329条的规定，律师必须向法院提交一份声明，说明他们将得到多少报酬以及报酬的来源，即使他们不要求债务人付款。此外，《联邦破产程序规则》第2014条要求律师披露与债务人、债权人、其他任何利害关系人及其会计师的所有关系，这一披露必须符合第327(a)条的规定，该款要求债务人的律师无利害关系。

如果律师想在公司客户提交破产申请之后继续为其代理，那么**无利害关系**（disinterestedness）的要求会让他们的工作变得更加复杂。如果
10 企业在破产之前就其律师提供的服务拖欠了费用，则该律师可能不能在破产程序中代理该企业。由于企业拖欠其费用，该律师就成为第101条所指的债权人，因此不再是无利害关系的。类似地，在破产申请提交之前的90日内，如果律师就其在正常业务范围之外提供的服务接受了付款，则可能被认定为是可撤销的偏颇性清偿，这也可能导致律师具有了利害关系。代理公司任何董事或股东的律师可能不能在破产程序中代理该公司。在公司董事会任职的律师，或其合伙人在董事会任职的律师，也可能无法满足这一要求。

即使律师本人之前与债务人或者债权人没有任何关系，他也必须保证其合伙人不曾为债务人或者债权人提供服务。根据第327(c)条规定，尽管律师不会仅仅因为曾代理过某个债权人就被认定为是不具备资格的，但是决定什么情况下律师具有资格并不是一件很容易的事情。此时，就像破产法的其他问题一样，从非破产法的基准开始分析通常是很有用的。但是，在这种情况下，甚至连确定这种基准都是非常困难的。非破产法的冲突规则取决于律师是在交易中代表委托人，还是在进行的诉讼中代表委托人。在破产中，很多事项都是谈判，但是几乎可能出现与任何一方的诉讼。

在任何情况下，披露都必须充分。法院如果发现律师有利害关系或者没有进行恰当的披露，可以取消律师的代理资格、禁止其收费，并要求该律师承担因未披露导致的任何调查产生的费用。法院曾对某家律所处以100万美元的罚款，尽管调查结果显示这家律所的工作其实做得很好。事实上，在同一份判决意见书中，法院认为该律所的工作

对重整至关重要，希望该律所继续处理该案。⑧ 极端情况下，不披露可能招致《美国法典》第 18 卷（犯罪暨刑事程序）第 152(3)条规定的在破产程序中故意和欺诈地作出虚假声明的刑事处罚。⑨

披露义务是一项持续的义务。假设你在代理债务人时发现某些董事 11
进行了欺诈，你必须调查所有的董事，包括独立董事。这种情况下，你要弄清楚你的合伙人是否曾为这些董事的主要雇主工作过。如果你必须对大客户的高级职员发起调查，那么你就可能会有潜在的利益冲突。不同的司法管辖区甚至同一司法管辖区内的不同法官，对此类问题的敏感度都是不一样的。这是一个所有律师特别是年轻律师需要特别警惕的事项。

在第 7 章案件中，第 321 ~ 331 条的规定必须结合第 701 ~ 705 条来理解。第 7 章案件的主要工作人员是破产托管人。托管人作为破产财产的代表行事，负责管理债务人的资产、保护债权人和其他人的权利。例如，托管人有权提起债务人在破产之外可以提起的诉讼。类似地，在第 11 章案件中，第 321 ~ 331 条的规定必须结合第 1101 ~ 1109 条来理解。例如，第 11 章案件通常没有托管人，根据第 1107 条的规定，**经管债务人**（debtor in possession，DIP）承担托管人的职责和义务。《破产法典》授权托管人采取特定行动的条款，同样也适用于经管债务人。就公司而言，债务人公司原有的管理人员充当经管债务人。因此，第 363 条授权托管人在正常履职过程中使用、出租或者出售破产财产而无须获得法院的批准时，同样也授权经管债务人这样做。有时，在没有任命托管人的情况下，债权人委员会或其他主体会要求采取名义上只有托管人能够采取的行动。经管债务人可能缺乏采取这种行动的动力，尤其是在这些行动是针对内部人的情形下。《破产法典》没有明确解决这个问题，但是大多数法院认为，破产法院有权在适当情况下授权采

---

⑧ See In re Leslie Fay Companies, 175 Bankr. 525 (Bankr. S. D. N. Y. 1994). 关于法律的一般性讨论，see In re Gluth Bros. Constr., 459 Bankr. 351 (Bankr. N. D. Ill. 2011)。

⑨ United States v. Gellene, 182 F. 3d 578 (7th Cir. 1999)（纽约知名律所的律师因在另一事件中未能披露其律所代表的主要担保债权人而被判入狱 15 个月）.

取这种行动。[10]

《破产法典》第341～350条规定了一些基本程序。破产案件进程中的一个关键时刻是第341条规定的第一次债权人会议。例如，第7章
12 案件中，债权人会在第341条会议期间选出托管人，还会根据第705(a)条的规定决定是否成立债权人委员会来监督案件的进展。破产法官被禁止参加第341条会议。根据《1898年破产法》规定，破产法官会密切参与破产案件的管理。许多人认为，这种参与使法官无法具有裁判当事方之间争议所需要的超然程度。但是，从1978年以来，人们对破产案件花费时长越来越多的关注导致了一些变化（主要是第105条），以加速案件的进程。例如，破产法官必须召开必要的**进度讨论会**(status conferences)，以推动案件迅速并且经济地解决。然而，破产法官并没有恢复他们早期在联邦地区法院司空见惯的案件管理做法中的角色。

因为即使是最简单的破产案件也要花费时间，所以必须有规则允许托管人（以及经管债务人）采取行动，并防止债权人自行处理相关问题。这些规则主要在第361～366条。到目前为止，这些条款中最重要的是第362条。该条对所有债权人施加了**自动冻结**（automatic stay），要求债权人从破产申请提交之时停止所有的追债行为。自动冻结是如此重要，以至于很容易忘记冻结只是一种假定。只要债权人表明有正当理由或者其利益没有得到充分的保护，法院就可以解除冻结。另外，根据第105条的规定，法院有权冻结不属于第362条范围内的行动，只要《破产法典》其他部分所包含的政策能够为其提供正当性。第363条和第364条授权托管人（以及第11章案件中的经管债务人）出售、使用和出租不动产以及举债，但是，当这些交易超出正常业务范围时，《破产法典》要求进行通知和听证，也可以施加其他的要求。

在所有破产案件中，至关重要的一步是确认针对债务人的债权和债

⑩ See, e. g. , In re Cybergenics, 330 F. 3d 548 (3d Cir. 2003) (en banc). But see In re Fox, 305 Bankr. 912 (Bankr. App. 10th Cir. 2004).

务人拥有的资产,《破产法典》第 5 章告诉我们如何去做这些事情。第 501 ~ 510 条的重点是针对破产财产的债权。除了其他内容之外,《破产法典》这一部分蕴含的思路是：普通债权人必须承担债务人在破产过程中产生的费用。根据第 507(a)(1)条的规定，首先要支付这些费用，剩余部分才能在普通债权人之间进行分配。这些费用称为**管理费用债** 13 **权**（administrative expense claims），包括破产程序本身的费用以及同时运营企业的费用。

管理费用背后的假定——破产程序是为了普通债权人的利益而进行的——有时与当前的实践不符。许多大型的企业在进入第 11 章重整程序时都没有足够的资产来全额清偿担保债权人，案件的管理费用必然要来自担保债权人。托管人根据第 506(c)条的规定从资产中收取费用的能力有限，但对担保债权人而言，将管理费用从其担保物中“分割”(carved out）出来更为普遍，每个案件中具体的分割方式会在案件开始时进行协商，作为现金担保令（cash collateral order）或经管债务人融资协议的一部分。⑪

第 506 条主要涉及已恰当完善了担保物上担保权益的担保债权人的权利。[**完善**（perfection）在破产中具有特殊的含义。为了取得完善的权益，债权人通常必须向外界公告其对该财产享有的权利。抵押权人通常必须在当地的不动产记录中对其权益进行记载；对动产享有担保权益的债权人通常必须向州务卿办公室提交**融资声明**（financing statement)。] 在破产程序之外，已恰当完善其担保权益的债权人，有权在担保物的价值范围内优先受偿。一般而言，已恰当完善担保权益的债权人，其权利在破产中也能够**击败**[或者用律师常用的措辞，**优于**(prime）或**胜过**（trump)] 普通债权人的权利。然而，担保债权人仅在其担保物的**价值**范围内享有优先权，可能无法占有担保物本身。如果担保物的价值超过债务的金额（如果债权人得到了超额担保），那么

---

⑪ Richard B. Levin, Almost All You Ever Wanted to Know About Carve Out, 76 Am. Bankr. L. J. 445, 458 (2002).

债权人享有的担保债权的金额为债务的总额。此外，第506(b)条允许担保债权人取得破产期间的利息以及产生的合理费用，但是，超额担保的债权人必须事先在担保协议中明确该费用由债务人支付。[12]

14 如果担保物的价值小于债务的金额（债权得到的是**不足额担保**），根据第506(a)条的规定，其债权分为两个部分：有担保债权和无担保债权。有担保债权的金额等同于担保物的价值，剩余债权作为普通债权。担保权人还拥有针对特定资产的权利，因为其享有这些资产的担保权益。在纯粹的第7章清算中，担保权益——担保权（the lien）——可以简单地**穿透**（pass through）破产程序得以继续存在。

假设一家银行借给债务人100美元并取得了债务人拥有的一处不动产上的担保权益，随后的经济衰退导致该处不动产的价值降到了25美元，债务人提交了第7章清算申请。由于债务数额超出了土地的价值，托管人无法通过保有该土地来使普通债权人受益，因此托管人可以将财产归还［或者用第554条的表述，将财产**抛弃**（abandon）］给债务人。《破产法典》规定，债务人对银行和所有其他债权人的债务被豁免。但是一旦土地回到债务人手中，银行仍然可以收走土地，因为担保权经过破产程序得以存续下来（或称为**穿透**）。**担保权穿透**（lien pass-through）理论最早在*Long v. Bullard*案中提出，[13] 但是，由于第11章和第13章规定了对担保权的特殊处理，这个原则的适用范围比其原本可能适用的范围要局限得多。

第541～560条规定了破产财产包括的资产。这些条款建立在一个中心思想上，即必须从存在于破产之外的权利和义务开始，然后确定那些要求偏离非破产法基准的特定破产政策。第541条定义了**破产财产**（property of the estate）这一核心概念。托管人（或者经管债务人）负责归集可用于清偿债权人的资产并进行分配，这些资产组成了破产财产。第541条明确区分了个人和公司，个人的未来收入不属于破产

---

[12] See United States v. Ron Pair Enterprises, 489 U. S. 235 (1989).

[13] 117 U. S. 617 (1886).

财产，但是公司的未来收入属于破产财产。这种区别对待体现了破产之于个人债务人是一个**全新开始**的重要特征，这也是本书下一章的重点内容。

在许多情况下，债务人的债权人有权得到的财产是第三人主张权利的财产。在这种情况下，托管人不得不提起诉讼来维护债权人对这些财产的权利。如果债务人自身原本可以提起诉讼，那么，该财产被视 15
为第 541 条规定的破产财产。在其他情况下，托管人必须行使某种所谓的撤销权（avoiding powers）。第 544(a) 条规定了托管人的“强臂”（strong arm）权。运用该权力，托管人可以撤销未经完善的担保权。担保债权人如果未能通过公开呈报（public filing）对其权利进行登记，则可能不能在破产中享有担保权益。

撤销权还使托管人可以撤销**欺诈性转让**（fraudulent conveyances），这也是债权人在破产外通常享有的权力。欺诈性转移包括债务人在资不抵债时，在没有合理等价的情况下进行资产转移或者负担义务，以及债务人出于妨碍、拖延或欺诈债权人的意图而从事的转移行为。[第 548 条] 这些交易不仅包括直接欺诈的交易，还包括那些具有“欺诈表征”（badges of fraud）的交易，这些表征表明交易没有合法的商业目的，而是为了妨碍债权人受偿。另一条款允许托管人撤销破产前夕对某一债权人进行的资产转移。[第 547 条] 这一针对**偏颇性转移**（preferential transfers）的政策可以阻止债权人在知道债务人即将破产的时候进行资产争夺竞赛。

《破产法典》第 1 章、第 3 章和第 5 章的一般条款并没有得以很好地组织，很多条款其实原本可以很好地放在其他地方。例如第 108 条，给了托管人宽限期来采取某些行动。由于不采取某些行动的后果往往取决于是否涉及自动冻结，这个条款最好结合第 362 条来理解。第 365 条规定了**待履行合同**（executory contracts），可能是最明显的不得其所的条款。待履行合同天然地涉及债务人和第三人双方的权利义务，应将其视为债权和资产的结合。待履行合同是针对破产财产的债权，因为其赋予了第三人对债务人的权利。待履行合同同时也属于破产财产，因为其也赋予了债务人对第三人的权利。债权和资产均属于《破产法典》第5章的范围，所以关于待履行合同的条款应规定在第5章。理论上，未能将第365条放在正确的位置上并不会影响对该条的解释，但其错误的定位可能加剧了一直以来律师和法官在适用该条规定时面临的困难。

第11卷（《破产法典》）的其余各章规定了各种类型的破产案件，第9章适用于市政当局（municipality）。根据第101条的规定，**市政当局**是指“一个国家所有的政治分区（political subdivision）、公共机构
16 （public agency）或州辖机构（instrumentality of a State）”。除了市和镇，第9章的债务人还可以包括水电分区。自20世纪30年代的“大萧条”以来，第9章并未得到广泛使用，但是2013年底特律市申请破产可能预示着一个新的时代，因为地方政府面临着巨大的养老金负担和对其工作者承担的其他义务。

与其他主体的破产相比，市政当局的破产具有完全不同的动态。第9章的实质性条款基本相同，但是市政当局的债权人权利与一般的债权人明显不同。在破产之外，法律通常规定具有价值的资产，如市政厅或者消防车，并非由城市本身所有，而是基于其公民利益由城市代为持有。所以不能以这些资产来清偿债权人，而是必须通过城市的税收来清偿。众所周知，做到这些很难。正如法兰克福特（Frankfurter）大法官曾指出的：

> 市政当局的主要资产是它的征税权，而这与私人公司的资产不同，不能用于分配。因此，无担保的市政债券仅仅是市政当局行使其征税权力的一份诚信汇票（a draft on the good faith）。[14]

即使市政当局愿意行使征税权，征税权本身也是有限的。如果税收相较于其他地方增加得太多，公民就会直接离开。除去提供基本的市

---

⑭ Faitoute Iron & Steel Co. v. City of Asbury Park, 316 U. S. 502, 509 (1942).

政服务所需要的资金，能够筹集到用来清偿债务的资金数额具有一个天然的上限。对于底特律这样人口急剧下降的城市来说，这个上限可能会尤其低。除了债务负担之外，它如何能够支持其现有的基础设施并不是很明朗。这种约束为第 9 章的运作提供了相应的背景。

要批准第 9 章的计划，法院必须确认计划遵从了很多和第 11 章重整计划相同的标准，但是，由于非破产法下债权人拥有的针对市政当局的权利不同，也产生了一些重整计划方面的差异。在第 11 章中，“公平公正”（fair and equitable）的原则要求重整计划必须符合绝对优先规则，但是，在市政破产的语境下，这一要求被替换为：“和解偿付计划中提供的清偿是这种情况下市政当局有能力支付的全部款项。”[15] 17

第 9 章的规定既不长也不复杂。第 901 条明确了适用于该章的《破产法典》的一般条款，其中最重要的是，第 1113 条不适用于第 9 章案件。因此，第 9 章中的市政当局比第 11 章中的公司拥有更大的拒绝集体劳资谈判协议（collective bargaining agreements）的自由。[16] 联邦破产法和州法中的非破产法的相互影响，如关于市政养老金义务的州法，仍未得到充分研究。

第 15 章为业务主要集中于其他国家和地区的公司提供了一种方式，结合另一个国家或地区的破产程序来厘清其在美国的权利。第 15 章以联合国国际贸易法委员会的《跨境破产示范法》（Model Law on Cross Border Insolvency）为基础，允许外国的程序扩大其范围，充分利用自动冻结并且获得位于美国的资产的控制权。这些条款主要是程序性的，很多跨境破产的实质性后果仍然是未知的。[17] 考虑到礼让（comity）的一般原则，破产法院有权应外国代表的要求给予“适当的救济”。［第

---

[15] Lorber v. Vista Irrigation, 127 F. 2d 628, 639 (9th Cir. 1942).

[16] See In re City of Vallejo, 403 Bankr. 72 (Bankr. E. D. Cal. 2009).

[17] See, e. g. , In re Bear Stearns High-Grade Structured Credit Strategies Master Fund, LTD, 389 Bankr. 325 (S. D. N. Y. 2008).

1507条］破产法官愿意尊重其他国家和地区的实体破产法律,[18] 但是有一些限制。例如，在最近的一个案例中，法院在存疑的情况下驳回了一个根据墨西哥法律批准的重整计划。最主要的是该重整计划通过一种有利于促成该重整计划的内部人受益的方式豁免了非债务人即第三人的债务。很显然，根据美国的国内法，这样一个重整计划是不允许的。[19]

个人和公司通常可以选择根据《破产法典》几个不同章节的程序之一申请破产。个人债务人最常选择第7章或第13章。一般的公司可以选择提交第7章申请或第11章申请。提交哪一种申请取决于申请人
18 所要达成的目的。但是，法院享有广泛的权力来将根据某章申请的案件转为另一章的案件。此外，根据第706(a)条的规定，债务人可以将债权人申请的第7章案件转为第11章重整。

正如我们将在本书第2章发现的那样,《破产法典》第7章试图将诚实而不幸的有血有肉的个人债务人和那些可以清偿债务或者滥用第7章的个人区分开来。绝望地陷入了债务困境、仅有微薄收入的个人需要**全新开始**，他应该能够提交第7章破产申请、放弃非豁免财产并且从破产之前的债务中走出来。收入足以偿还债权人一大笔款项的人不应该通过破产来逃避债务。第707(b)条试图通过“经济状况审查”(means test) 来区分上述两种类型的债务人。第727条允许诚实而不幸的债务人获得**免责**（discharge)。由于根据第541条的规定，个人的未来收入不属于破产财产，第727条的作用主要是赋予个人债务人享有未来收入免受债权人追索的权利。

第726条规定了债务人的财产如何在债权人之间进行分配，但是，在个人破产清算的情况下，这一条款和第7章中涉及破产财产管理的条款几乎没有关系。申请破产的个人债务人通常几乎没有什么无负担的

[18] See, e. g., In re Sino-Forest Corporation, 501 Bankr. 655 (Bankr. S. D. N. Y. 2013); In re Metcalfe & Mansfield Alternative Investments, 421 Bankr. 685 (Bankr. S. D. N. Y. 2010).

[19] See, e. g., In re Vitro S. A. B. de C. V., 701 F. 3d 1031 (5th Cir. 2012).

“硬资产”，他们最大的资产就是他们的人力资本，以及他们将来赚钱的能力。因此，最主要的政策选择是确定哪些债务人可以享有未来收入并免受债权人追索。

第 13 章也为个人提供了实质性的**全新开始**，但是其方式有所不同。第 13 章对于那些不具备第 7 章的申请资格或者拥有大量资产的债务人非常有用。第 13 章允许个人保留所有资产，但是作为回报，债务人必须制定一个计划，使债权人从债务人未来的收入中获得与根据第 7 章提出破产清算申请时一样多的金额。

与个人一样，公司也可以根据第 7 章提出申请。在很多情况下，公司只有在尝试根据第 11 章进行重整失败之后才会选择第 7 章。［参见第 1112(b)条］这些案件与给予个人全新开始没有什么关系。第 7 章没有给予公司免责。在典型的第 7 章公司破产清算案件中，公司已经停止营业或将在短期内停止营业，担保债权人拿走他们的担保物之后剩余的资产通常归税务机关，其根据第 507(a)(8)条享有特别优先权。允许公司提交第 7 章破产清算申请的目的，并非向普通债权人分配资产， 19
而是使债权人确信已经没有什么值得继续纠缠的了。对于总是被骚扰的公司管理人员来说，让公司的债权人确信公司已经没有资产并且诉讼是毫无意义的，最简单的方法就是提交第 7 章申请。破产程序可以审查债务人的整体健康状况，而这种审查是单个债权人无法进行的。

第 7 章破产清算不要求所有的资产拆分并零散出售，相反，托管人有义务以尽可能高的价格出售资产，有时这意味着将资产作为持续经营的业务（going concern）整体出售。然而，实际上经营中的企业很少提交第 7 章申请，那些在破产之外控制公司的人通常也希望在破产程序中保留这种控制。第 11 章允许保留控制权，而第 7 章则要求任命托管人来管理企业事务。

值得注意的是，当公司陷入财务困境时，大型公司的债权人在破产之外行使了相当大的控制权，他们在破产程序内也保留了大量控制权。事实上，现有的公司管理人员往往受惠于这些债权人，因为主要债权人通常不会在第 11 章程序中要求任命托管人，即便公司欺诈行为的存在明确给予了他们这样做的权利，正如我们在安然（Enron）或世通公司（WorldCom）等重整案件中看到的。

第11章是旨在理清财务困境中的公司事务的工具。当公司无法持续经营时，第11章提供了一个可以以一种连贯的方式将其停业并处理其财务事务的机制。对于那些即将解散、面临很多问题而不仅仅是简单出售资产的公司而言，第11章比第7章更加合适。思考一下下面的情况。除了一个已经收回了担保物的担保债权人之外，其余唯一的债权人是国家税务局（Internal Revenue Service，IRS），债务人企业欠其联邦保险税（Federal Insurance Contributions Act，FICA）和预提税（withholding taxes）。企业的业主经理要为这些税收承担个人责任（以及潜在的刑事责任），他们还提交了第11章申请。(个人可以获得第11章的救济，但是除了那些债务人的事务与公司的事务捆绑在一起的案件，第13章或第7章对于解决个人财务问题更有吸引力。）我们需要
20 弄清楚谁需要按照什么安排支付什么。在这种情况下，第11章通常是债务人和国家税务局的首选。如果没有人要求将案件驳回或者进行转换，法院基本不太可能这样做。

在许多大型公司的破产中，提交破产申请是因为破产提供了一种直接的方式将公司业务作为持续经营的业务出售。第11章允许这种出售，并且使买方确信能够取得干净的所有权。最后，第11章为企业提供了一个平台，使其得以保持完整组织，但需要新的资本结构。过去的不幸可能导致债务人无法履行其义务，但是其资产得到了最大限度的利用。通过缩减企业的既定负债，债权人整体的情况会更好。

第11章取代了旧破产法的第Ⅹ章、第Ⅺ章和第Ⅻ章（《1898年破产法》的各章使用罗马数字，1978年《破产法典》的各章使用阿拉伯数字，这是一个惯例）。根据第11章规定，继续经营企业的通常是经管债务人，而不是托管人。如果债务人是实质运营的公司，有很大的机会作为一个持续经营的企业生存下来，那么会牵涉许多问题，因此，普通债权人发挥着积极作用。但是在很多第11章案件中，资本结构由两层或多层担保债务组成，在没有任何无负担资产（如撤销权诉讼）

的情况下，普通债权人即便发挥作用也可能只是很小的作用。

理论上，在每一个第 11 章案件开始时，联邦托管人都会成立**债权人委员会**，但是该委员会只在事关重大的情况下才会开展工作。第 1102(b)条建议债权人委员会由 7 个债权金额最大且愿意效力的债权人组成。但是，联邦托管人常常试图成立一个“有代表性的”债权人委员会，第 1102(a)(4)条允许小企业在其对债务人的债权金额大到足以危及自身生存时，坚持要求成为债权人委员会成员。第 11 章的债权人委员会也可以由破产开始之前债权人组成的委员会成员组成，只要该委员会的组建是公平的并且可以代表各种类型的债权。因此，联邦托管人通常不仅仅将目光放在 7 个最大的债权人身上，因为相较于普通债权人整体而言，他们彼此之间看起来更相似。在最大型的案件中，可能会有多个债权人委员会和一个股东委员会。在债权人委员会任职可能是一件喜忧参半的事情。这样做可以确保一个人接近决策中心并且知道发生了什么，了解案件进展情况，但是也可能收到一些债务人认为是机密的信息，这就可能妨碍债权人的行动能力（如其出售债权或 21
收购其他债权的能力）。此外，在债权人委员会任职十分耗时。第 11 章中的债权人委员会（不同于第 7 章中的债权人委员会）可以聘请专业人员，如律师和会计师，聘请这些专业人员的费用属于根据第 507 条优先受偿的管理费用。但是，债权人委员会中的债权人自身并不会得到报酬。另外，作为债权人委员会的成员，不仅要关注自身的利益，还要关注其他普通债权人的利益。积极参与了案件的债权人即使不是官方债权人委员会的成员也可能负有披露义务。[20]

第 1104 条允许法院任命审查人（examiner），审查人可以被授予托管人的权力；联邦托管人挑选审查人，然后由法院批准。审查人可以是仅仅用来调解各派之间的矛盾。有时任命审查人是为了调查债务人

---

[20] See In re Northwest Airlines Corp. ,363 Bankr. 704 (Bankr. S. D. N. Y. 2007). 最近对《联邦破产程序规则》第 2019 条的修改规定了非官方委员会的披露义务，但该规则并未限制破产法官可能要求的披露。

是否应该提起经管债务人基于利益冲突而可能不会提起的诉讼（如针对股东的欺诈性转移诉讼）。此类调查可能成本极高，并且可能会重复进行已经完成的或者诉讼提起后将要进行的工作。但是，这种调查也可能使债权人得到高额的清偿。例如，在**安然公司**破产案件中，审查人的调查花费了近1亿美元，聘请了数十名律师和专业人员工作了近两年，但是随后达成了超过10亿美元的和解协议。

第11章中债务人最重要的权利之一，是其独有的在提出申请后的前120日之内提交重整计划的权利，法院可以将此期限延长到最多18个月。如果债务人提交了重整计划，根据第1121(c)(3)条的规定，其还有额外的60日来确保重整计划可以被通过。这一提交重整计划的专属权利到期之后，任何利益相关人都可以提交重整计划。如果不止一个重整计划符合第11章的所有规则，第1129(c)条要求破产法官“在考虑批准哪一个重整计划时考虑债权人和股票持有人的倾向”。提交重
22 整计划的专属期限的结束可能导致重整的清算计划（liquidating plan of reorganization）被提交并最终得到批准。从担保债权人的角度来看，在这种情况下，专属提交权的终止和解除自动冻结的效果相同。

破产法官认识到，他们缺乏收集有关企业经营活动的详细信息的能力，因此，他们通过确立明确的基准，并在债务人无法满足这些基准时采取果断行动，试图确保对债务人的资产作出明智的决定。在案件开始时，主要的出借人可能会要求解除冻结以便他能对担保物进行**止赎**（foreclose on the collateral）。债务人的管理人员可能认为应该继续冻结，因为企业可以作为持续经营的事业出售给其他公司。破产法官可能会拒绝担保债权人解除冻结的动议，但是裁定如果6周之内没有买家出现，批准该动议。

第11章债务人花费了很多时间与其破产之后的商品、服务和固定设备供应商进行谈判。第11章为租约、合同和劳动协议的重新协商提供了一个平台，有时，这些谈判与破产外进行的谈判别无二致，规则确保第三人享有的权利尽可能与破产外其能够享有的权利一致，第1110条关于航空器租赁的规则就是一个很好的例子。在其他情况下，

第 11 章提供了一些规则，这些规则极大地提高了债务人相对于非破产基准的谈判地位。根据这些规则，相对于非破产基准，债权人以第三人的利益为代价获益。第 1113 条对于集体谈判协议的处理就是一个生动的例子。然而，破产中的磋商都倾向于对企业以后的运营产生同样的影响。在第 11 章中重整成功的企业会达成一系列新的合同，根据这些合同，它将为自己的劳动力、资本和材料按照市场的标准付费。如果一个企业不能在这种情况下有效地竞争，它也就不可能在市场经济中存活下来。

第 1122 ~ 1129 条确立了债权人之间谈判的架构。这些条款规定了所有参与者的程序权利和未能达成协议情况下的实体权利。这些权利之中最重要的是第 1129 条规定的被称为绝对优先规则的一般原则。这一规则试图确保破产中的债权人能够根据其非破产的优先顺位获得清偿。通过满足绝对优先规则，债务人能够在债权人反对的情况下强制 23
实施重整计划，这被恰当地称为债务人的**强制批准权**（cramdown power）。

第 1141 ~ 1146 条规定了旧有债务的免责和重整计划的实施。正如个人破产情况下第 727 条规定的免责条款必须与第 541 条规定的个人收入不属于破产财产结合起来理解，第 1141 条中的免责条款也必须与绝对优先规则结合起来理解。债务的免责和绝对优先规则共同促进了第 11 章核心目标的实现，它们确保了那些值得保留的企业得以存续，尽管每个债权人都是为了其自身的利益而非所有债权人的集体利益。

破 产 平 台

《破产法典》的设计使债务人的事务可以在一个单一的平台中解决。与受理各种案件的联邦法院不同，破产法院具有全国性的管辖权。如果债务人选择在加利福尼亚州的破产法院提交破产申请，即使债权人与加利福尼亚州并没有最低限度的联系以使其应该在该州法院进行诉讼，债权人也必须向加利福尼亚州破产法院申报债权。[21] 恰当的破产申请地包括公司注册的州。[22] 由于许多大型企业自身或其子公司是根据特拉华州或者纽约州的法律注册成立的，因此，大型的破产案件经常在这两个州申请。

许多限制因素使单一平台的目标不能完全实现。《美国宪法》第3条限制了破产法官的权限，因为他们没有终身任职制。宪法第七修正案中接受陪审团审判的权利限制了迅速解决争端的能力。根据宪法第十一修正案规定，一个州享有的主权豁免可能会限制破产法院在该州作为债权人主张其权利时解决争端的权力。让我们更仔细地研究上述每一个宪法上的限制。

在18世纪的英格兰，大法官任命**破产专员**（commissioner）负责归集和管理破产财产。因为这些破产专员不是法官，他们的所作所为不
24 能被认为是行使司法权。现在的破产法官同样监督破产财产的管理，他们并非终身任职，也不能行使《美国宪法》第3条所指的“司法权”（judicial power）。[23] 失望的诉讼当事人有权申请地区法院重新审查那些对破产案件的管理并不十分重要的事项。

宪法第七修正案规定，在普通法的诉讼中，当争议金额超过20美元时由陪审团审判的权利在联邦法院应受到保护。破产案件中的许多问题，包括某个人是否享有针对债务人的债权，如果在破产之外将成为普通法诉讼的基础。但是，并非所有这样的债权都能产生由陪审团审判的权利。破产法院是衡平法院，其有权通过“衡平法院的方式”（chancery methods）来裁决对破产程序至关重要的事项。[24] 其他的诉讼，如针对第三人的欺诈性转移诉讼，仍然保留了其普通法的特点，必须

---

[21] See Harder v. Desert Breezes Master Association, 192 Bankr. 47 (N. D. N. Y. 1996).

[22] See 28 U. S. C. § 1408.

[23] See Stern v. Marshall, 131 S. Ct. 2594 (2011); Northern Pipeline Construction Co. v. Marathon Pipe Line Co., 458 U. S. 50 (1982).

[24] See Barton v. Barbour, 104 U. S. 126, 134 (1881).

由陪审团审判，除非双方当事人均同意由法官来裁决争议。[25] 根据《美国法典》第28卷（司法机关与司法程序）第157(e)条的规定，如果存在陪审团审判的权利，只有经过地区法院法官特别任命并且双方当事人明确表示同意之后，破产法官才能进行审判。

宪法还以第三种方式影响审理破产纠纷的法院。一个州也可能以纯粹的债权人身份出现。例如，州可以主张债务人欠缴销售税。或者，债务人可能声称《破产法典》的某个条款（如第1146条）赋予了其获得退税的权利。通常，根据宪法第十一修正案，各州享有主权豁免，并且限制诉讼当事人在其选择的管辖地起诉某个州。但是，这一限制的重要性并没有看起来那么大。国会制定统一破产法的权力极大地限制了主权豁免的范围。[26]

虽然在一个单一平台解决处理债务人的事务似乎不太可能，但我们
将要研究的大部分内容都在破产法院中进行，并且仅接受上诉审查。
尽管存在上述的限制，但是花费一些时间来了解程序规则是如何使其 25
实现的还是有用的。

联邦地区法院对《美国法典》第11卷（《破产法典》）下的所有“案件”（case）拥有原始和专属管辖权。[27] 破产申请触发的整个程序被视为一个“案件”，因此只能在地区法院申请（而不是州法院）。第1334条也赋予了地区法院对所有第11卷下的或者与第11卷案件相关的“民事争讼”（civil proceedings）的原始（但是不是排他的）管辖权。诸如欺诈性转移诉讼等在处理债务人事务过程中发生的争端，被视为一项前述所指的“争讼”（proceeding）。

当争议与第11卷下的案件相关时，破产管辖权可以扩展到既不是债权人也不是债务人的当事人，相关管辖权的范围已经得到了广泛的定义。法院有时会简单地问“争讼的结果是否有可能对破产财产产生

---

[25] Granfinanciera v. Nordberg, 492 U. S. 33 (1989).

[26] See Central Virginia Community College v. Katz, 546 U. S. 356 (2006).

[27] 28 U. S. C. § 1334.

影响”[28]。但是，法院通常认为这一权力不能扩展到可能导致败诉的一方要求债务人赔偿的事项。[29] 债权人对债务人的保证人享有的不会对破产财产产生影响的债权就在第1334条规定的管辖权范围之外。

破产法院是地区法院的附属机构，第1334条必须结合《美国法典》第28卷（司法机关与司法程序）第157(a)条来理解。第157条允许地区法院将任何一个或者所有的破产案件“转交”（refer）给破产法官审理。该条也规定了地区法院可以将任何一个或所有根据《破产法典》提起的，或者是在破产案件中出现的、与破产案件相关的争讼转交给破产法官。在所有的地区法院中，这种做法已经被牢固地制度化了。破产申请作为实践中的事项都是向破产法院提交。兜这样一个圈子的目的是确保符合《美国宪法》第3条的规定。破产法官并不独立自主地行事，也不是在行使司法权，因为破产法官仅仅是附属于地区法院。正如衡平法院可以任命**特别主事官**（special master），依此推
26 理，地区法院也可以选择将破产案件委托给破产法官。

地区法院对破产案件和争讼享有管辖权的这一观点并不完全是形式化的虚构，尽管所有事项基本都转交给破产法院，但是第157(d)条授权地区法院法官在特定情形或程序中，可以基于一定原因全部或部分地撤回对案件或争讼的转交。地区法院可以根据其自己的动议也可以依据任何当事方适时的动议而采取行动。尽管地区法院很少愿意审理破产纠纷，但是在一些重要的案件中，地区法院已经撤回过对破产案件的转交。

当“争讼的解决要求同时考虑第11卷（《破产法典》）和其他对影响州际贸易的组织或活动进行规制的法律”时，地区法院在接到适时的动议之后，必须撤回对此破产案件的转交。[第157(d)条] 这一条款被限缩理解了，因为破产案件中的许多争议都涉及对影响州际贸易

[28] Kelley v. Nodine, 783 F. 2d 626, 634 (6th Cir. 1986). See Lindsey v. O'Brien (In re Dow Corning Corp.), 86 F. 3d 482 (6th Cir. 1996).

[29] See In re Federal-Mogul Global, Inc., 282 Bankr. 301 (Bank. D. Del. 2002).

的联邦法律的考量。法院通常会采用**实质性与决定性标准**（substantial and material test），只有在当前的问题需要对联邦法律进行重大解释时，才需要强制撤回转交；如果只需要就一系列特定事实直接适用联邦法律，那么并非一定要撤回转交。涉及复杂法条适用范围的、难度很大的争议也可能导致强制撤回转交，但是即使如此，根据第157(c)(1)条的规定，地方法院仍可以要求破产法院提交事实认定和法律结论的建议。

案件一旦转交给破产法官，很多决定仅仅接受地区法院进行的上诉审查（appellate review）。第157条规定破产法官“可以审理、裁决交给他们的《破产法典》项下的所有案件”，根据《美国法典》第28卷（司法机关与司法程序）第158条接受上诉审查。案件这个概念在此处是在技术层面上使用，仅仅指依破产申请开始的程序。债务人破产过程中引发的单个的纠纷属于争讼。如果这些争讼对案件的管理至关重要（或者用《美国法典》第28卷的术语，当它们是**核心**争讼的时候），破产法官只接受上诉审查。核心争讼包括计划的批准、有关破产财产管理的事项以及是否确认债权。

第157(b)(2)条列出了核心争讼，但是该列表既不详尽也不完全准确。正如联邦最高法院在 *Stern v. Marshall* 案中指明的那样，某些第157(b)(2)条定义为“核心”争讼的争讼，需要《美国宪法》第3条
规定的法官重新审查。其中包括针对第三人的反诉，还可能包括欺诈 27
性转让诉讼。在这种情况下，破产法院可以像对待非核心争讼一样，准备地方法院之后重新审查时需要的事实认定和法律结论的建议。㉚

第157(c)(2)条允许地区法院在当事人同意的情况下将争讼转交给破产法官，但须经第158条规定的审查。根据《美国法典》第28卷（司法机关与司法程序）第158(a)条的规定，地区法院“有权审理就破产法院的最终判决、命令和衡平法判决提起的上诉”。在德高望重的

㉚ See Executive Benefits Insurance Agency v. Arkison (In re Bellingham Insurance Agency, Inc.), —U. S. — (2014).

破产法官审理的大型**案件**中，当事人一般都会同意将争讼转交。只要当事人的同意足够对破产法官无法行使“司法权”这一点进行弥补，诸如 *Stern v. Marshall* 等案件凸显的问题基本就不存在了。

第158(a)条的表述略显复杂。该条赋予地方法院法官“上诉”“管辖权”，这个表述意味着破产法官享有初审管辖权。然而，当事人不能通过同意来创设**事项管辖权**（subject matter jurisdiction），这是一个法律基本知识的问题。其后果超越了当事人各方自身的利益范围。州法院必须遵守具有管辖权的法官所作的裁决，具有管辖权的法院可以签发**执行令状**（writs of execution）并要求国家强制力执行其命令。当事人可以同意进行仲裁，但是仲裁员的裁决书在地区法院备案之前，都只是空谈而已。

那些认可现状的人认为，根据第1334条规定，地区法院始终享有事项管辖权。破产法官在地区法院的支持下行事，其命令实际上就是地区法院的判决。破产法院的**备审案件目录**和地区法院**备审案件目录**之间的区别完全是形式上的，只不过前者是后者的一部分而已。

根据《美国法典》第28卷（司法机关与司法程序）第158(d)条的规定，上诉法院有权审理对最终决定、判决、命令和衡平法判决的上诉。基于《美国法典》第28卷（司法机关和司法程序）第158(d)条的目的确定判决是不是最终的，十分困难。假设破产法院作出一个最终判决，地区法院进行了上诉审理并且发回破产法院重审。对于这种情况下是否可以上诉到上诉法院，法院之前存在分歧。第158(d)条
28 没有明确规定是否破产法官的判决是最终的就足够了，还是地区法院的判决也必须是最终的。多数法院认为，地区法院将争议发回破产法院，要求破产法院进行事实认定或者自由裁量的命令一般不是最终的。[31] 但是，一些法院认为在最终性（finality）的判断上，破产需要比

㉛ See, e. g. , In re XMH Corp. , 647 F. 3d 690 (7th Cir. 2011).

一般联邦民事诉讼更加宽松的标准。[32]

第158(d)条中**最终性**含义的不确定可能使律师处于十分尴尬的境地，他们必须在对可能被认定为中间性的判决进行上诉，与完全放弃上诉权利而随后被认定为最终命令之间作出选择。然而，第158(d)条并没有取代关于从地区法院上诉的一般规则，并且第1292(b)条在一定程度上缓解了这一问题。该条允许上诉法院在其自由裁量的范围内审查中间命令，前提是地区法院法官认为争议的问题是关键性的法律问题，关于这个问题的不同意见都有充分的理由，立即上诉可能提前终结该诉讼。[33]

但是，这一关于破产法院判决的上诉审查的观点在某种程度上具有误导性。上诉审查需要时间，破产案件中大多数重要的裁决，如企业是否应停止经营或者是否应该再给管理者一个月的时间来扭转经营状况，都是有时效性的，因此实质上是不可审查的。在上诉法院能够审理案件之前，采取行动前需要等待多长时间成为争议的重点。当破产法院批准重整计划之后，那些反对的人实际上可能几乎无法享有上诉审查。即使有重大事项值得怀疑，法院也可能要求上诉人交纳保证金才能中止计划的执行。[34] 如果不中止，事后可能没有简单的方法来恢复原状。虽然这个事项不是理论上的无意义（moot），但它可能已经变为“衡平层面的无意义”（equitably moot），因为法院无法进行任何有意义的救济。[35]

---

[32] See Buncher Co. v. Official Committee of Unsecured Creditors, 229 F. 3d 245, 250 (3d Cir. 2000).

[33] Connecticut National Bank v. Germain, 503 U. S. 249 (1992).

[34] See, e. g. , ACC Bondholder Group v. Adelphia Communications Corp. , 361 Bankr. 337 (S. D. N. Y. 2007).

[35] 然而，上诉法院可能更不愿意适用“衡平层面无意义”的理论（doctrine of equitable mootness）。See, e. g. , Bank of New York Trust Co. v. Official Unsecured Creditors' Committee (In re Pacific Lumber Co.), 584 F. 3d 229 (5th Cir. 2009); Search Market Direct, Inc. v. Jubber (In re Paige), 584 F. 3d 1327 (10th Cir. 2009).

29 所有这些的实际效果是赋予了破产法官巨大的权力。从过去曾与债务人有业务往来并且希望继续与债务人开展业务的金融机构的角度来看，只有破产法官的判决是可预测的，第11章才是有吸引力的。因此，相较于其他地方，特拉华州和纽约南区已经成为许多大型企业破产的首选之地。

《联邦破产程序规则》规定了破产法院适用的程序。《联邦破产程序规则》并不改变《破产法典》的实体规则，但是的确影响问题的形成。例如，《联邦破产程序规则》区分破产法官进行听审的类型。一种称为**对抗性诉讼**（adversary proceeding），依据与其他民事争议基本相同的规则进行。《联邦民事诉讼规则》（Federal Rules of Civil Procedure）关于诉辩状（pleading）、合并审理（joinder）、询问取证（depositions）、书面质询（interrogatories）和简易判决（summary judgment）等的许多规定已经纳入了《联邦破产程序规则》，成为**对抗性诉讼**的规则。在第11章案件中，典型的对抗性诉讼是偏颇性清偿诉讼或者欺诈性转让诉讼。对于第7章中的个人，对抗性诉讼通常涉及特定债务是否可免责。

破产法院面临的实际争讼如果不属于对抗性诉讼，那它就属于**争议性事项**（contested matter），其中最普遍的就是解除自动冻结的**动议**。争议性事项适用的程序更加简化，规定在《联邦破产程序规则》第9014条。例如，除非法院下令要求对一项动议作出答复，否则在争议性事项中无须进行答复。但是，法院有权在适当的情况下在争议性事项中援引针对对抗性诉讼的更加详尽的规则。

根据第105条的规定，破产法院也有实施制裁的固有权力，以保持对法庭及**备审案件目录**的控制。㊱ 此外，《联邦民事诉讼规则》第11条或者其对应的《联邦破产程序规则》第9011条，可以在破产诉讼的所有阶段适用。除此之外，《破产法典》第362(k)条明确授权破产法

㊱ See United States v. Mourad, 289 F. 3d 174 (1st Cir. 2002); In re Volpert, 110 F. 3d 494 (7th Cir. 1997).

院可以对任何因违反自动冻结而受到损害的个人予以实际的惩罚性损 30
害赔偿。[37]

其他资不抵债处理平台

圈外人总是将破产等同于企业倒闭。然而，破产只是故事的一小部分。每年有成千上万的企业关闭，其中有些公司没有债权人，或者什么都不欠。也有一些情况下，债权人根本没有求助于法律程序，而是选择默然离去。在绝大多数企业陷入财务困境、寻求法律救济的案件中，州法的救济被证明是足够的。对很多小型企业来说，被称为“为债权人利益而进行的转让”的州法程序提供了一种成本较低而且快速的出售企业资产的方式。在一些司法辖区，“为债权人利益而进行的转让”是在没有司法监督的情况下进行的。当企业规模较小而且经营企业的人能够与其优先债权人高效地合作时，这种方式尤其有用。(实际上，很多情况下，优先债权人就是资产出售时的较高出价方，并且保留现有的管理人员。)

即使是对于大型企业，破产也经常被证明是一种成本高昂的选择，如果可以的话，各方当事人都希望可以避免选择破产。在很多情况下，破产之外的重组和出售是可行的。等到大型公司陷入困境的时候，主要的参与者就是那些专门持有不良债权的投资者，可能人数足够少，所以他们之间达成协议是可能的。他们在不能达成协议时面临的各自在破产程序中的命运，将成为这些投资人之间谈判的背景。

在许多案例中，达成的交易有很多足够宽松的结果，以至于出现了预先安排的破产（pre-arranged bankruptcy），在这种破产中，破产法官对达成的任何协议都表示支持。这再次说明，了解破产法官愿意做什

[37] 但是法院在该语境下“个人”（individual）是否仅指自然人这一问题上存在分歧。See In re APF Co., 264 Bankr. 344 (Bankr. D. Del. 2001).

么和不愿意做什么是至关重要的。

破产领域的专业人员有时需要在完全不熟悉的领域工作。在跨国的案件中，涉及外国法域的破产制度。一家大型企业可能有适用完全不同破产制度的国内子公司，如保险公司或者银行。2008年金融危机期间，破产专业人士深度参与了**雷曼兄弟**（Lehman Brothers）的破产，但是他们也同样深度参与了**美国国际集团**（American International Group,
31 AIG）和**房利美**以及**房地美**（Fannie Mae and Freddie Mac）的重组。

破产律师的技能之一就是能够快速掌控这种新的环境。《多德-弗兰克法案》第二章“有序清算机制”（Orderly Liquidation Authority）的通过回应了**雷曼兄弟**的破产，它试图将银行监管与《破产法典》第11章的原理结合起来打造一个法定制度。由于该机制是新出台的，所以每一个律师面对这个法案时都会发现自己身处一个全新的领域。

乍看之下，有序清算机制完全是陌生的。政府干预的必要性以及对适用于失败银行的机制的调整引入了新的术语，更重要的是引入了新的决策者。传统的破产法体现了权力的平衡，其中经管债务人、债权人委员会、为重整提供融资的贷款人和破产法官发挥着各自的作用，但是有序清算机制将权力集中于一个主体，即**联邦存款保险公司**（Federal Deposit Insurance Corporation，FDIC）。最引人关注的是，法官几乎完全缺席。联邦存款保险公司在这一新领域中的权力很大程度上源于其长期以来依据《联邦存款保险法》(Federal Deposit Insurance Act，FDIA）所拥有的对商业银行的权力。

尽管如此，新的接管程序的机制仍然蕴含了基本的破产法原则，高效地批准重整和清算、经管债务人（DIP）融资、不受现有担保影响的资产出售、撤销申请前的欺诈性和偏颇性转移以及金融合约的安全港。对于破产律师而言，要求其在这个领域探索以找到前行的道路是可以实现的，实际上，也是至关重要的。

第二章　个人债务人与全新开始 32

债权人救济与债务人权利

在我们的社会中，信贷的扩张已经嵌入了人们的日常生活。我们每次打开电灯开关就欠电力公司费用，我们经常会使用信用卡去买一杯咖啡。如果没有信贷，我们很少有人能够支付学费或者买房。但是借贷伴随着我们可能无法偿还欠款的风险。一个人可能会罹患大病或者失去一份高薪工作，并且无法在被债务压垮之前削减开支。年收入为30,000美元的家庭，无论其借款时的初衷多好，都不可能偿还100,000美元的债务。他们除了衣服、一枚结婚戒指和一些家具以外，没有任何资产。有很多诚实、正派的人由于缺乏远见或者运气不好，最终负担了超过他们能够偿还限度的债务。

一个多世纪以来，我们的法律都赋予了这些人一个**全新开始**(fresh start)。他们可以提交破产申请，获得债务免责然后重新开始。每年有超过100万的个人提交破产申请。这些案件中的绝大多数都耗时短并且不复杂。债务人从不出庭，也没有债权人提出异议，法官助理是唯一看到破产申请的人。这一制度为“诚实而不幸的债务人”[1] 带来了巨大的好处，而只让债权人付出了很小的代价。如果无论如何债务人几乎都不可能清偿欠你的债务，那么豁免这些债务对你而言也没有什么太大的影响，你最好让托管人对债务人的事务进行审查然后静

① See Local Loan Co. v. Hunt, 292 U. S. 234, 244 (1934).

观其变。

规范个人破产的法律很复杂，不是因为案件本身。再次重申，个人破产的案件很简单，也不怎么耗费司法资源，其复杂性在于必须用某
33 种方法将诚实而不幸的债务人和滥用破产程序的人区分开来。当不良行为引起破产法官的注意时，他们就会采取行动。《破产法典》第707(b)条规定，如果全新开始将导致对破产程序的滥用，则允许破产法官拒绝给予债务人全新开始。为了确保不道德的个人不隐匿资产，我们要求寻求破产保护的人披露所有资产的下落，并接受债权人的质询。不这样做的债务人将会失去**全新开始**的权利。[参见第727条] 一旦债权人确信债务人无法偿还债务，无论破产是否正式豁免了债务，很多债权人都会停止追索债务。破产法规定的程序再次使债权人确信债务人没有其他资产，也没有隐匿任何资产。

长期以来，第7章给使用该章的债务人施加了成本，这样只有那些想要获得**全新开始**的人才会使用该章程序。为了获得**全新开始**，个人必须将除了衣服、结婚戒指和其他类似的债权人在破产之外亦不能获得的财产以外的所有财产移交给债权人。对于个人破产法主要针对的人，即那些绝望地陷入债务困境的中低阶层工人，移交**非豁免资产**（nonexempt assets）的义务带来的负担相对较轻。除了身上穿的衣服和家庭家具之外，他们并没有太多资产。相比之下，同样的义务给那些有着可观收入和大量资产的人带来的负担更重，对他们而言，如果能够从未来的收入中偿还现有的债务，那么破产的代价就太高了。

然而，在一个我们所有人拥有的最重要的资产是人力资本的世界中，我们所拥有的东西每时每刻都在告诉我们，我们清偿债权人的能力越来越低。一个刚毕业的法学院学生，其资产比一个成家了的流水线厨师要少得多，但收入是后者的3倍。对于前者而言，100,000美元的债务是很正常的也不过于沉重，但是对于后者而言却是毁灭性的。

因此，有人认为，破产法应该有一个明确的机制来衡量某人是否是其所针对的诚实而不幸的债务人。破产法应该明确关注他们的收入和偿还债务的能力。国会在2005年经过多次讨论之后采纳了这样的一种

机制。但是，这种标准影响的只是一小部分适用第 7 章的人。

引入经济状况审查（means testing），对可以偿还所欠的大部分债务的高收入债务人的影响较小。大多数法院认为，有能力偿还债务，这 34
本身就是驳回债务人提交的破产申请的理由。② 但是，这也确实给绝大多数不需要进行经济状况审查的债务人带来了巨大的成本。经济状况审查相关的问题是与很多改革的努力相关的问题。这个游戏可能不值得进行，抓几个坏人的好处可能并不足以证明让其他所有人承担成本的正当性。

经济状况审查

第 707(b)(2) 条禁止那些收入高于大多数人和有足够的可支配收入向债权人偿还大量债务的消费者获得全新开始。③ 该条确立了一个硬性规则，以补充破产法官驳回那些主要挣扎于消费债务的人提出申请的自由裁量权。法官通过将债务人的“当前月收入”（current monthly income）乘以 12，并与同一州的“家庭收入中位数”（median family income）进行比较，来决定债务人的收入是否足够接受经济状况审查。这两个术语都在第 101 条中进行了定义。“当前月收入”是破产申请前 6 个月的平均收入，“家庭收入中位数”这一基准根据债务人居住州的人口统计数据来确定，与通货膨胀指数挂钩并根据住户规模进行调整。如果债务人独自生活，法院会使用该州一人住户的收入中位数。如果住户由两个人、三个人或者四个人组成，则会使用收入中位数最高的那个。如果住户由五个或五个以上人组成，还是取两人住户、三人住户和四人住户中中位收入最高的那一个，然后每增加一个住户成员，

② See, e. g., Zolg v. Kelly (In re Kelly), 841 F. 2d 908, 914 – 15 (9th Cir. 1988).

③ 对于经济状况审查如何进行，参见 Eugene R. Wedoff, Means Testing in the New § 707(b), 79 Am. Bankr. L. J. 231 (2005)。

相应地上调固定金额。

这些调整只是与第707(b)条规定的经济状况审查相关的众多技术性手段中的一种，但是这种调整（以及其他很多类似的调整）对于规则的合理运行是十分必要的。相较于共同生活的两个人，独自生活的人平均支出更少，收入也更少。对一个单独生活的债务人适用两人住
35 户的中位数标准，将会使该债务人相较于其他债务人更容易满足中位数的标准，而这是不恰当的。相比之下，成员大于四人的住户的收入中位数，平均来看要少于那些更小规模的住户。对更大规模的住户简单适用这一中位数标准，意味着在其他条件相同的情况下，规模更大的住户更有可能接受经济状况审查。制定一项规则来对规模更大的住户采用更低的收入门槛是没有意义的，特别是考虑到更大的家庭有更多的开支。

一旦发现债务人的收入超过大多数，我们还必须确认该债务人的收入能够向债权人清偿一定数额的债务。这里使用的标准以国税局用来确定欠税的纳税人能够支付多少的表格为基础。例如，在计算允许的生活费用时，国税局允许独自生活的人每月在食物上花费315美元。住房费用的限额取决于纳税人的居住地。在纽约，两人或者两人以下住户的这一费用可能高达3524美元；在费城，这一费用的限额为884美元。

这个基准确定之后，破产法官会进行一些调整。一些法官允许有一些国家税务局的表格没有列出的其他费用，如照顾和抚养无法养活自己的老人、长期患病或者残疾的住户成员的费用。然而，借用国税局基于不同目的设计的表格，可能带来具有挑战性的法律解释问题。④

一旦通过这个公式确定了债务人的合理月支出，接下来就从第101

④ Ransom v. FIA Card Services, 131 S. Ct. 716 (2011). 该案件说明了这种挑战。最高法院通过对“可适用的”（applicable）一词进行牵强的解释，似乎得出了一个合理的结果。当债务人完全拥有自己的汽车，因此就该汽车没有欠款时，他们被剥夺了领取购车补贴的权利。斯卡利亚（Scalia）大法官写了一份强烈的反对意见，认为按照字面意思理解文本会导致相反的结果。

条定义的债务人的当前月收入中减去这一支出金额，然后看剩余的部分是否足够向债权人支付大笔款项。如果经过一个为期5年的第13章计划，能够偿还的金额少于7475美元，那么债务人仍然有资格根据第7章获得免责和**全新开始**。如果经过5年计划能够偿还的金额多于12,475美元，那么当前月收入超过中位数的债务人就没有资格获得**全新开始**。如果介于两者之间，则要看扣减之后剩余的金额是否足以清偿普通债权人25%的债权。如果可以，债务人同样被推定没有资格适 36
用第7章。为了推翻这一推定，债务人必须证明有特殊情况的存在，如存在严重的健康问题，影响债务人预期收入或支出并导致无法清偿债务。

经济状况审查被放在了专门规定滥用破产的条款里，但这是具有误导性的。经济状况审查仅仅关注清偿债务的能力。如果两个债务人的收入、支出和住户规模相同，那么造成财务困境的原因（对于经济状况审查而言）就无关紧要了。对于发生了突然的医疗支出或者失业了的人，和由于度假太多、挥金如土而拖欠信用卡债务的人，其对待方式都是一样的。用这个公式测评出的清偿能力才是最重要的。

但是并不是说那些避开了经济状况审查的挥霍无度的人就能够高枕无忧。相较于收入低于中位数的债务人，收入超过中位数的债务人更有可能无法获得免责。收入超过中位数的债务人的债权人可以要求法官查明债务人适用第7章是基于其他原因对该章程序的滥用——如是为了逃避竞业禁止条款。收入低于中位数的债务人，法官也有可能认定他们是在滥用破产，但是这种情况下，联邦托管人或者法官必须发起调查，而心怀不满的债权人不能。将这个问题置于法官审查范围的能力可能有所不同。但是此类纠纷更有可能在经营背景下产生，第707(b)条不可能在这种情况下适用，因为以滥用为由驳回申请的权力仅限于那些债务主要是消费债务的债务人。

这一衡量破产滥用的基于规则的路径是否达成了其目的，仍然是一个有待继续讨论的问题。实际上，衡量其成本和收益是很不容易的事情。从本质上来看，这样的规则在背后发挥了很大的作用。本来想使用第7章的人现在可能决定根本不去申请。在这些人不值得*全新开始*的情况下，其好处在很大程度上是看不到的，而成本可能同样也是看不见的。尽管在经济状况审查制度于2005年年底生效之前提交申请的个人很少会落入经济状况审查的范围（可能只有10%），但是进行经济状况审查的成本仍然很高。债务人必须提供足够的信息来表明他们是否应该接受经济状况审查。提交所得税申报表和工资单的负担提高了每
37 一个第7章申请的成本。额外花费的时间和律师费在个案中可能看起来很少，但是每年有超过100万个破产案件，加起来就是十分可观的。

全新开始机制

《破产法典》将个人*全新开始*的权利嵌入一个同时规定了许多其他事项的法规中。第109条规定了资格要求。由于第7章也可以用于清算公司，所以第7章的资格规则相当宽泛，仅仅排除了保险公司和其他由不同破产制度规制的主体，如铁路公司，《破产法典》对其有特殊规定。因此，第7章适用于除第109(b)条所列之外的“人”（person）。正如我们在第1章中所讨论的，第101条对“人”进行了宽泛的定义，以涵盖个人和公司。

第301条规定，符合条件的个人可以主动申请破产。第541条规定根据第301条提交的申请，债务人拥有的资产（包括豁免资产）转变为了破产财产，但是第541(a)(6)条规定了一个例外，就是个人债务人未来的收入。该条的表述有意限定于个人，因为对于公司而言，债权人有权获得公司未来的收入。第727条规定了免责，同样仅适用于个人，不能适用于公司。第522条确保了个人债务人可以保留豁免财产。

第303条规定了启动非自愿破产的程序。尽管非自愿破产在今天并不常见，但是其最初是破产申请提交的唯一方式，直到今天仍有一定的用处。非自愿破产为债权人提供了一个汇集债务人资产并审查其财

务和其他记录的统一平台。非自愿破产也允许债权人撤销债务人之前的转移，如向另一债权人支付的大笔款项，这是非破产法允许的，但它违反了破产法的按比例分配原则。

解决了资格要求的问题之后，个人破产的重要条款就分为两大部分：旨在防止滥用的条款和确保**全新开始**的条款。第727条对第707(b)条进行了补充，防止债务人在欺诈其债权人或者以其他方式滥用程序的情况下获得免责。即使债务人的收入低于中位数，债务人的不良行为没有引起破产法官或联邦托管人的注意，该条也可以发挥作用。

第727(a)(2)条禁止转移财产意图阻碍、拖延或者欺诈债权人的 38
债务人获得免责。如果债务人毁坏或没有保存财务记录，从而导致债权人无法弄清债务人的事务，第727(a)(3)条对此规定了制裁。但是，许多陷入财务困境的债务人都是没能好好保留财务记录但是诚实的人，因此，法院通常不会用财务记录异常来禁止债务人获得**全新开始**。

历史形成了第727条规定的很多破产免责的例外。免责被引入破产法，最初是为了争取债务人的合作，其意图并非给予债务人全新开始，而是诱使债务人与债权人合作，帮助他们归集债务人的资产。⑤ 这就解释了为什么进行了欺诈性转让的债务人不能获得免责，但是已定罪的谋杀犯却可以。（谋杀犯是否可以获得受害者家属享有的民事债权的免责是另一个问题，我们之后会讨论。）此外，第727(a)(8)条要求债务人两次**全新开始**之间须间隔8年。这一限制在防止故意的不法行为人滥用权利的同时有利于债务人，可以使借贷更容易，因为向刚刚走出破产程序的债务人提供贷款的出借人知道，在他们有机会获得清偿前，债务人不能再次申请破产。第727条也确保了个人债务人完成第109条要求的信用咨询课程（credit counseling course）。

其他规定试图确保债务人不将破产作为拖延战术。如果在提交申请

---

⑤ 英国《1705年破产法》首次确立破产免责制度，而事实上，这部法律的正式名称为《防止破产者经常性欺诈的法案》(An Act to Prevent Frauds Frequently Committed by Bankrupts)。

的45日内，债务人没有提供确定是否适用经济状况审查所需要的信息，该案件将被自动驳回。[第521(i)条] 但是，旨在通过限制司法自由裁量权来遏制滥用的规则并不总是能够产生预期的效果。第521(i)条的制定者可能没有意识到，有时想要退出破产程序的不是债权人而是债务人。如果债务人想要在债权人的反对下终止破产，他们可能会
39 指出其未能提供所需要的信息以作为自动驳回的理由。法官可能会发现这种情况下他也必须驳回该破产案件。⑥

在涉及个人债务人的案件中，使有担保债权人和房东陷入困境的自动冻结大幅减少。例如，如果出租人在破产申请之前获得了占有判决，那么自动冻结不适用于涉及住宅不动产的驱逐诉讼（eviction action）。[第362(b)(22)条] 许多条款针对的是连续申请者，即那些仅仅是为了获得自动冻结的好处而提交申请的人。如果债务人在前一年提交了两次或更多次的申请，自动冻结甚至不会生效。[第362(c)(3)条]

平衡防止个人滥用这一制度的条款，也是确保符合条件的债务人实际上得到一个**全新开始**的条款。这里主要发挥作用的条款是我们已经提到过的第541条和第522条，我们依次来看这两个条款。

根据第541条规定，债务人可以保留不属于破产财产的资产，其中最主要的是未来提供服务的收入［第541(a)(6)条］和以信托形式持有的、债务人根据非破产法无法取得的资产［第541(c)(2)条］。为了了解确定未来收入有多么困难，考虑一下以下情况。债务人是律所的合伙人，其业务能够带来可观的收入。⑦ 合伙人来自法律执业的未来收入并不完全来自合伙人自己未来的工作。来自法律执业的未来收入部分来自现有资产（如与律所律师签订的雇佣合同），还可能来自合伙人以往的工作（如应收账款和长期以来建立的客户群）。合伙人在律所的角色可能主要是发展新的客户，一旦客户选择了这家律所，就由律师

---

⑥ See, e.g., In re Bonner, 374 Bankr. 62 (Bankr. W.D.N.Y. 2007). 一些上诉法院已经找到办法，赋予破产法官在这种情况下阻止驳回的权力。See Wirum v. Warren, 568 F.3d 1113 (9th Cir. 2009); Segarra-Miranda v. Acosta-Rivera, 557 F.3d 8 (1st Cir. 2009).

⑦ See FitzSimmons v. Walsh, 725 F.2d 1208 (9th Cir. 1984).

来完成随后的大部分法律工作。破产申请前来自客户的收入基本不能视为第541(a)(6)条所指的合伙人的未来收入。法院必须区分来自业务交易的收入和来自债务人破产申请之后的劳动力贡献收入。

一些法院通过确定债务人如果出售业务能够变现的金额来评估业务 40
的价值。[8]但是必须确定能够提供相关基准的非破产出售的类型。(直接出售不需要进行估价，但是如果个人债务人提交了第11章申请并计划继续经营，那么就不可能真的出售。) 作为交易的一部分，出售业务的律师或医生通常会同意为买方担保，将其介绍给客户或者病人，并且可能在一段过渡期内与买方合作。另外，新的买方通常会要求竞业禁止条款。因此，十分配合的债务人在破产外出售业务的价格可能不能作为（破产中出售业务的）相关基准，更准确的金额可能是债务人切断与原有业务的所有联系、能够自由地开展竞争性业务的情况下业务出售的价格。[9]

问题还在于破产免责对第三人就债务人财产享有的担保权和其他权利的影响。假设一家银行借给借款人100,000美元，并以借款人价值150,000美元的房屋作为抵押。破产免责使银行无法向借款人追债，但是免责并没有消灭银行的担保权。第7章程序终结之后，如果借款人违约，银行仍然可以止赎财产。正如第一章所述，担保权不受破产影响。

但是，为了确保债务人能够有一个全新开始，破产法规定了担保权穿透原则的若干例外。例如，第722条规定的赎回权（right of redemption）允许债务人解除供个人、家庭或者住户使用的财产上的担保权，前提是这些担保权担保的是可免责的（dischargeable）消费债务。(但是，债务人必须向担保债权人支付等同于担保财产价值的金额。) 此外，债务人有权撤销豁免财产上的司法担保权（judicial liens）和对某些豁免财产的非占有性价金担保权益（不同于购买价金担保权益），如第522(f)条规定的家庭用品和谋生工具。最后，也是最重要的，债

⑧ See, e. g., In re Prince, 85 F. 3d 314, 323 n. 5 (7th Cir. 1996).

⑨ See Ackerman v. Schultz, 250 Bankr. 22 (Bankr. E. D. N. Y. 2000).

务人未来收入上的担保权在破产中无法继续保留。联邦最高法院在
41 *Local Loan Company v. Hunt* 案中确立了这一原则，认为工资转让（assignment of wages）不能在债务免责后继续有效。[10]

维克多·奥尔蒂斯（Victor Ortiz）的破产，以一种不同形式提出了和 *Local Loan Company* 案相同的问题。[11] **奥尔蒂斯**是一名拳击手，想要解除与其经纪人之间的长期合同。法院必须查明破产是否使其摆脱了不利的合同。如果**奥尔蒂斯**曾经愚蠢地从他的经纪人那里借过钱，然后全部花掉了，那么他就应该可以申请破产，保留他从任何工作中取得的收入。同样，如果**奥尔蒂斯**的债权人扣发了他的工资，那么破产之后不再有效。从概念上讲，**奥尔蒂斯**承诺不为任何其他经纪人而战，或者任何实际上的竞业禁止条款都是一样的。经纪人拥有**奥尔蒂斯**未来收入流的所有权权益。*Local Loan Company* 案例明确，这些利益不能在破产后继续存在。

可以肯定的是，如果可以在破产中豁免竞业禁止条款，那么对于**奥尔蒂斯**这样的拳击手来说，一开始找经纪人就会更加困难。因为如果不能留下他们，经纪人将更不愿意接受新的拳击手。但是这并不能将 *Ortiz* 案与 *Local Loan Company* 案区分开来。对担保权穿透原则的任何限制，都会降低债务人信守承诺的能力，从而使与他们签订协议对于其他人而言不那么有吸引力。

在这种情况及其他类似情况下，《破产法典》的结构使其很难直面这些问题。**奥尔蒂斯**与其经纪人的协议属于第365条规定的待履行合同，但是《破产法典》并未完美地解决这个问题。我们在第六章讨论待履行合同时会回到这个问题上来。

第541(c)(2)条并不关注未来收入，而是着眼于破产申请提交时债务人和债权人都无法取得的以信托方式持有的财产。典型的例子是防挥霍信托（spendthrift trust）。例如，父母可能会为容易冲动消费的孩

---

[10] 292 U. S. 234 (1934).

[11] Top Rank, Inc. v. Ortiz, 400 Bankr. 755 (C. D. Cal. 2009).

子设立信托，规定不能从信托中预支未来的收益，以换取今天固定数目的金额。非破产法尊重此类条款。第541(c)(2)条告诉我们，破产法也同样尊重这些条款。如果对债务人信托受益权转让的限制在破产 42
外是具有强制力的，那么在破产中也同样如此。

《破产法典》并没有将第541(c)(2)条的适用范围限定在防挥霍信托的情形，它同样适用于信托中的任何受益权，这种受益权具有一个重要的属性，即债务人和债务人的债权人都无法取得。[12] 另外，第541(b)(7)条规定破产财产不包括《雇员退休收入保障法》(Employee Retirement Income Security Act，ERISA）和其他联邦法律认可的退休和福利计划的缴款。第522条进一步确保了免税账户中的退休金同样免于被债权人扣押。

破产免责之后，债务人就能享有没有破产的情况下可以享有的一切(除了破产财产)，得以摆脱债权人的追索。未来的收入是最明显的例子，但是还有其他。考虑一下配偶得到死者遗产法定份额，而不是遗嘱中遗赠部分的权利。根据非破产法，配偶享有这一权利，并且这一权利不属于破产财产，所以即使破产，配偶仍然可以保留这项权利。[13]

现在来看第522条。除了保留不属于破产财产的所有东西，根据*Local Loan Company*案中的原则使未来收入上的担保权无效之外，债务人还可以保留豁免财产。《破产法典》规定了一个豁免财产的列表，由债务人作为其**全新开始**的一部分予以保留。但是，各州可以自行决定破产之外和破产之中，债务人的哪些财产不应由债权人取得，大多数州已经进行了规定。宪法授权国会制定统一的破产法，然而，尊重各州的豁免财产立法，并不会妨碍破产法的统一性。[14]

各州关于豁免财产的规定，根据司法辖区的不同而在细节上也有所

---

⑫ Patterson v. Shumate, 504 U. S. 753 (1992). 类似的案例还包括：In re Hilsen, 405 Bankr. 49 (Bankr. E. D. N. Y. 2009)。

⑬ See In re Brand, 251 Bankr. 912 (Bankr. S. D. Fla. 2000); In re McCourt, 12 Bankr. 587 (Bankr. S. D. N. Y. 1981).

⑭ See Hanover National Bank v. Moyses, 186 U. S. 181 (1902).

不同。其中有些州的规定仍然牢固地植根于19世纪的实践，包括宅地、教堂的长椅和家庭圣经这样的东西。大多数州的法律已经在近几年进行了全面的修订。现代的豁免财产法规包括养老金和保险单。基
43 于第522(b)(2)条的目的而豁免的财产可能超出各州明确称为"豁免财产"的范围。例如，豁免财产可能会扩展到各州将其置于债务人的债权人无法取得的范围内，并且具有豁免财产属性的所有财产，而无论州法（或联邦实体法律）如何对其归类。

各州可以选择非破产豁免（包括州和联邦）排他性地适用。如果没有这样做，债务人可以选择是适用非破产豁免还是保留第522(d)条中所列的豁免财产。⑮ 第522(d)条中最主要的豁免，除了众所周知的免税退休账户外，就是联邦宅地豁免，保护债务人住房大约20,000美元的房屋净值（这个数额每3年根据通货膨胀调整一次）。

第522(d)(3)条允许债务人保留家庭用品，但有一个总上限（目前略高于12,000美元）和单件个人物品的上限（大约500美元）。同样，具体的数额会有所变化。第522(d)条规定的其他豁免财产包括债务人在家庭用品、健康辅助工具、谋生工具和机动车上的利益，以及债权人获得赡养费、扶养费、人寿保险金、退伍军人福利以及受害人赔偿的权利。有一些豁免财产限定在一定的范围或金额，其余的则没有。

除了豁免财产的定义外，第522条还允许债务人解除固定在特定财产上的某些担保权。无论债务人是适用特殊的破产豁免还是州法和联邦法律中的非破产豁免，都有这一权力（power）。更准确地说，第522(f)(1)(a)条通常允许个别债务人将豁免财产从大多数类型的司法担保权中解放出来，包括代表一般债权人进行的扣押创设的担保权，但是不包括担保赡养费或子女抚养费的担保权。另外，第522(f)(1)(b)条允许债务人解除特定财产上的非占有性的、非购买性的价金担保权益。

⑮ 正如我们在其他地方所看到的（如在§109中），财产的上限金额每三年被调整一次。

如前所述，大多数的州都有自己的财产豁免法规，在联邦财产豁免法规中发挥作用（如此处讨论的有关 ERISA 计划、免税退休账户和社会保障金的规定）。一些州的法律对可以从债权人的追索中豁免的财产没有设置价值的上限。例如，在得克萨斯州，债务人的宅地可以获得豁免。得克萨斯州限制了宅地的面积（一英亩）而不是其价值。⑯ 在这 44
种情况下，考虑到债务人在其房屋上所有的净值，债务人可能利用破产来豁免其债务，即使他们无须付出巨大的牺牲就可以全额清偿债务。也有人认为能够通过出售大房子，搬进更简陋一些的房屋中来清偿债务的人不应该有资格适用第 7 章。但是，只要借贷发生时债务人居住在豁免财产范围较大的州，债权人就应该考虑到这种风险。然而，如果债务人在债务产生后为了能够适用另一州的宅地法而搬迁到该州，那么债权人就确实处于风险之中。第 522(p) 条规定，如果债务人在申请破产之前的 1215 日内在该州内建立了宅地，那么将为债务人可以保留的豁免财产的价值设定上限，以此来保护债权人。

可免责和不可免责债务的界定

提交了破产申请的债务人有权获得破产申请前债务的免责。债务人并不能免除申请破产之后产生的债务。另外，某些申请前产生的责任仍然保留，因为其并非《破产法典》所定义的“债权”。例如，刑事惩罚（如监禁）在破产后并不能得到豁免。重罪犯有权获得免责，但并不能使其从监狱中获释，因为州监禁某人的权利（right）并不是债权。债务人也不能利用破产来逃避儿童监护令。

准确理解债务免责意味着什么，这一点十分重要。破产免责至少可以给债务人针对就破产申请前债务提起的诉讼的一种积极抗辩（affirmative defense），但免责的影响要广泛得多。第 524 条禁止债权人

⑯ Tex. Stat. Ann. § 41. 001.

在破产申请提交后对债务人进行任何追索，然而，免责将如何影响债务人和债权人之间未来的互动仍不是很清楚。

破产之后，债务人可能需要与债权人打交道。例如，债务人可能要求学校提供成绩单，该学校曾借款给债务人但是该债务在破产中被免责。学校和债务人就学校是否有权拒绝向债务人提供成绩单而争执不下。学校没有义务与债务人继续打交道，但是学校并不能仅仅因为债
45 务人没有偿还已经免责的债务而扣留其成绩单。[17]

免责仅仅适用于债务人。第524(e)条规定的破产免责并不能使第三人免于承担债务上的责任。典型的例子是保证人，债权人可以直接起诉保证人。[18]但是，如果债务人投了保险，事故的受害者需要起诉债务人以获得该保险的赔偿时，问题就会变得复杂。问题是，在受害人只想从保险公司获得赔偿时，第524条是否禁止对债务人提起诉讼。大多数法院认为第524条并不禁止这种情况下受害人获得赔偿。法院的理由是债务人并不承担个人责任，此类针对债务人的诉讼并不会阻碍债务人获得全新开始。[19]

第525条限制了两方——政府以及债务人的雇主——区别对待那些提出破产申请的人的能力，即使他们可能从未成为债务人的债权人。政府对债务人的区别对待可能采取下面的形式。在申请破产之前，债务人在一起交通事故中伤害了某人，并且未能履行随后的侵权诉讼判决。该州吊销了债务人的驾驶执照，债务人申请破产。侵权行为之债被免责了，但是州政府拒绝恢复债务人的驾驶执照。在 *Perez v. Campbell* 案中，最高法院就面临这种情况。根据相关法规，即使已经免责，州政府也不会恢复债务人的驾照，直到判决被执行。[20]最高法院认为，确保侵权诉讼的判决被履行的州法与破产法全新开始的政策

---

⑰ In re Kuehn, 563 F. 3d 289 (7th Cir. 2009).

⑱ See Terwilliger v. Terwilliger, 206 F. 3d 240 (2d Cir. 2000).

⑲ See, e. g., Houston v. Edgeworth, 993 F. 2d 51 (5th Cir. 1993). 只有当受害人有权取得保险单的保险金（不属于破产财产）的情况下才会出现此类案件。

⑳ 402 U. S. 637 (1971).

不一致。

Perez 原则被写入了第 525 条，该条禁止“政府部门”仅仅因为某人处于破产程序中或没有清偿破产中已免责的债务而拒绝给其颁发执照。但是，这一原则不能被延伸得过远。例如，如果根据相关法规， 46
无论债务人是否已经清偿了侵权损害赔偿，在债务人提交财务责任证明之前，州政府不能恢复其驾照，那么 *Perez* 原则不应该适用。[21]（提交财务责任证明）这一要求，与 *Perez* 案中的要求不同，并不会产生致使债务人清偿已免责债务的效果。

Perez 原则的适用范围也可能由于另一个原因而受到限制。将清偿债务作为获得驾驶执照的条件，最终与赋予债权人对债务人其他有价值资产上的担保权毫无二致。从 *Long v. Bullard* 案确立的原则可知，只要这种担保权没有定着在未来的收入上，那么在破产之后仍然有效。换句话说，如果不缩小 *Long v. Bullard* 案的适用范围，就无法扩大 *Perez* 原则的适用范围。

尽管《破产法典》对债权进行了广泛定义，即使非债权人也会受到免责的影响，但免责的范围还是有限制的。债务人根据第 727 条可能有资格获得免责，但是仍然有一些不可免责债务。第 523(a) 条规定了不可免责债务清单。需要借款来接受教育的债务人通常没有其他的资产，他们能够用以清偿出借人的唯一资产就是其未来收入上的利益。但是，只有在这些债务是不可免责的情况下他们才能这样做。第 523(a)(8) 条规定了这一结果。当然，这些规定在很大程度上解释了为什么经济状况审查只会影响到少数债务人。许多其他的规则使破产对那些实际上有能力偿还债权人的人没有吸引力。

债权人需要有机会参与破产程序。因此，除非债务人将债务列入必须提交给法院的清册中，否则债务人不能获得对这一普通债务的免责。债务人也必须遵守确保每一个债权人都能得到债务人破产的通知并及时申报债权的程序。[第 523(a)(3) 条] 如果某一债权人对债务

[21] See Duffey v. Dollison, 734 F. 2d 265 (6th Cir. 1984).

人破产毫不知情，并因此丧失了获得资产分配的机会，那么该债权人可以在破产之后对债务人进行追索。但是，在很多案件中，债务人没有非豁免财产，申报债权毫无意义，托管人会建议债权人不要来添乱，如果之后发现了债务人的其他财产会通知他们。在这种情况下，被忽略的债权人没有失去任何权利。由于没有给其他债权人设定截止
47 日期，所以也不存在一个具体的时间点说如果他申报了债权会被认为是不合时宜的。因此，有人认为，这样的债务和其他债务一起被豁免了。[22]

第523条中的其他不可免责债务分为两种（或者有些情况下是这两种的混合）。其中第一种债务都是由不当行为产生的，如故意侵权，或者是被认为特别重要的债务。第二种债务包括子女抚养费、赡养费及很多纳税义务。那些自己经营企业的债务人通常有大量不可豁免的债务，因为他们在企业不景气期间没有缴纳预提税。应该用来纳税的钱被用来支付给供应商和工人以使企业能多运转几周。无论企业是独资企业还是公司，其承担责任的管理人员都对这些税款承担个人责任。这些纳税义务（取决于是何时征收的）通常是不可免责的。因此，评估债务人的纳税状况并发布适当的警告，是为陷入财务困境的债务人提供建议的重要组成部分。

第523(a)条规定“不当行为”这一例外的目的部分在于减少对破产的滥用。第523(a)(2)条规定通过欺诈或者不实财务报表产生的债务是不可免责的。相应地，第523(a)(2)(c)条在债务人即将破产且对其善意与否存疑时，限制了债务人的借贷和支出能力。**新资金原则**(fresh cash doctrine)已经成为第523(a)(2)条下诉讼中不断出现的问题。假设一个债务人从银行获得了一笔贷款，然后债务人陷入了财务困境，又向银行贷款且这笔贷款是通过虚假的财务报表取得的。银行会主张如果第二笔贷款和第一笔贷款合并，那么就只有一笔债务，根

---

[22] See, e. g., Judd v. Wolfe, 78 F. 3d 110 (3d Cir. 1996). 但是并非所有的法院都认可这一观点。See, e. g., Colonial Surety Co. v. Weizman, 564 F. 3d 526 (1st Cir. 2009).

据第523(a)(2)条的规定，所有贷款都是不可免责的。法院在这一问题上存在分歧，即所有贷款都是不可免责的还是只有新资金（通过虚假报表获得的资金）是不可免责的。第523(a)(4)条剥夺了债务人以受托人身份实施的不当行为的收益。此处的困难是确定什么行为是以受托人身份实施的，而什么行为不是。一个未解决的问题是，当州法要求债务人代债权人保管收益时，债务人出售担保物并且使用了收益 48
是否应该触发这一条款。此外，与其他情况一样，决定性因素不应是州法对信义义务的定义，而应是具有信义义务属性的义务，如维持独立账户的义务。其他“不当行为”这种例外，主要针对那些体现出特别应受谴责行为的债务。故意和恶意侵权的债务人，包括故意的财产侵占，不能在第7章获得免责。

随着时间的流逝，不可免责债务越来越多。当国会面临一个具体的问题，即某种特定类型的债务是否应该不可免责时，答案似乎应该就是不可免责的。但是，应该记住，将一些债务排除在可免责债务之外，而其他债务又不排除，会产生一些债权人优先于其他债权人的效果，即使他们破产程序之外的权利可能是一样的。单独地只关注一种类型的债务是不明智的。例如，醉驾产生的责任被明确地排除在可免责债务之外，但是很多其他侵权行为产生的责任并未被排除。第13章最初规定了超级免责（super-discharge），仅有一小部分债务是不可免责的。但是同样的变化也出现在超级免责中（不可免责债务越来越多），现在两个列表越来越相似。

债务人可能会发现某些特定债务的免责是不合适的。例如，如果债务被免责，债权人可能会向作为最初债务保证人的债务人的朋友或者亲人追索。或者，债务人可能想要保留一辆经销商享有担保权益的汽车，免责能够使债务人免于清偿经销商，但是，根据 *Long v. Bullard* 案确立的原则，免责并不影响经销商在债务人违约且破产程序终止后立刻取回汽车的权利。只有债务人**再次确认**（reaffirm）债务，债权人才有可能愿意放弃找保证人追索或者允许债务人保留汽车。债务人始终都可以自由地偿还已在破产程序中免责的债务。**再次确认**债务的问题在于一旦债务被免责，债务人是否能够从法律上约束自己偿还债务。

关于再次确认的规则写在第524(c)(d)(k)条，规定了分两步来调查。首先，再次确认必须根据非破产法是有效的。其次，即使其是有效的，也必须符合特定要求。再次确认必须在债务人正式获得免责之前作出以确保其有效性。除此之外，在个人破产的情况下，再次确认
49 必须在债务人参加免责听证之后进行。此时，债务人会被告知没有已免责的债务需要被再次确认。另外，还将陈述再次确认的后果。这一程序相当于破产中的米兰达警告（Miranda warning）。

如果债务人委托了律师代理，律师必须提交一份宣誓书表明再次确认协议是自愿的，并且没有给债务人施加不合理的负担。在没有聘请律师的情况下，法院必须确认再次确认协议不会给债务人带来不合理的负担，并且符合债务人的最大利益。如果债务人想要再次确认债务以保留一辆豪车，法院通常不会认为该再次确认符合债务人的最大利益。同样，在债务人想要再次确认债务以避免债权人要求作为保证人的亲人或朋友承担保证责任的情况下，法院也不会认为其符合债务人的最大利益。即使符合了所有这些要求，债务人仍然有60日的冷静期，在此期间债务人可以自由地撤销再次确认。

第13章的工薪阶层计划

第7章强制个人放弃现有财产但是允许他们保留未来收入。第13章则正好相反，在第13章案件中，债务人可以保留除部分未来工资以外的所有资产。债务人不能保留的部分未来工资移交给托管人，在申请前债权人之间进行分配。第13章的主要优势在于债务人可以保留所有资产，并且可能获得更多债务的免责。

在过去的10年中，第13章对于处于财务困境中的个人债务人，尤其是经营小型企业的个人债务人已变得越来越重要。每年成千上万的第13章申请被提交，数十亿美元根据第13章计划被支付。提交了第

13 章申请的债务人通常面临和提交第 7 章申请的债务人完全不同的问题。根据第 13 章提交申请的债务人选择该章，有时不仅因为他们需要厘清对普通债权人的债务，也因为他们拖欠了银行的贷款，这些银行享有他们房屋上的抵押权。第 13 章允许债务人利用自动冻结，同时不必放弃非豁免财产。适用第 13 章而不是第 7 章的决定也取决于不同破产法院的做法，在第 13 章的适用频率和适用方式上，不同地区之间存在很大差异。

与第 7 章相比，并不是每一个个人债务人都有资格申请第 13 章。 50
根据第 109 条的规定，所负债务超过了规定限额的债务人不能申请第 13 章救济，即无担保债务的限额略低于 40 万美元，有担保债务的限额略低于 120 万美元。* 第 13 章主要适用于有工作的个人债务人、财务状况比较简单的夫妇，通常是消费者或小企业主。风险更大的个人不能适用第 13 章。

与第 7 章相同，每一个第 13 章案件都会任命托管人［参见第 1302 条］，但是，债务人自己负责推进进程。根据第 1321 条规定，债务人必须向法院提交计划，写明以其未来收入清偿债权人的方式。该计划可能会修改或者减少债务人的债务［参见第 1322(b)条］，必须规定债务人用其未来收入的部分或全部清偿债权人。根据第 1322(a)(1)条和第 1322(d)条的规定，计划的期限限制在 5 年。对于收入低于中位数的债务人（用与经济状况审查相同的方法计算），偿付期限通常限制在 3 年，但是在说明合理理由的情况下，这一期限可以延长至 5 年。

计划还必须满足一系列重要的偿付条件。第一，计划必须以延期现金偿付的方式全额清偿所有根据第 507 条享有优先权的已确认债权（和管理费用），除非该优先债权（或费用）的持有人同意其他的方案。［参见第 1322 条］第二，计划必须使用完债务人 5 年的所有可支配收入，或者自计划生效之日起以有价值的财产（包括承诺）清偿所有

---

* 译者注：这个数额每三年调整一次。根据现行第 109 条的规定，如果担保债务合计超过 75 万美元，或者无担保债务合计超过 25 万美元，则债务人不能申请第 13 章救济。

已确认的无担保债权，清偿的金额至少等同于该日债权人在第7章清算中能够获得的金额。[参见第1325(a)(4)条] 理论上，这些规定共同确保了债权人的境况不会比债务人申请第7章程序的情况下更差，同时优先债权甚至可能获得更多清偿。

对第13章计划的要求还以另一种方式保护无担保债权人。根据第1325(b)(1)条的规定，托管人（或者没有获得全额清偿的债权人）可以坚持要求在计划中规定，在债务人收入低于中位数的情况下，债务人应拿出3年内预计的所有可支配收入；对于收入高于中位数的债务人，则是5年内预计的所有可支配收入。"可支配收入"的计算方式不同，取决于破产前债务人的收入是否高于中位数。

如果债务人的收入低于中位数，可支配收入的定义为扣除"维持
51 和支撑债务人或者依赖债务人供养者生活的合理必要花费"以外的收入[参见第1325(b)(2)条]。债权人会发现坚持这样的计划不一定符合他们的利益。根据第1307条规定，债务人可以随时将案件转为第7章程序或者撤回案件。这一权力（power）阻止了债权人在债务人的收入低于中位数的情况下要求债务人拿出所有的可支配收入。当然，也有例外。债务人可能有在第7章不能免责但是在第13章可以免责的债务。或者，债务人可能已经尝试过适用第7章但是根据第707(b)条被驳回。第1325(b)(2)条中的"合理必要"标准被用来确定计划是否将债务人全部的可支配收入纳入。与其他标准一样，该标准也没有一个清晰的轮廓。有大量的判例法，但是，当标准适用于所有的债务人，而不仅仅是收入低于中位数的债务人时，判例法也进行了相应的发展。

对于收入高于中位数的债务人，第13章下偿付义务的计算方式与第707(b)条中的经济状况审查类似。但是，经济状况审查关注破产申请前6个月的收入以衡量债务人是否有资格获得第7章的免责。这一数额可能多于或少于债务人之后的收入。第1325(b)(1)条规定的是债务人的"预计可支配收入"而不是简单的"可支配收入"。破产法官可以在批准计划时，对已知的或基本可以确定的收入或支出的变化进行

说明。[23]

第 13 章计划还有一个旨在保护担保债权人的重要要求。债务人必须在提交第 13 章申请的 1 个月内开始向动产出租人和担保债权人清偿，除非法院另有命令。[第 1326(a)条] 如果该计划允许债务人保留担保物，则必须规定全额清偿担保债务，除非债权人同意减少偿付金额。然而，回忆一下第 506(a)条的规定，担保债权分为两部分。债权人的担保债权仅限于担保物的价值，剩余部分为无担保债权。如果支付利息，对担保债权的清偿可以分期进行，债务人在计划项下的义务必须以原始担保物上的担保权进行担保。此外，债务人必须根据该计划每月支付足以充分保护担保债权人的相等款项。[第 1325(a)(5)条]

如果计划符合这些要求，并且符合第 13 章的其他规定，如计划的 52
善意要求 [参见第 1325(a)(3)条] 和可行性要求 [参见第 1325(a)(6)条]，则法院必须批准该计划。但请注意，即使批准了计划，破产案件仍然是悬而未决的。根据第 362 条规定，债务人的债权人仍然不能追索债务（与债务人承担共同责任的个人通常受第 1301 条的保护）。债务人破产申请后的所得和收入成为第 1306 条规定的破产财产。

成功执行完毕第 13 章计划的债务人，其所拥有的财产"不受计划所规定的任何债权人的任何债权或利益影响"。[第 1327(c)条] 按照计划完成债务清偿之后，债务人根据第 1328(a)条获得免责。

获得第 13 章的免责后，如果免责是基于一个至少清偿了 70% 债务的计划，那么债务人可以在 6 年内适用第 7 章或第 11 章。[第 727(a)(9)条] 另外，根据第 1328(a)条批准的免责不受第 7 章免责的所有例外情形的约束。但是，由于国会在继续扩大第 13 章不可免责债务的范围，第 7 章和第 13 章在这一点上的区别随着时间的推移正在变得不那么重要。

如果债务人不能够完全履行计划中规定的偿付义务，债务人可以根据第 1329 条寻求修改计划；或者如果债权人已经得到了与他们根据第

---

[23] Hamilton v. Lanning, 560 U. S. 505, 524 (2010).

7 章所应得到的一样多的债务清偿，债务人可以要求免责。根据第 1328(b)条规定，只有计划事实上无法修改，并且债务人是由于其无法控制的原因不能完成清偿，法院才能批准免责。即使在这种情况下，免责只能扩展到那些原本就可以在第 7 章获得免责的债务。也就是说，债务人并非可以获得第 523(a)条中所有债务的免责。[参见第 1328(c)条]

第 13 章计划可以规定债务人保留某一担保债权的担保物，并且通常“可以修改担保债权人的权利”。[第 1322(b)条] 但是第 13 章保护担保债权人免于那些使他们境况变得更糟的修改。最基本的保护是在第 1325(a)(5)条。该条规定，计划必须向担保债权人分配（在计划生效之日）价值至少等于债权金额的财产。另外，第 1325(a)(5)条还规定，如果债务人要保留担保物，则该计划必须赋予担保债权人担保物上的持续性担保权（continuing lien），直到债务被清偿完毕。简言之，债务人不能保留担保物，除非计划规定支付（该担保债权人）等同于担保物价值的金额，虽然不一定要立即支付。在债务人不能根据计划
53 完成清偿的情况下，持续性担保权这一要求可以保证对担保债权人的全额清偿。

在第 13 章案件中，房屋抵押贷款通常是核心问题。拖欠了抵押贷款的债务人是最有可能提交第 13 章申请的债务人之一。当债务人遇到困难时，可能在破产之外只有通过全额偿还银行的全部贷款或与银行达成协议才可以阻止抵押物的止赎，避免失去其房屋。特别是当房屋的价值下降时，债务人可能会发现银行并不合作。债务人可以根据第 7 章提交破产申请，但是他会发现并不能得到什么救济，因为财产的清算会将房屋扔给银行根据州法来进行。第 13 章为债务人提供了喘息空间和解决问题的最后机会。

但是，如果提交第 13 章申请却没有任何制定计划来重组债务的打算，那么申请仅仅是为了能够利用自动冻结就可能被认为是一种滥

用。[24]最常见的对第13章的滥用是连续申请，即债务人在止赎前夕反复提交申请。法院已经设计了一些方式来阻止这些明目张胆的不当行为。[25]另外，如果第13章的申请与之前获得的免责时间间隔过短，第1328(f)条会限制第13章免责的取得。[26]

此外，第13章包含许多特殊条款，以对房屋抵押贷款机构进行相较其他担保债权人更多的保护。对债务人影响房屋抵押贷款权利的最主要限制就是对修改抵押的一般性禁止。[参见第1322(b)(2)条]对于其他类型的抵押，计划将第506(a)条中的普通的不足额担保债权分为有担保的部分和无担保的部分，然后分别对待。计划会给不足额担保的债权人两个新的贷款债权，一个是基于担保物价值涵盖部分的有担保债权，另一个是基于差额部分的无担保债权。作为无担保债权，差额部分可能仅能获得百分之几的清偿。这些贷款的条款可能彼此并 54
不相同，或者和原始贷款不同。这两个新的贷款债权就取代了旧的债权，即使原始贷款的条款从未得到满足，也可能获得免责。

但是，根据第1322(b)(2)条规定，债务人修改担保债权人权利的能力并不能扩展到与"只由作为债务人主要住处的不动产担保的债权"相关的权利。第1322(b)(2)条禁止该计划修改此类原始贷款的任何条款，即使这些条款严格来讲并不是担保债权的一部分。此类条款的一个例子是允许债权人针对担保物价值和债权金额之间的差额提起诉讼的条款。[27]

但是，第13章也确实针对房屋抵押贷款为债务人提供了一些救济。根据第1322(b)(5)条的规定，第13章债务人可以对长期住房抵押贷款的违约进行纠正，纠正必须在合理的时间之内进行，并且必须按其

---

[24] See In re Felberman, 196 Bankr. 678, 681 (Bankr. S. D. N. Y. 1995).

[25] See Casse v. Key Bank National Association, 198 F. 3d 327 (2d Cir. 1999).

[26] 即使无法获得免责，只要债务人的行为是善意的，并能提出一个可获批准的计划，那么，债务人仍可根据第13章寻求救济。See Branigan v. Bateman, 515 F. 3d 272 (4th Cir. 2008).

[27] Nobelman v. American Savings Bank, 508 U. S. 324, 329 (1993).

原始条款恢复抵押。但如果最后一笔抵押贷款的清偿在第13章计划规定的最后一笔还款日期之前到期，则不允许债务人进行违约纠正。简言之，第13章为债务人提供了一种在违约后保留房屋的方法，即使违约赋予了贷款机构根据州法止赎的权利。但是，在第13章计划执行期间及执行完毕之后，债务人必须继续全额清偿抵押贷款，即使房屋的价值已经远远低于未偿还的债务数额。对违约的纠正只是使债务人恢复到违约前的状态。除非情况发生改变，债务人很快就会发现他们还是无法偿还同样的债务。

当债权人寻求非破产救济时，他们迟早都必须进入止赎程序，以至于债务人无法再申请破产并进行违约纠正。第1322(c)(1)条规定，一旦债务人的住宅在根据适用的非破产法进行的止赎拍卖中被出售，债务人就丧失了违约纠正的权利。房屋抵押贷款的期限可以是20年或者更长。在大多数情况下，抵押贷款的期限要长于计划的期限，上述修改或纠正的规则将会适用。如果房屋抵押贷款剩余的期限短于第13章计划的期限，根据第1322(c)(2)条的规定，尽管有**反修改条款**
55 (antimodification clause)，“计划可以规定按照以第1325(a)(5)条进行的修改清偿债务”。因此，第13章给了债务人一些对将要到期的房屋抵押贷款进行调整的空间。

第13章存在很多解释上的困难，其中很多是由于长期以来对其进行多次修改所导致的。引起众多争议的一个解释上的困难是第1325(a)条所附的“悬挂条款”（hanging paragraph）。该条款规定如果债权人对债务人提交申请前的910日内购买的机动车享有购买价金担保权益，则“第506条不应适用于”该债权。据推测，该条规定旨在防止债务人剥离最近购买的汽车上的担保权，导致清偿债权人的数额少于贷款的金额。但是，这一表述产生了一个问题，即重新取得该汽车的债权人是否有权取得（清偿）债务余额的判决。如果第506条不适用，《破产法典》没有其他规定将债权分为有担保的部分和无担保的部分。可以论证的是，没有第506条，就不会有基于清偿担保不足额部分的判

决产生的无担保债权。㉘ 很多破产法院采纳了这一观点，但是迄今为止考量过这一争议的巡回法院都反对这一观点。㉙

第 13 章的复杂性不应掩盖其实际运行方式的两个显著特点。第一，第 13 章的实践存在广泛的差异。从一个巡回区到另一个巡回区，从一个州到另一个州，第 13 章所扮演的角色有着巨大的差异。在肯塔基州东区，只有不到 1/6 的破产案件是第 13 章案件，而在田纳西州西区，2/3 的破产案件都是第 13 章案件。第二，第 13 章经常远远无法实现其目标。根据一些统计数据，只有 1/3 的计划能够成功。

除第 13 章外，《破产法典》还有特殊的一章保护小农场主和渔民。第 12 章平衡了两种相竞争的利益。首先，第 12 章试图使家庭农场主保留他们的农场，渔民保留他们的渔船，即使他们欠担保债权人的债务已经超过了他们资产的价值。其次，第 12 章还试图确保担保债权人的财产利益能够得到尊重，并且这些债权人能够获得清偿。这两个目标似乎并不兼容。如果一个农场的价值小于担保债权的金额，那么对债权人的清偿低于整个农场的价值似乎是补偿不足的。农场主享有的剩 56
余权益具有一定的价值。就从农场主保留的权益具有价值这一点来看，担保债权人获得的清偿将少于其债权的金额。然而，第 12 章以这样一个理念为前提，即给予农场百分之百杠杆率的重整计划是允许的。

在美国历史上，农场主一直享有特殊的破产保护。《1841 年破产法》的政治主张与当时存在的农业危机有关。同样，《弗雷泽 - 莱姆克法案》(Frazier-Lemke Act) 在 20 世纪 30 年代保护了农场主。很多农场救济法的特点之一，就是其仅在有限的几年内有效，之后必须重新制定。很多年来，第 12 章只有有限的寿命，但是国会会定期对其进行更新。2005 年，第 12 章成为《破产法典》的永久部分，同时，其保护范围也扩大到了渔民。

㉘ See, e. g. , In re Payne, 347 Bankr. 278 (Bankr. S. D. Ohio 2006).

㉙ See, e. g. , DaimlerChrysler Financial Services Americas, LLC v. Miller, 570 F. 3d 633 (5th Cir. 2009).

57 第三章　公司重整与绝对优先规则

引　言

在第二章中我们看到，对于个人债务人，使破产法有生命力的原则是全新开始，赋予债务人获得旧有债务的免责，使未来收入和其他豁免财产免受债权人追索的权利。在这一章中，我们将关注另外一个原则——**绝对优先规则**（absolute priority rule），这一规则赋予了公司重整法生命力。绝对优先规则对第 11 章及围绕第 11 章展开的谈判非常重要，因此我们将用本章的大部分篇幅来试图理解其起源以及今天的形态。

第 11 章中的公司与第 7 章中的个人一样，都能在破产程序终结时获得免责，但是这两种情况下，免责有着完全不同的后果。在债务人是个人的情况下，免责和《破产法典》的其他部分相结合，以确保债务人的全新开始。旧有债务的免责本身并不禁止债权人取得债务人的未来收入。在个人破产的情况下，重要的不是简单地根据第 727 条获得免责，而是未来收入不会成为第 541 条规定的破产财产。相反，公司的未来收入则会成为破产财产。因此，免责本身并不能使未来收入免于破产申请前对债务人享有权利的人的追索。第 1141 条规定的公司债务的免责必须服务于与第 727 条规定的个人债务免责完全不同的目的。

有限责任公司并不是有血有肉的个人，而是一个拥有资产的法人，很多个人对其资产享有权利。我们必须关注股东、债权人和其他人，了解债务人免责之后他们的权利会发生什么变化。在第7章个人债务人的情况下，我们必须关注第541条规定的个人债务人未来收入（从破产财产中）排除来理解第727条免责的影响。同样，在第11章公司债务人的情况下，我们必须关注《破产法典》关于公司未来收入分配权 58
利的其他规定来理解第1141条免责的影响。第1141条并没有告诉我们重整之后企业的收入如何在之前的债权人和股东之间分配。相反，是第1129条规定的绝对优先规则和第11章的其他规定决定了对原债务人公司享有权利的人对重整后的公司享有何种权利。

在我们讨论绝对优先规则之前，理解第11章对于公司债务人而言的目的非常重要。对于个人债务人，第7章旨在提供实体权利：第7章使个人能够摆脱无法处理的债务负担，享受新的生活。公司则不然。我们可能关心工人、股东或者债权人，但是公司本身仅仅是法律的拟制，它并不是有意识的人，为公司自身的利益而继续维护公司章程是没有任何意义的。

此外，第11章并不能解决不合理的商业计划问题。假设一个企业家决定在南加利福尼亚州的一处露天购物中心开一家新的餐厅，专门提供芝加哥点心。顾客依次品尝小盘食物，这些食物代表了芝加哥每个种族社区的饮食。典型的一餐首先是迷你煎肠，接着是小份的深盘比萨、木须肉，然后是一小部分烤肋排，最后是一块果仁蜜饼作为甜品。碰巧的是，加利福尼亚州的老年人和对卡路里敏感的婴儿潮一代既对这家购物中心不感兴趣，也对品尝这种食物几乎没有兴趣。第11章并不能使这家餐厅或者芝加哥点心大获成功，餐厅没有债权人还是有数十个债权人也与此并无关系。如果没有人想要在这家餐厅就餐，那破产法对此也无计可施。最好是将餐厅的资产另作他用。

但是，一些无法清偿债务的企业可能是具有存续价值的企业。典型的例子是铁路公司（我们之后就会讨论到，19世纪晚期铁路公司的重整是现代第11章的前身）。铁路公司的资产——狭长土地上的通行权、成百上千英里的铁轨、数百万条枕木和遍布全国的各种桥梁，几乎都没有什么废料价值。因此，即使铁路公司没有承载足够的交通量来清偿其建设成本，它也是值得继续存续的。修建铁路可能是一个错误，但是一旦建成，其最佳用途可能还是作为铁路存在。与没有选好址、食物很糟的餐厅不同，铁路公司的资产可能没有什么更好的用途。但是，所有人都必须面对这样一个事实，即铁路公司无法清偿其债权人。需要有一个厘清债权人权利和股东权利的平台。

59 如果铁路公司的债权人有权援引各州关于债务催收的规则，所有债权人都有机会获得全额清偿。债权人可以拿走离其最近的铁路公司的资产然后将其作为废品出售。但是这种基于每个债权人自身利益的救济方式会导致铁路公司被肢解。铁路公司作为一个整体存续更有利于债权人，他们需要以一种能够保留铁路公司作为营运事业价值的方式来行使债权。努力厘清这些相互竞争的债权不应妨碍资产发挥其最大价值。

要确保资产发挥最大价值，就应认识到某些债权人将无法获得全额清偿，而这些债权人必须由统一的破产法来确定。第11章的基本分配规则——绝对优先规则——之于第11章就如**全新开始**政策之于个人一样重要。绝对优先规则背后的实质性理念很简单：提交破产申请导致了最后的清算。资产被归集，负债也都进行了统计，优先债权人先于后顺位债权人获得清偿，债权人先于股东获得给付。**全新开始**这一表述也常常会出现在第11章的讨论中，但人们不应被债务人公司“复苏”（rehabilitating）的概念所误导。

我们的破产法明确关注维护破产外创设的权利。将如何保护资本结构不同部分的投资者之间的交易与有血有肉的个人**全新开始**的理念混为一谈，是一个严重的概念上的错误，必然会导致思维混乱。确保一个有望成功的企业继续存续是一个艰巨的任务，相应的程序也是十分复杂的。要理解我们所选择的程序，最简单的方法就是了解其起源。因此，我们首先要回溯历史。

衡平接管与第11章的起源

我们可以将第11章的起源追溯到19世纪晚期伴随大型铁路公司兴起出现的问题。这些铁路公司是最早的巨型公司，这些公司连接起了美国各地，彻底改变了人们的生活方式。在铁路出现之前，牛奶在到达城市的市场之前就已经变质了。牧场主和农场主，他们生产的肉和 60
农产品仅有很小的市场。铁路创造了一个全国市场，纽约人的餐桌上第一次出现了堪萨斯州的牛肉和用密苏里州种植的谷物做的面包。

但是，铁路需要空前规模的资本。铺设一英里轨道要花费20,000美元或者更多，有时甚至多很多。到1860年，对铁路的私人投资超过了10亿美元。摩根大通（J. P. Morgan）、奥古斯特·贝尔蒙（August Belmont）、基德尔·皮博迪（Kidder Peabody）等投资银行不得不向欧洲的大型商业中心融资，为未来30年将要建造的横贯美国大陆的铁路提供资金。这些投行成为各大铁路公司的董事会成员，代表其欧洲投资者的利益。①因为他们希望能同这些投资者持续打交道，所以他们有动力去很好地代表这些投资者。

1865年到1890年，是铁路公司大量增加的一个时期。这一时期也见证了不同的铁路公司以偶然而又不可预测的方式进行的合并。仅在19世纪80年代，就铺设了超过75,000英里的铁轨。这也是竞争加剧、政府规制日益加强的时期。不同线路之间的竞争加剧，卡特尔应运而生，随后瓦解。与此同时，19世纪90年代初，出现了美国历史上最严重的经济衰退。所有这些因素造就了一个在19世纪90年代中期资不抵债的产业。大多数已经成立的铁路公司无法偿还固有的债务，美国超

① See Alfred D. Chandler Jr., The Visible Hand: The Managerial Revolution in American Business 146(1977).

过一半的铁路公司在这一时期进行了重整，有一些还重整了不止一次。②

典型的需要重整的铁路公司几乎没有普通债权人，只有不同种类的债券，由不同投资人分散持有，其中很多投资人在欧洲。一支债券由 A 到 B 之间的铁轨担保，另一支债券由 B 到 C 之间的铁轨担保，第三支债券则由 C 到 D 之间的铁轨担保，以此类推。B 点到 Y 点都在荒无人烟的地方，A 点和 Z 点的终点站都与股东们拥有的有偿付能力的铁路公司相关。单个债权人的担保物提高了建设中的铁路的价值。但是，
61 这一价值并不能通过收取担保物来变现，只有通过所有当事人的积极参与，才能使各组成部分的价值最大化。

实现一次成功的重整是很困难的，铁路公司的价值必须在技术和监管迅速变革的大背景下进行估算。很多不同类型的债券持有人的债权取决于他们的担保物为整个铁路公司的收益做出了多少贡献。此外，很多投资者居住在国外，无法积极参与重整，他们必须依赖于他们的投行和律师来代表他们。尽管国会有权制定联邦破产法，但这一时期并没有。面对分散的具有不确定价值的利益和立法的缺失，律师们运用衡平接管来重整铁路公司。

由于铁路公司是第一次对来自不同投资者的大量资本进行整合的试验，因此，投资合同的很多条款要么是空白的，要么是从不动产交易中机械地照搬。衡平接管法必须补充缺失的条款，而这些条款必须应对铁路公司需要新资本结构的情况下出现的独特问题。最终的结果成为第 11 章的基本特征。

试想一家铁路公司欠着几十个不同类型的债券持有人共计 1 亿美元的债务，每一个债券持有人都享有铁路公司不同资产上的担保权益。总体而言，这些债券覆盖了铁路公司的所有硬资产。铁路公司还欠各种普通债权人共计 100 万美元。铁路公司无法偿还这 1.01 亿美元的债

---

② 关于 19 世纪 90 年代铁路公司重整的历史，参见 Stuart Daggett, Railroad Reorganization (1908)。

务。债券持有人意识到是时候重组铁路公司了，他们联系了律师和投行。律师说服普通债权人请求联邦法院为铁路公司任命一个**接管人**(receiver)。法院任命的**接管人**通常是一直运营铁路公司的管理层股东。同时，股东和投行组成委员会，分别代表不同股东或债权人的权利。

随后，每一个债券持有人委员会都试图说服持有该类型债券的人将债券交于该委员会，并赋予该委员会在重整中主张债券持有人所有权利的权力。假设，在我们的案例中，90%债券持有人将其债券给了各自的委员会。同样地，另外一个委员会持有90%的股份。然后，各委员会碰头并且组建一个新的委员会即重整委员会，每一个其他委员会的成员都加入这个委员会，重整委员会有权代表其他委员会行事。现 62
在，重整委员会控制着90%的已发行未偿付债券，随后开始制定重整计划。

根据计划，每一个持有以铁路公司某些资产担保的100美元债券的重整参与者将放弃该债券，以换取由铁路公司全部资产担保的50美元债券。参与的股东可以选择取得重整后铁路公司的股份，以换取他们在旧铁路公司中的股份和100万美元的现金。通过重整委员会中的代表，所有参与的债权人和股东同意了这个计划。

然后，重整委员会从银行获得了1000万美元的短期贷款。此时，接管人进行了止赎出售，将铁路公司的所有资产出售给了出价最高者。在出售中，重整委员会是唯一的出价者，为整个铁路公司出价1000万美元。重整委员会向接管人支付价款后接管了铁路公司的资产。接管人拿到了1000万美元并将其分配给债券持有人。(普通债权人并未获得分配，因为出售获得的价款不足以全额清偿债券持有人。)由于重整委员会本身持有90%的债券，接管人还给重整委员会其用以购买铁路公司的1000万美元中的900万美元。接管人将剩余的100万美元用于清偿那些没有参与重整的债券持有人，这些债券持有人没有将其持有的债券交于重整委员会。

现在，老铁路公司是一个空壳，老股东根据州法将其解散。由于铁路公司这个法律实体已经不存在了，所以所有针对该公司的债权都毫无价值了。那些没有将权利转交给相应委员会的股东和根本没有机会参与重整的普通债权人是不幸的。现在，重整委员会拥有铁路公司的全部资产和从接管人那里获得的900万美元。委员会成立了一家新的公司，将铁路公司的所有资产转移给了这家公司。新的公司发行了4500万美元的债券并按照计划中的承诺将这些债券分给了之前参与重整的债券持有人。之前的股东按照重整计划中承诺的拿出100万美元之后获得了新公司的股份。有了这100万美元和之前接管人返还的900万美元，委员会偿还了银行1000万美元的贷款。现在重整委员会可以解散了。

63 如果我们完全关注法律形式，我们将会看到一家有着一套新的所有权结构的新公司。然而，实质上，故事却大有不同。如果这一精心编排的“舞蹈”中的各个步骤被打破，那么大多数债券持有人和股东只是将他们享有的对铁路公司的旧债权换成新债权，新债权可能会更好地考虑到铁路公司的境况。现在我们有一个同老铁路公司几乎一样的铁路公司，有着同样的管理人员和投资人，但是对投资人的所有权进行了调整，以使其符合铁路公司实际的收入。

根据《破产法典》第11章的规定，我们会说铁路公司原有的债务已经被免责。但是，正如我们在讨论一开始所说的那样，这一语境下“免责”的含义在某些方面与其在获得全新开始的个人债务人情况下的含义并不相同。免责只是使企业能够取得新资本架构的机制中的一部分。

因此，有关铁路公司的争论并非以对公司而言**全新开始**的含义为中心，而是围绕着其他问题。首先是没有参与重整的主体的权利问题。在我们的例子中，这些主体包括10%的债券持有人和各种普通债权人。没有参与重整的债券持有人提出他们只获得了10%的清偿，但是那些参与了重整的债券持有人却得到了50%的清偿。对于如果他们愿意就原本可以参与重整并获得50%的清偿这一回应，这些债券持有人会主张，重整在强迫他们“两害相权取其轻”：他们的债权在虚拟的止赎出售中按照10%变现，或者不得不服从重整委员会的指示。没有一个单个的债券持有人对铁路公司有足够的投资，能够通过必要的努力阻止重整委员会为所欲为。因此，内部人仍然控制着程序并最终控制了铁路公司。

因此，衡平接管必须在两种风险之间进行：内部人利用分散的债券持有人的风险和少部分持有异议的债券持有人“搭便车”的风险。根据衡平接管最终的解决方案，法官坚持要有*底价*（upset price），即重整委员会必须在止赎出售中给出的取得铁路公司资产的最低价格。通 64
过确保底价足够高，那些少数债券持有人将能够获得与他们非破产权利相称的清偿。③ 实践中，这一方法的缺陷是法官倾向于确定一个较低的底价，他们担心较高的底价会妨碍重整的成功，因为这将要求重整委员会筹集到更多的现金。

《1978 年破产法》(1978 Bankruptcy Act) 替换了这种保护某一类别债权人中异议者的方式。国会将公司重整纳入了《1898 年破产法》规定的计划必须使用的程序之中。根据《1898 年破产法》规定，债务人将与债权人碰面，填写资产和负债表并接受审查。此时，债务人会起草一份计划或者*和解协议*（composition），其中债权人的债权被相应缩减。如果大多数债权人接受这个计划，且这些债权人持有超过一半的未清偿债权，同时计划除满足其他要求外还符合*债权人最佳利益标准*，法院将批准该计划。④法院将“最佳利益”解释为没有投票同意计划的债权人获得的清偿不少于清算中能够得到的份额。⑤这一对异议债权人的保护，规定在第 1129(a)(7)条，取代了在衡平接管中底价规则的使用（以及后续在旧破产法第X章的成文规定）。

在现代第 11 章的动态发展中，更为重要的是为回应那些根本没有机会参与重整的普通债权人的抱怨而出现的程序。普通债权人似乎没有什么可抱怨的。铁路公司的价值不足 1 亿美元，即债券持有人享有的

③ See First National Bank of Cincinnati v. Flershem, 290 U. S. 504 (1934).

④ Act of July 1, 1898, ch. 541, § 12b, 30 Stat. 541, 549.

⑤ See Fleischmann & Devine Inc. v. Saul Wolfson Dry Goods Co., 299 F. 15 (5th Cir. 1924).

债权金额。即使铁路公司的资产按照公平的市场价格被出售变现，普通债权人也得不到任何的清偿。鉴于企业糟糕的状况，他们无权获得任何东西。这是他们在向铁路公司提供借款时就应该考虑到的风险。

65 但是，我们至少必须有适当的程序来确保铁路公司的价值确实不足1亿美元，我们需要确保优先债权人和股东没有以漠视他人权利的方式重组铁路公司。为了确保对这些权利的保护，法院在几十年的时间里逐渐形成了一套规则，这些规则可被抽象地定义为**公平公正原则**（fair and equitable principle）。第1129(b)条纳入了这一原则。根据公平公正原则的要求，如果法院要在某一组别债权人反对的情况下批准计划，必须确保计划是公平公正的。要理解“公平公正”的含义，我们必须了解催生这一原则的一系列案件，其中最重要的是 *Northern Pacific Railway Company v. Boyd* 案。⑥

1886年，一个名叫**斯波尔丁**（Spaulding）的人向**科达伦铁路公司**（Coeur D'Alene Railroad）提供了价值25,000美元的原材料及人工，但是从未获得支付。经过数次重组之后，**科达伦铁路公司**的资产最终成为**北太平洋铁路公司**（Northern Pacific Railroad）的一部分。**斯波尔丁**认为，他可以主张**北太平洋铁路公司**对这笔债务承担责任。但是，在他取得判决之前，**北太平洋铁路公司**就因资不抵债接受了衡平接管，并由此产生了一个新的主体：**新北太平洋铁路公司**（Northern Pacific Rail*way*）。

斯波尔丁的继承者**博伊德**（Boyd）没有参与**北太平洋铁路公司**的重整，而是起诉了其重整后的**新北太平洋铁路公司**。最终，这场官司在1913年打到了联邦最高法院。法院首先认为，**北太平洋铁路公司**的确对**科达伦铁路公司**的债务负有责任。接下来，法院必须决定**新北太平洋铁路公司**是否应该对**北太平洋铁路公司**的债务承担责任。

博伊德主张，法院监督下的出售并不能消灭其权利，因为老股东仍然是新公司的股东。**博伊德**援引了基于欺诈性转让理论的普通法规则，

⑥ 228 U. S. 482 (1913).

即在止赎出售中购回了其土地的土地所有者受后顺位债权人债权的约束，即使按照公平条款购买的第三人并不会受到这样的约束。博伊德没有参与重整或者让渡其债权，因此他可以要求新北太平洋铁路公司对北太平洋铁路公司的债务承担责任。

新北太平洋铁路公司的律师辩称，出售这一行为必须得到尊重。他 66
们认为，以不动产进行类比是不恰当的。新北太平洋铁路公司和北太平洋铁路公司是两个完全不同的实体，即使二者的股东是一样的，也应该尊重其形式上的不同。司法拍卖的形式规范，不存在欺诈。资产以公平的价格出售，该价格低于担保债权的金额。即使博伊德参与了重整，他也无法获得任何清偿。对交易重新定性只会助长投机性诉讼（strike suits），使资不抵债的铁路公司的重整变得不切实际。新北太平洋铁路公司败诉，随后上诉到联邦最高法院。

在 *Boyd* 案中，存在分歧的法院认为，限制了止赎出售中债务人购买产生的影响的普通法原则在公司重整中也同样存在：

> 对于债权人而言，［出售］只是一个形式，尽管北太平洋铁路公司的法定所有权被剥夺，但是老股东仍然是同一个铁路公司的所有者，承担同样的债务。这种迂回并没有强化他们对于博伊德这个异议债权人的权利，名称改变了但是关系并未改变。⑦

资产的价值低于优先于博伊德的债权人持有的债券金额也不重要：

> 问题必须通过一个固定的原则来解决，而不是使债权人的权利取决于对证据的权衡，即在出售之日，财产是否不足以清偿优先的债权。⑧

---

⑦ 228 U. S. 506 –07（1913）.

⑧ 228 U. S. 507 –08（1913）.

法院并没有说所有的不动产止赎法律都应该机械地移植到公司重整的法律中。法院只是认为，完全挤出中间债权人是不被允许的。实际上，法院很快解释道其裁决的适用范围是有限的：

> 我们不要求做到不可能的事，也不要求以现金清偿无担保债权人作为股东保留对重整后公司权益的条件。他的权益可以通过以公平的条款发行收益债券或优先股来进行保护。如果他拒绝了一个公
> 67 平的提议，他就只能像其他任何一个判定债务人（judgment debtor）的债权人那样保护自己，而且，由于他拒绝参与公正的重整，所以之后就不能在衡平法院对此提出异议。[9]

与不动产的止赎形成对比的是，如果在公正的重整中对债权人进行了公平的安排，重整计划可以将股东包括进来。法院并没有解释这些术语确切的含义。下级法院必须自行确定应当发挥作用的“固定原则”的边界，并由此产生了一系列关于什么构成公平和公正的重整计划的观点。

Boyd 案之后，计划不能置后顺位债权人于不顾，除非普通债权人同意或者经过法院裁决。优先债权人和股东的同盟在事后主张公平是不够的。然而，即使是在法院，也存在是否以及在什么情况下对后顺位债权人非合意性的忽视是被允许的问题。法院最终在 *Case v. Los Angeles Lumber Products* 案中面对了这一问题。[10]

在 *Case* 案中，债务人是一家控股公司，其主要的资产是造船和干船坞公司（Shipbuilding & Drydock）。这家公司在第一次世界大战期间为海军造船，但是在20世纪20年代到30年代逐渐衰败了。1937年，这家公司试图寻求重整，其仅有的债权人是20年期债券的持有人，债券将在1944年到期。持有的债券面额合计超过总金额90%的债券持有

[9] 228 U. S. 508（1913）.

[10] 308 U. S. 106（1939）.

人投票通过了计划。计划将新公司23%的股份给了老股东。这些股东打算继续管理企业的运营，但是他们没有提供任何新的出资。

地区法院认为计划是公平公正的。该法院指出，只有两名债券持有人反对计划，法院并不想使两三个异议者有能力阻止绝大多数债券持有人通过的重整计划。法院还认为老股东的继续参与是合理的，因为这些股东愿意承担管理责任，并且他们是“唯一熟悉公司经营并在造船方面有经验的人”。此外，法院还指出：

> 大多数现有的债券持有人广泛分散地持有少量的债券，与具有 68
> 财务影响力和稳定度、能够帮助融资的老股东联系在一起，能够使他们受益。[11]

进行重整是因为需要额外的资金，而不是由于现有债权人威胁要止赎担保物。基于之前的安排，只有在赚到钱的时候才会发生利息支付，而债权人在1994年之前没有权力（power）止赎担保物。

Case 案上诉到联邦最高法院之后，联邦最高法院才有机会回应自 *Boyd* 案之后就争论不休的“公平公正原则”的不同解释问题。一些人认为，重整本身不需要被视为清算日（a day of reckoning），而在清算日里，价外后顺位权益必须被消除掉。资不抵债的公司，其股份可以正价（positive price）进行交易，且具有期权价值（option value）。公司具有恢复健康的可能性使股份有一定的价值。资不抵债的公司只有在所有账目都结清的**识别事件**（recognition event）发生时，其股份才变得一文不值。

创设一种新的资本结构是可能的，在这种结构中，价外权益的期权价值可以得到承认。[12] 重整并不一定要是如前所述的识别事件。实际

---

⑪ In re Los Angeles Lumber Products Co., 24 F. Supp. 501, 513 (S. D. Cal. 1938), aff'd, 100 F. 2d 963 (9th Cir.), rev'd, 308 U. S. 106 (1939).

⑫ 关于具体的建议，see Anthony J. Casey, The Creditors' Bargain and Option-Preservation Priority in Chapter 11, 78 U. Chi. L. Rev. 759 (2011)。

上，承认期权价值的重整制度有一个优势，即可以迫使投资人关注企业整体的价值而不是他们个人股份的价值。这样一个“相对优先”制度似乎已经成为衡平接管的一部分。后顺位投资者通常会取得重整后公司的股份，即使很显然他们拥有的公司股份仅仅具有期权价值。如果所有未来的可能都暴跌为目前的价值，那他们将什么都得不到。这一对价外权益期权价值的承认源于非正式的规范和实践，而不是固定的法律规则。从这个角度来看，如 *Boyd* 案之类的案例，其目标并非消除相对优先，而是要确保每个人都能享有投资的期权价值。

69 但是，最高法院断然否定了 *Case* 案中这一确定优先权的方法。最高法院认为，恰当的基础性原则应当是绝对优先，而不是相对优先。重整显然是一种识别事件。此外，每个利益相关者都可以援引这一原则。最高法院认为90%的债权人通过计划是不够的，允许旧的股份继续存续是麻烦的来源，这样做给了老股东牵制其他投资人的机会，而非使在重整后获得他们的帮助成为可能。在一个类似造船厂的企业中，股东不控制日常经营，可以请专业人员来做这项工作。只有在最有限的情况下，才能允许老股份在存在异议的情况下得以继续存续。

公平和公正的标准使每个债权人在营运的企业中能够享有“完整优先权”（full right of priority）。因此，*Case* 案在“公平公正”和“绝对优先权”之间建立了联系，一种律师、法官和国会自此之后一直都接受的联系。

一旦最高法院建立了这一联系，就导致了股东在债权人反对的情况下参与重整的能力被大大削弱。绝对优先规则规定了股东只有为其在重整后公司中的利益支付了公允的对价才能参与这一新企业。此外，为了确保股东支付了公允的对价，法院要求股东的给付必须是易于估值的。如果一个债权人反对资不抵债的债务人的重整计划，那该计划就不能包括向老股份的分配，除非每一个股东的参与都是基于“金钱或与金钱等值的投资且该投资在所有的情况下都合理等值于股东的参与”。[13]

根据《破产法典》之前的立法，单独的一个异议债权人可以坚持要求计划公平公正，这赋予了债权人相当大的阻却权力（holdup power）。的确，在 *Case* 案中就是如此，一个异议债权人长期以很大的折扣收购债权，然后阻却重整，直到获得全额清偿。根据《破产法典》规定，绝对优先的“完整权利”只有在整个一个组别反对计划的情况下才发挥作用。

第 1129(b)条中“公平公正”的表述体现了绝对优先规则。根据非破产法对公司财产享有权利的人依据其非破产法下的优先权获得重 70
整后公司的权益。在破产外有权优先于另一债权人受偿的债权人（如由于具有担保权益）在破产中也有权首先受偿。

同样地，普通债权人有权在股东之前获得清偿。换句话说，免责的后果，几乎同我们在个人债务人的情况下所看到的相反。在债务人是个人的情况下，免责（同未来收入免于纳入破产财产的例外情形相结合）允许个人债务人保留他们对未来收入的权利。在债务人是公司的情况下，若资产不足以全额清偿债权人，免责（同绝对优先规则相结合）允许债权人消灭股东对未来收入的权利。下一节我们将更仔细地讨论第 1129 条的机制。

第 11 章与绝对优先规则

第 1129(b)条在重整计划未能获得所有受到不利影响（或者权益受到削弱）的债权组通过，因而未能满足第 1129(a)(8)条的情况下适用。该条要求每一个反对计划的组别获得“公平和公正”的对待。这些词汇是专门术语，单独而言就足以要求不同利益相关者之间的绝对优先。这一条随后增加了特定的要求来确保绝对优先权能够获得尊重。

---

⑬ 308 U. S. at 122.

通过它们，司法创设的“公平和公正”原则的核心思想仍然保持不变，即使这一原则的边界在继续发展。

对于已确认的担保债权组，公平和公正原则要求，以下三个标准中至少有一个得到满足。第一，每一个担保债权人获得的分期清偿，其折现值等于担保物的价值。[参见第1129(b)(2)(A)条] 分期清偿必须由债权人担保物上的担保权进行担保。第二，担保物可以在拍卖中出售，债权人有权竞拍并用购买价抵销债权，前提是担保债权人的担保权也附着在出售的收益上。第三，该计划提供了担保债权的**确实等价物**（indubitable equivalent）。这一表述来自 *In re Murel Holding* 案中**勒**
71 **尼德·汉德**（Learned Hand）法官的意见，[14] 已经被相当狭隘地进行了解释。

在不动产案件中，确实等价物引起了广泛的争议。在这类案件中，计划提出将部分而不是全部担保物交给超额担保的债权人以全额清偿其债权。[15] 这些“累赘换债务”（dirt-for-debt）计划在估价依据特别充分的情况下有时会被批准，[16] 但是由于很多破产法官依赖于高流动性市场的不确定估值依据，他们仍然不愿意批准这样的计划。[17]

要满足第1129(b)(2)(A)(i)条的规定，重整计划必须符合额外的一个要求，以在担保债权人组反对的情况下获得批准。计划也必须规定分期清偿等同于担保债权的面额。在大多数情况下，这一要求是多余的。在贴现率为正值的情况下，与给定金额相等的分期偿付合计金额必须大于所欠的面额。因此，只有当有担保的债权金额高于担保物的价值时，这一要求才重要，尽管第506(a)条的操作通常将两者等同起来。如果担保债权人做了所谓的第1111(b)(2)条选择，那么可能会产生不匹配的结果。根据这一规定，担保债权人可以选择将其全部

---

⑭ 75 F. 2d 941 (2d Cir. 1935).

⑮ 较少争议的是将所有抵押品移交给担保债权人。See In re Sandy Ridge Development Corp., 881 F. 2d 1346 (5th Cir. 1989).

⑯ In re Bannerman Holdings, LLC, 2010 WL 4260003 (Bankr. E. D. N. C. 2010).

⑰ In re Legacy at Jordan Lake, LLC, 448 Bankr. 719 (Bankr. E. D. N. C. 2011).

债权都视为担保债权，而不论担保物的价值。因此，计划规定的分期清偿的金额必须不仅等于担保物的价值，正如法官所判决的，同时支付款项的面额合计必须等于担保物所担保的债权的总金额。通过这一选择，担保债权人放弃了剩余部分的债权，换取了对担保物司法上的低估而导致的权利受损程度的限制。

第1129(b)(2)(B)条规定了适用于反对计划的普通债权组的公平公正标准。如果计划基于老股东权益（或后顺位债权）将任何财产给予了老股份持有人（或者是后顺位债权组），那么计划必须给予每一个普通债权人价值至少等于债权金额的财产。换句话说，除非计划规定 72
要全额清偿无担保债权，否则如果计划要在无担保债权人反对的情况下强制批准，那些后顺位债权就不能获得清偿。这一规定似乎足够了，但是仍然可能出现十分复杂的情况。

在资产价值低于担保债权金额，计划提出将整个公司交给该债权人，而担保债权人同意与部分而非全部的后顺位债权人分享部分企业时，另一种问题会出现。看起来似乎如果担保债权金额大于企业价值，担保债权人有权取得整个企业，可以自由地去做其想做的任何事，包括将其中的一部分给小投资者。但是，当优先债权人送出“礼物”（gifts）时，我们需要担心作为回报，该优先债权人将会得到什么，他不可能是在做慈善。相反，他可能是以牺牲他人为代价来获得有利于其利益的破产程序，这里可能需要更多的解释。例如，优先债权人可能通过确保找到关键供应商提高重整实体的价值。但是，对这种转移进行反对的推论是有道理的。正如第二巡回法庭所解释的那样，“如果当事方不那么细心或者破产法院不那么警惕，那么被削弱的绝对优先规则可能导致优先债权人和现有股东之间严重的不和”。[18]

当企业被出售，作为交易的一部分，买方同意承担部分旧的债务时，也会出现类似的问题。法院倾向于批准这种对债务的承担，前提

---

[18] DISH Network Corp. v. DBSD North America, Inc., 634 F. 3d 79, 100 (2d Cir. 2010).

是不计入购买价格。但是，这也需要小心。这些交易会产生和赠送礼物一样的问题，我们需要担心偿付是为了加速交易。

股东有时会提出计划，该计划规定他们取得重整后企业的股份，即使债权人并未获得全额清偿，并且大多数优先债权人并不愿意将他们的这部分利益送给这些股东。他们以贡献了新的价值为由证明他们的继续参与是合理的。他们基于新的资金取得了新的股份，而不是基于
73 他们原有的利益。因此，旧股东认为，尽管有第1129(b)条的规定，“新价值”计划并不是必须全额清偿普通债权。

然而，如果股东享有购买股份的排他性权利，他们就有选择权，而这种权利本身就是某种形式的财产。在本书的最后一章中，我们会回到某一组别的债权人投票反对计划的情况下参股的问题。目前，值得注意的是，在公平公正原则的不断发展中，法院通过坚持适用市场标准确保股份支付最高价来进一步保护债权人。[19]

第1129(b)(2)(C)条适用于优先股权益组。根据公司法的规定，优先股（preferred stock）虽然被归为股权（equity）并因此被视为一种权益（interest），但它是债务和股权的混合，劣后于前者（债权）但是优先于后者（股权）。优先股中的“优先权”（preference）通常是这样一种权利，即有权要求在公司向优先股股东支付特定的金额（类似于债务的本金和利息）之前，不得向普通股股东分红和进行任何其他的支付。公平公正标准要求重整计划通过全额清偿（但不一定是现金）的条款来兑现这些优先权［称为**清算优先权**（liquidation preferences）或**赎回价格**（redemption prices）］。如果计划未能做到，那么后顺位权益的持有人，即那些持有普通股的人，可能无法基于其原有权益而获得任何财产。

就普通股而言，其也受到第1129(b)(2)(C)条公平公正标准的保护，尽管是以适合于普通股具有最低顺位这一情况的更加局限的方式。一个计划对于普通股权益持有人组不是公平公正的，除非计划提供的

[19] Bank of America v. 203 North LaSalle Street Partnership, 526 U. S. 434 (1999).

财产价值至少等于那些权益的价值。这只是在债权人没有拿走有偿债能力的债务人的全部价值情况下的要求。这很少发生，因为能够清偿债权人的债务人通常不会破产。

当你思考这些规定时，请记住公平公正标准是一种**基于组别**（class-based）的权利。单个债权或者权益持有人可以要求至少获得在第 7 章清算中能够获得的东西。但是，如果某个组别投票牺牲了其优先权，通过组中的反对者不能基于这一牺牲而阻止该计划。

绝对优先规则为第 11 章设立了基本规则，但是并没有确定提交第 74
11 章申请的所有后果。例如，担保债权人可能会担心在进行非破产筹划时，如果其与债务人过于紧密合作，可能会被指控为内部人或者受到劳动法或环境法的约束。[20]法官对于债权人要求过多的危险性很敏感。但是，如果第三人施加了过多控制，以至于他们似乎扭曲了债务人的商业决策，并导致债务人以不合理并且违背其利益的方式行事，他们就有被认定为内部人的风险。[21]

非破产的债务重组也可能给担保债权人带来在破产中可以避免的不利税收后果。如果担保债权人想要继续为企业提供融资，其最好在第 11 章的保护伞下做这件事，作为经管债务人（debtor-in-possession，通常被简称为 DIP）的出借人。然后该担保债权人就可以保留重要的控制权，其优先权将得到尊重，对后顺位债权人的偿付将会暂停。最后，担保债权人必须面对非破产筹划只能延缓不可避免的情况这一可能性。如果担保债权人在筹划中作出了妥协，那么与拒绝妥协的人相比，其在随后的第 11 章程序中的处境可能会更加糟糕。如果长期担保债权人在债务人清偿劣后于其债权的短期债权时不得不观望，那么该担保债权人在第 11 章程序中的处境可能比原本更好。

每一个提交了第 11 章申请的客户的律师，都有说服每一组债权人

---

[20] See United States v. Fleet Factors Corp., 901 F. 2d 1550 (11th Cir. 1990).

[21] See Schubert v. Lucent Technologies Inc. (In re Winstar Communications, Inc.), 554 F. 3d 382 (3d Cir. 2009).

同意重整计划的野心。某一组别是否同意，取决于计划之下其权利与如果拒绝同意计划的情况下能够享有的权利的对比。绝对优先规则对于公司重整法十分重要，因为它是每一个重整参与人享有的实体权利和程序保护的来源。当事人可以坚持他们在破产外的优先权在破产内应得到尊重。但是，每一个后顺位当事人，包括股东，在其权利受到
75 损害之前可以援引这些精细的程序。绝对优先规则允许优先当事人坚持获得全额清偿，但是同时也赋予了所有后顺位当事人实现“公正的重整”所必要的程序上的保护。解决 ***Boyd*** 案以来实体权利和程序权利之间的紧张关系，对于回答第 11 章中出现的棘手问题仍然至关重要。

第 11 章的立法和实践为谈判构建了一个框架。任何谈判的动态都由讨价还价的对象以及每个当事人在清偿顺序中的位置来定义。在重整计划能够产生之前，我们必须弄清楚债务人有多少资产，必须了解每一个当事人的相对位置。在接下来的几章中，我们从重整实践本身的动态中后退一步，探讨我们如何确立各方为之混战不休的利益和彼此之间的权利。一旦我们了解了这些，我们将会回到重整程序本身并对其进行更为详细的研究。

第四章　针对破产财产的债权 76

现在，我们转向破产法确定债务人负债（liabilities）和资产（assets）的方式——哪些是债务人的债务，有哪些资产可以用来清偿债务。我们必须确定“谁”得到“什么”。弄清楚“谁”，是关乎债权的问题，我们将在本章中对此进行研究；弄清楚“什么”，是关乎资产的问题，我们将在下一章关注这一问题。在这两种情况下，我们研究的起点都是非破产法。当我们研究破产中的债权问题时，***Butner*** 原则可能是最有力的。联邦最高法院一般都会承认“债权人在破产中的权利最初产生于创设了债务人债务的基础实体法这一既定原则”。[1]最高法院一个最经典的破产案例——*Chicago Board of Trade v. Johnson*[2]——告诉我们要用非破产法的基准来确定债务人的资产。

查明针对破产财产的债权

债权人通常是从破产法官助理的通知中得知债务人提交了破产申请。[《联邦破产程序规则》第2002条] 债务人申请破产时必须填写附表，在表中列明负债、债权人的姓名和地址。如果你是债权人并且被列在这个名单里，会向你送达破产的通知，你将有机会通过采取恰当的程序步骤来维护你的权利。你的第一步是提交一个叫作“债权证明”（proof of claim）的表。一旦提交了这个表，在没有异议的情况下，债

---

① Travelers Casualty & Surety Co. v. Pacific Gas & Electric Co., 549 U. S. 443, 450 (2007).

② 264 U. S. 1 (1924).

权就得到了“确认”（allowed）。未能提交债权证明的后果取决于你的债务人是个人还是公司，申请的是第7章还是第11章，以及你是否被列入了债务人的附表中。

首先以个人债务人为例，该债务人提交了第7章申请并且没有列出你的债权。如果你不提交债权证明，你将不能获得财产分配。但是如
77 果你对破产不知情，根据第523(a)(3)条的规定，你的债权将不能被免责。③你可以在破产程序后继续向债务人追索。

你对第7章中的公司享有的权利则有所不同。公司在破产之后不再存续，如果债务人公司提交了第7章申请，无论你是否被列在附表中，也无论你对破产是否知情，你都必须提交债权证明以获得债务人财产的分配。诚然，根据第7章规定，公司债务不能获得免责，④ 但是，是否免责已经无关紧要。公司在第7章中分配完所有资产之后就解散了。在第7章案件的最后，所有的资产都没有了，也就没有剩余的东西来清偿你的债权。

第11章有一些程序上的不同。债权人只有在其债权没有被列在附表中，或者债权存在争议，是或有债权、未决债权的情况下，才必须提交债权证明。[第1111(a)条；《联邦破产程序规则》第3003(c)条]然而，对于债权未被列入附表或者是债权是或有债权的债权人而言，实质结果都是一样的。尽管公司在破产后继续存续，但是公司的所有债务都根据第11章获得免责，即使债权没有被列入附表中。未列入附表的债权人有义务提交债权证明，如果没有提交，那就不能获得分配。

对债权的处理通常都很简单。债务人欠债权人的金额都列在附表中，没有争议。所有要做的就是弄清楚如何将债务人现有财产在各债权人之间进行分配。假设有100个债权人，都被列入表中并且进行了恰当的通知。债务人欠这些债权人10,000美元，平均债权就是100美

---

③ 正如我们在第二章中讨论的，在无资产的情况下可能存在例外。See pp. 46 – 47 supra.

④ 根据第727条规定，只有个人能够享受《破产法典》第7章的免责。

元，但是其中一些债权人的债权金额为 10 美元，有一个债权人其债权金额超过了 1000 美元。债务人的所有资产以 1000 美元的价格出售。⑤我们该如何分这么小的蛋糕？根据**按比例分配**规则，每个债权人获得 1/10 的清偿，债权金额为 1000 美元的债权人获得 100 美元，债权金额为 50 美元的债权人获得 5 美元。

按比例分配规则，提供了一种大概估计每一个普通债权人权利的方法。我们不知道每个债权人的非破产权利将会怎么样，因为破产中断了他们之间抢夺资产的竞赛。我们知道如果没有自动冻结，其中的一些债权人将能够获得全额清偿而其他人则一无所获，但是并不值得去 78
努力弄清楚谁原本会排在第一位。还有一些其他的复杂问题。小额债权人原本更有可能获得全额清偿，因为他们不需要抢夺太多财产就能获得清偿。因此，一些人可能认为我们应该给这些债权人比他们在按比例分配情况下更多的清偿份额。但是，大债权人可能会遭到更大的损失，因此可能会花费更多的时间和精力来监督债务人。出于这个原因，也有人可能会认为大债权人应该获得比按比例分配情况下更多的清偿份额。最终，我们确立了按比例分配规则，因为试图回答这样的争论得不偿失。这些案件中的这种分配对于普通债权人来说大约是1/10的清偿率。

但是，认为按比例分配是分配资产的唯一方式也是错误的。一种替代方法是 *Talmud* 案中提供的解决“大衣之争”（contested garment）问题的方案。假设债务人有价值 100 美元的资产，欠一个债权人 100 美元，欠另一个债权人 50 美元。根据按比例分配规则，每一个债权人的清偿比例约为 67%。“大衣之争规则”产生于另一种情况。较小的债权人只对 50 美元主张债权，也就是蛋糕的一半。他对另一半不享有债权，所以另一半全部都归第一个债权人所有。被争的那一半是应该按比例分配的部分。因此，大债权人应该得到 75 美元（无争议的 50 美元再加上被争抢的 50 美元中他的份额），小债权人应该得到 25 美元。

---

⑤　除非另有说明，数字已去掉了破产费用。

这一分配方法在逻辑上是很清晰的，可以扩展到大量债权人。[6]如果只是为了提醒我们自己——那些我们已经习惯的规则不应该仅仅因为习惯了就被认为是必然的，那么这样的方案是有用的。

回到按比例分配，我们将把这个故事稍微充实一下。《联邦破产程序规则》第3010条规定不得支付少于5美元的财产分配，仅开一张支票就需要这么多钱。假设担保权益已完善的足额担保债权人债权金额为500美元，并且该债权人在债务人拥有的所有资产上都享有恰当完善的担保权益。在这种情况下，担保债权人从1000美元的蛋糕中获得了百分之百的清偿即500美元。我们从债务人财产剩余的500美元中减去托管人的费用（和更重要的部分，即托管人律师的费用，通常是托
79 管人所在机构的律师）。剩余部分在普通债权人之间按比例分配。如果剩余150美元，普通债权人的债权金额为10,000美元，那么分配就按照1.5%的比例进行。如果你的债权金额是1000美元，你将获得15美元，如果你的债权金额是600美元，你将获得9美元。

我们还需要重视有争议的债权，如对正在进行中的对债务人的诉讼。要了解《破产法典》如何处理这些债权，看一个简明的例子是很有用的。假设一个软件生产商起诉债务人不公平竞争。如果债务人败诉，将会承担12,000美元的赔偿。但是债务人辩称其所做的只是参与了激烈的竞争，责任要么全有要么全无。软件生产商在州法院胜诉的机会大约是1/3，该案的审理还需要很多年。

根据第101条的规定，软件生产商被视为对债务人享有债权的债权人。但是，该债权既是有争议的也是未决的。软件生产商提交债权证明，债务人提出反对之后，破产法官可以进行简化审理，并对争议的是非曲直作出裁决。[第502(b)条]这一简化审理的程序很有意义。即使软件生产商胜诉，它也不能获得全额清偿。在大多数第11章案件中，普通债权人能够获得20%以上的清偿就是很幸运的事情了。在裁

---

[6] See Robert J. Aumann & Michael Maschler, Game Theoretic Analysis of a Bankruptcy Problem from the Talmud, 36 J. Econ. Theory 195 (1985).

决软件生产商的债权争议时，破产法官遵循非破产法的实体规则和破产法的程序规则。法官求助于州法来查明哪些行为构成不公平竞争，但是法官可以裁决事实问题，而不是将其留给陪审团。破产法院有权运用衡平法院的方式来对债权进行估算。

然而，我们并不要求破产法官来**确定**（fix）债权的价值。根据第502(c)条的规定，法官可以基于破产程序的目的对债权金额进行估算，并且允许债权人在得到与估算金额不同的判决结果之后再来申请债权确认。同时，债权人就按照估算的债权金额来参与程序，甚至可以根据估算债权金额来进行分配，可能在案件结束之后再用某种方式来增加分配（如增发新股）。

对软件生产商的债权进行估算并不容易。诉讼金额为12,000美元，但是软件生产商只有1/3的机会胜诉。假设其他普通债权人的债权金额为3000美元，破产财产的价值为1000美元。如果我们按照软件生产商债权目前的胜诉可能进行估值，它将有4000美元的债权。因此，软
件生产商的债权即使打了折也能使其成为最大的普通债权人。软件生 80
产商将会主导破产程序，即使到最后诉讼结果可能是软件生产商败诉，债务人不欠其任何东西。

因此，根据软件生产商目前胜诉的可能性来给予其在破产程序中发声的机会，似乎是不具有吸引力的做法，但是可能也没有更好的选择。如果软件生产商最终胜诉，它将有权取得债务人80%的资产并且事实上能够决定重整计划。如果软件生产商最终胜诉，按照目前胜诉的可能性对债权进行估算将会导致对其债权的低估。同样地，如果软件生产商最终败诉，则会导致对其债权的高估。按照目前胜诉的可能性来对生产商的债权打折，在某些情况下可能会赋予软件生产商过大的影响力，在其他情况下又可能赋予其过小的影响力。

将破产法官对争议债权金额的估算视为一种强制和解，可能是有用的。在破产之外，大多数民事案件是和解的。每一个和解都反映了双方对其最终胜诉可能性的估计。不考虑声誉和其他复杂情况，软件生产商债权的和解金额大约是4000美元。通过目前胜诉的可能性来对债

权进行估算，这对破产法官而言可能是有意义的。即使这个金额必然会同诉讼的结果不一样，但是它可能会与没有破产的情况下和解的金额相符。

但是，基于决定软件生产商在重整计划制定中作用的目的，也有一个很好的理由来将其诉讼金额估值为零。不应允许生产商强迫以比破产外更有利的条件来和解。至关重要的不是软件生产商目前胜诉的可能性低于50%，而是低于100%。尽管从某种意义上说，债权人和债务人打交道的时候总是保持一定的距离，但在破产中他们充当股东的角色。他们也在运用在公司中拥有股份带来的“治理杠杆”。但是，仅仅享有诉因（cause of action）的人不应当享有控制权。当软件生产商能够不受破产程序的影响追索债权时，将软件生产商的债权估值为零最
81 有意义。在债权较大并且胜诉的可能性很低的情况下，法院最有可能采取这种方法。⑦

人身伤害或意外致死（wrongful death）产生的债权人，在破产程序中享有合同债权人不享有的程序性权利。与合同债权人不一样，侵权受害人在破产中也享有根据非破产法能够享有的受陪审团审判的权利。［《美国法典》第28卷第1411条］与破产的其他方面一样，这一额外的程序性权利可能产生实体后果。然而，在涉及A. H. 罗宾斯（A. H. Robins）和曼维尔（Manville）的大规模侵权案中，法院限制了受陪审团审判这一权利的范围。法院使用第502(c)条估算了对所有侵权受害人的总赔偿额，然后，这些法院允许设立一个这一金额的基金，作为受害者赔偿的唯一来源。法院将受陪审团审判的权利限制在针对基金的单个债权的判决。

除了这些区别之外，侵权债权人的地位与合同债权人一样。侵权受害人在破产外不享有特别的优先权，因此在破产中也不享有。他们只是债权存在争议的普通债权人。有人可能会认为就非破产法而言，这是一个不好的做法。侵权法的目的是使企业将危险活动的成本内部化，

⑦ See Bittner v. Borne Chemical Co., 691 F. 2d 134 (3d Cir. 1982).

如果债权人通过贷款契约或者某些其他形式的监督能够影响企业的行为，那么，给予侵权受害人优先权可能起到减少企业侵权行为的作用。

其他债权人可能抱怨对于使企业更加谨慎，他们无能为力。但是另一个债权人会优先于他们，这一风险将会刺激他们重新思考实际上是否可以迫使企业来做一些事情。如果一个卡车事故的受害人优先于对该卡车享有担保权益的债权人，这个担保债权人将会有动力来确保卡车得到恰当的维护、司机具备良好的资格，以及债务人购买了保险。正如塞缪尔·约翰逊（Samuel Johnson）指出的那样，被另外一个债权人击败的预期，与将在两周内被绞死的预期一样，能够让人精神极度集中。但是现有的法律并没有这样做。在破产程序内外，侵权受害人都是普通债权人。

一些债务人可能在申请破产之前就进行了某些将会在破产程序结束很久之后对一些目前未知的人造成损害的行为。由此产生的技术问题是，这些受害人是否可以基于第 101 条的目的，享有在破产申请前产 82
生的债权。一家飞机制造商制造了数千架仍在飞行的飞机。其中的一些未来可能会坠毁，从而使制造商承担责任。这些目前未知的受害人可能和债务人之间没有足以产生第 101 条所指的“债权”的那种申请前联系。⑧

未来的受害人享有债权，这一结论产生的影响取决于所涉案件的类型。第一种情况是大规模侵权案件，且案件中的公司正在进行第 7 章的清算。如果未来的受害人没有《破产法典》所指的产生于破产申请前的债权，他们在第 7 章中将一无所获，即便公司根据非破产法解散的话他们将能够得到一些补偿。在非破产的公司解散中，通常必须设立一个基金以清偿公司账册上的所有债务。只要会计师确认了债务（正如他们在情况已经足够恶化时应该做的那样），即使受害人直到公司消灭

⑧ See Epstein v. Official Committee of Unsecured Creditors, 58 F. 3d 1573 (11th Cir. 1995). 有关《破产法典》中“债权”定义应当如何理解的说明，See Jeld-Wen, Inc. v. Van Brunt (In re Grossman's Inc.), 607 F. 3d 114 (3d Cir. 2010)。

后才知道所受的损害，也能从这笔基金中获得赔偿。

第二种情况是企业进入了第11章程序，破产后能够继续存续。在这种情况下，如果侵权受害人没有申请前的债权可能境况会更好。诚然，如果侵权受害人没有申请前债权，他们就不能在破产中获得分配，但是他们仍然可以对破产后继续存续的该公司进行追索。请记住，根据第1141条的规定，只有“债权”才是可免责的。这些受害人获得的赔偿可能比参与破产程序能够获得的要多。

在曼维尔破产之后，《破产法典》第524(g)条被修改为允许破产法院禁止对重整后公司的后续诉讼，甚至是对第三方如保险公司的后续诉讼。但是这个规定仅适用于涉及石棉（asbestos）的大规模侵权。在其他情况下，法律并无明确规定。[9] 法院特别不赞同那些将豁免非债务
83 人的责任作为内容之一的重整计划。[10]此外，根据州法，即使债务人试图无债权负担地出售资产，法院也不能使买方免于承担潜在的后续责任。[11]

当我们试图对每一个债权人的债权进行估值时，会出现一些复杂的技术性问题。理解这一过程如何运作的最好方法是，想象破产申请的提交是加速债务人所有债务到期的违约推定事件。[12]作为这个过程的一部分，我们必须决定两个基本的问题：利息如何影响债权的计算，以及对于某些类型的债权设置多高的限额。

假设我去年从第一银行借了100美元，当时利率是7%。今年我从第二银行借了100美元，利率是12%。尽管我两笔贷款都没有违约，我还是提交了破产申请。我的资产价值150美元。谁将得到哪些资产？两家银行应该获得相同的金额吗？在没有申请破产的情况下，第一银

---

⑨ 这些豁免（releases）在有限的情况下是可能的。See Class Five Nevada Claimants v. Dow Corning Corp., 280 F. 3d 648, 658 (6th Cir. 2002).

⑩ See, e. g., Gillman v. Continental Airlines, 203 F. 3d 203 (3d Cir. 2000).

⑪ Western Auto Supply Co. v. Savage Arms, Inc., 43 F. 3d 714 (1st Cir. 1994); Morgan Olson L. L. C. v. Frederico (In re Grumman Olson Indus.), 467 Bankr. 694 (S. D. N. Y. 2012).

⑫ 我们将在后面一章看到，第1124条赋予债务人在第11章中放缓贷款（deaccelerate loans）的权利。

行的处境要比第二银行差一些。在其他条件相同的情况下，它更愿意获得我以 12% 而不是 7% 的利率清偿 100 美元的承诺。但是，在第 7 章中，我们忽略了这些差异。第 502(b)(2) 条不允许债权计算未计利息（unaccrued interest），两家银行都只有 100 美元的债权。由于资产价值 150 美元，每家银行将能够获得 75% 的清偿。平等对待两个借款人是有意义的。如果债务人在破产外违约，偿还两笔贷款本金的义务将会加速到期。此时，两个出借人处于同样的位置，都有权利马上获得 100 美元。当利率差异被忽略时，破产所要做的就是将破产申请的提交视为一种违约。这似乎是大多数出借人都会写入贷款协议的合理的、现成的规则。

我们可以将第 7 章破产清算视为财务的死亡。我们汇集所有的贷款，归集债务人资产，并有一个总清算日。有时，我们难以区分本金和未计利息。最简单的情况是零息票据（zero-coupon note）。我借了
900 美元并且承诺一年之后支付你 1000 美元。从表面上看，贷款的本 84
金是 1000 美元，利率是零。但是，我们可以确信，本金事实上是 900 美元，利率约是 11%。在零息票据的情况下，只有本金和已经欠的利息被加速。如果我立即违约，你有一个 900 美元的债权，如果我在 6 个月后违约，你将有约 950 美元的债权。当利率不是零但是仍然显著低于市场利率，以及票据发行不是为了现金而是为了换取其他证券时，就会出现更复杂的情况。⑬还有一些不太清楚的情况是，消费者采用分期付款方式购物，而且很难确定利率部分。

一个常见的争议是关于“补足费用”（“make-whole” premiums）的问题。当第三方将机器出租给债务人固定的一段时间，租约通常会规定如果债务人希望提前终止租约要支付的金额。如果该条款是希望计算机器的折旧和出租人将其出租给其他人产生的成本，那它就是一个

---

⑬ See Thrifty Oil Co. v. Bank of America National Trust & Savings Association, 249 Bankr. 537 (S. D. Cal. 2000); Brown v. Sayyah (In re ICH Corp.), 230 Bankr. 88 (N. D. Tex. 1999).

普通的违约金条款（liquidated damages clauses）。根据非破产法，该条款是可以强制执行的，因此在破产程序内被作为债权对待。提供固定期限资金的出借人有时候会提前获得清偿。这样的出借人处于同样的情况。它可能会遭受损失，因为它要寻找其他人以相同的条件使用这笔资金。因此，贷款也可能有违约金条款。合同可以规定提前终止贷款要支付一定的费用。

如果该条款只是为了补足出借人的损失，那它就是根据非破产法的规定可以强制执行的违约金条款。但是，如果债务人想要提前终止利率不利的贷款，会主张要求其支付的补足费用并不是违约金条款，而是贷款没有被终止的情况下出借人能够获得的利息。根据第502(b)(2)条的规定，未发生的利息不能作为债权，所以出借人不应该能够假借补足费用来获得未产生的利息。

在早期无风险利率很高的时代，比较容易判断补足费用是否在很大
85 程度上仅是为了补偿出借人未产生的利息。在无风险利率接近零的时期，进行这样的判断就会难得多。出借人最近成功地将补足费用的特征包装为违约金条款，但是更多地取决于个案的具体情况。[14]

《破产法典》也对两种债权人产生的损害赔偿施加了限制。第502(b)(6)条和第502(b)(7)条限制了破产中债务人拒绝与房东和雇员签订长期合同的情况下，房东和雇员能够获得的赔偿。假设你以5美元1年的价格将土地租给债务人，租期数年。大约1年之后，房地产市场掉到了最低点，土地的价值下跌，现在你只能以仅仅1美元1年的价格将该土地出租。债务人提交了破产申请。根据一般的合同规则（合同与市场之间的差价），你的损失为租约剩余年限每年4美元。但是，《破产法典》限制了你的损害赔偿。限制取决于租约的年限，限额不会低于1年的租金（5美元）。如果所有剩余款项的15%高于1年的租金，你将

---

⑭ In re School Specialty, Inc., 2013 WL 1838513 (Bankr. D. Del. 2013); In re Trico Marine Services, Inc., 450 Bankr. 474 (Bankr. D. Del. 2011). 除此之外，债权人必须证明，补足协议（make-whole agreement）根据贷款协议的条款已经启动。U. S. Bank Trust National Association v. AMR Corp., 730 F. 3d 88 (2d Cir. 2013).

获得这些剩余款项的15%。但是无论如何，你能获得的金额不能超过3年的租金。如果租约中的租金是固定的，租约剩余的年限少于6.7年，那你的损害赔偿不能超过1年的租金。如果租约剩余的年限在6.7年到20年，你的损害赔偿为剩余未支付款项的15%。如果租约剩余的期限超过20年，你的损害赔偿为3年的租金。

为房东的损害赔偿设定上限的通常理由是这些损害赔偿很难计算，但这种说法是站不住脚的。第502(b)(6)条只是设定了上限，并没有使你免于在每个案件中计算损害赔偿。此外，只有在法官倾向于认为损害赔偿太高而不是太低的情况下，这一理由才是有意义的。而且，如果损害赔偿有最高限额，那么似乎也应该有最低限额。更好的理由可能在于房东减轻损失的义务。根据非破产法，损害赔偿的计算必须考虑房东试图寻找其他人来租赁的义务。找到另一个租户的能力限制了房东的损害赔偿。即使最高限额不能根据个案的事实量身定制，但是第506(b)(6)条规定的最高限额仍然具有相同的作用。

这一限制的另一个理由存在于第502(b)(7)条规定的雇员的情形。 86
最有可能被长期雇用合同违约影响的雇员，是那些有着"黄金降落伞"*（golden parachutes）的雇员。他们通常是内部股东。在这些合同极为有利的情况下，有很大可能会出现损害债权人整体利益的自我交易。对签订了长期合同的雇员设定上限，是监管那些无法直接控制的不法行为的一种手段。

在考虑限制房东和雇员损害赔偿的好处时，应该记住，这一限制仅仅适用于终止合同产生的损害赔偿，其并不限制房东和雇员基于其他原因可能获得的赔偿，如债务人在破产申请前损坏了出租的房屋产生的损失，或者无正当理由解雇雇员造成的损失。

正如本节开头所述，评估针对破产财产的债权涉及两个问题，即欠了谁的钱，以及是否有人享有优先权。最常见的享有优先权的当事人

* 译者注：黄金降落伞是指按照聘用合同中公司控制权变动条款对高层管理人员进行补偿的规定，是一种反收购战略。

是具有完善的担保权益的债权人。有一些优先权是根据《破产法典》本身确立的，规定在第507(a)条。例如，工人就拖欠的数千美元的工资和福利享有优先权；征税机关也有特别的优先权。特别优先权规则很难作为“第一性原理”来捍卫，而且往往是特殊利益集体游说的产物，但这些优先权通常不会在大型重整中发挥重要作用。实际上，如果企业仍然运营就必须支付职工工资，而且几乎不会欠税。典型的第11章案件十分不同。第11章备审案件目录中绝大多数都是小型企业，控制这些小企业的企业家们经常试图通过挪用本应上缴国家税务局用于缴纳预提税的资金来维持企业运转。然后债务通常会超过破产财产的价值，使普通债权人无法获得清偿。因此，经常用来描述第11章的措辞——第11章保护小的普通债权人，确保资产能够公平分配给他们——是具有误导性的，至少在典型案件中是如此。

债权与衡平救济

《破产法典》的起草人对“债权”进行了广泛的定义，但是仍然有可能产生边界问题。假设债务人的有毒废弃物泄漏到其不再拥有所有权的土地上，其应当为此承担责任，州的环境法授权州环境保护局（Environmental Protection Agency，EPA）命令债务人清理废弃物。如果
87 非破产法也给予了监管者要求债务人支付清理费用的权利，《破产法典》将环境保护局针对债务人的权利视为一种债权。即使环境保护局有权命令进行清理，这一权利也包括在债权的定义中，因为这是“就拒绝履行获得衡平救济（equitable remedy）的权利”，并且“这种拒不履行产生要求付款的权利”。[15]

但是如果监管者仅享有下令履行的权利，法院可能会认为它不属于

⑮ See §101(5)(B); Ohio v. Kovacs, 469 U. S. 274 (1985).

“债权”的定义范围。[16]接下来有两个后果：其一，监管者无权获得破产财产的任何份额，因为破产财产只分给债权人。其二，监管者可以向破产后继续存续的企业进行追索，因为只有债权才能被豁免。在一些情况下（如第7章的公司清算），监管者无疑更想要债权。第7章的公司没有未来，在任何情况下都不会获得免责。在其他情况下，如债务人是个人或者是根据第11章进行重整的公司，监管者则更愿意不享有债权，以便在破产后追究债务人的责任。作为第一性原理，“债权”最广泛的定义是最有意义的，因为它给予一个结算日，此时债务人的所有义务能够同时进行处理。

关于普通财产权利，可以免责的衡平救济和不能免责的衡平救济之间的区别是很容易掌握的。假设债务人购买了一枚钻戒，刚巧在债务人的所有权链条中有一个小偷。根据非破产法，钻戒并不归债务人所有。真正的所有者有权申请法院颁发令状，强制要求债务人返还钻戒，作为损害赔偿诉讼的替代方式。[17] 真正的所有权人在破产中也有同样的权利。破产中的债务人跟其他任何人一样，也没有权利保留不是他们的东西。真正的所有权人有衡平救济，可以提起损害赔偿诉讼，但是这并不是对“拒绝履行”的衡平救济，相反，它是维护财产权利的衡平救济。

保护知识产权，如商业秘密的衡平救济，也产生了同样的问题。特 88
许经营授权人（franchisor）可能会担心其特许经营者（franchisee）从它那里学习经营的门道，然后退出特许经营，以不同的名称重新开展同样的业务，这样不用付费就掌握了做生意的诀窍。因此，特许经营授权人坚持要求竞业禁止条款。特许经营者在破产中可以摆脱这一条款吗？它可以终止特许经营并申请破产，然后主张其不经营竞争业务的承诺被免责了吗？大多数法院认为不可以。特许经营授权人约束债

[16] See United States v. Apex Oil Co. , 579 F. 3d 734 (7th Cir. 2009).

[17] “衡平的”（Equitable）是指救济的性质，而不是法律与衡平法的历史划分。在此争议的两种行为［返还与追索（replevin and trover）］都是普通法行为。

务人的权利不是“债权”，不能免责。[18]债务人遵守禁令不需要任何金钱上的支出，这一禁令的目的并不是要债务人去做些什么。衡平救济保护商业秘密、财产权，而不是就债务人的“拒不履行”进行赔偿。因此，它不是第101(5)(B)条所指的“债权”。

担保债权

简言之，担保债权是由或然财产利益支持的贷款。在破产之外，贷款违约满足了或然性的要求，触发了债权人取得债务人将其抵押作为担保物的财产的权利。然后债权人进行止赎出售，如果出售的收入大于未偿还的债务，债权人会返还多余部分；如果收入少于未偿还的债务，债权人仍然就不足部分享有对债务人的债权。第554条允许破产托管人放弃担保物并允许担保债权人根据州法取得资产并止赎。担保债权人仍然可就其享有的担保不足部分的债权参与破产程序。除非与担保债权人在贷款时另有协议，否则债权人享有普通债权人的所有权利，担保物只是赋予了债权人额外的权利。因此，在担保物不足以全额清偿贷款的情况下，担保债权人作为普通债权人继续参与破产程序。

然而，托管人可能不希望放弃担保物。相反，托管人可能想要债务人保留财产作为债务人债务重整或者调整的一部分。当担保物仍然是
89 破产财产的一部分时，破产法提供了一种代替止赎出售的财产估值程序。《破产法典》第506(a)条指示破产法院评估债权人对破产财产的利益，并指明债权人的债权是“以这一债权人利益价值为限的担保债权”，任何剩余的债权为普通债权。同样的程序将享有**抵销权**（setoff right）的债权人的债权分为有担保的部分和无担保的部分。在最常见的情况下，债务人在为其提供贷款的银行开设有一个存款账户。根据非破产法规定，银行能够以该账户中的存款“抵销”贷款。《破产法典》

---

[18] See Kennedy v. Medicap Pharmacies, Inc., 267 F. 3d 493 (6th Cir. 2001).

将债权中可以抵销的部分视为担保债权，剩余部分是普通债权。例如，如果银行借给债务人 300 美元，债务人在其账户中存有 100 美元，《破产法典》赋予银行 100 美元的担保债权和 200 美元的普通债权。

大致地讲，第 506(a) 条的拆分程序模仿了非破产法。担保债权人获得了担保物的全部价值，并且在担保物的价值低于债权的情况下分享债务人的其他资产。但是，第 552 条以申请破产的时间画了一条清晰的线。债务人在提交申请后取得的财产不受担保权益的约束，除非该财产本身属于受担保财产约束的财产的收益。如果担保债权人在一家公司的所有资产上都享有担保权益，包括其商誉，这样似乎该债权人也对所有申请破产后取得的资产享有担保权益。新的资产必须是基于已经设立了担保的资产取得的。但是，在最近的一个案例中，一个担保债权人无法证明破产申请后的商誉不是从其他资源获得的。[19]

但是，当担保物不出售时，法院必须对担保物进行估值，这不是一项简单的任务。担保债权人将会主张较高的估值（因此有更大的担保债权），但债务人的其他债权人（由托管人代表）则要求较低的估值。破产法官从客观的标准入手：资产的重置价值（replacement value）。除了那些申请第 7 章或者第 13 章程序的债务人为个人的情况之外［参见
第 506(a)(2) 条］，这一金额必须向下调整。第三方为重置财产索要的 90
价格包括与实际出售相关的费用，这些费用在确定担保债权人的权利时不应计算在内。例如，如果债务人想要替换某一财产，经销商的要价包括运输和仓储费用以及与其提供的各种保证相关的任何费用。法官必须从重置价值中减去这些费用。[20]

区分担保债权人根据其债权享有的对债务人的权利和债权人根据其担保权（针对资产的财产权利）对特定资产享有的权利十分重要。在简单的第 7 章破产清算程序中，债权人享有的担保权是不受影响的：它

---

⑲ Official Committee of Unsecured Creditors v. UMB Bank (In re Residential Capital, LLC), 501 Bankr. 549, 612 (Bankr. S. D. N. Y. 2013).

⑳ See Associates Commercial Corp. v. Rash, 520 U. S. 953, 965 n. 6 (1997).

穿透了破产程序。担保权不受破产影响的原则最早是在 *Long v. Bullard*[21] 一案中确立的，回想一下第一章中的例子。一家银行借给债务人100美元，取得了债务人拥有的一处不动产上的担保权益。经济衰退来袭，该不动产的价值下跌，现在仅值25美元。债务人提交了第7章申请。托管人放弃了该不动产，将其还给了债务人。《破产法典》规定债务人对银行和所有债权人的个人债务被免责。一旦该不动产回到债务人手中，银行仍然可以收取土地，因为担保权得以存续，或者说穿透了破产程序。

尽管担保权是否不受破产影响这一问题很明确，但是其范围还是有争议的。回到我们的例子。假设债务人能够在破产后立即从朋友那里筹集到25美元来清偿银行。银行还可以坚持即使债权被免责了，但是担保物权仍然是其最初的数额即100美元吗？债务人会主张担保物权在经过破产程序后被剥离了。从表面上看，债务人似乎是对的。《破产法典》第506(d)条允许担保物权从被第506(a)条拆分的债权上剥离："如果担保物权担保的对债务人的债权不是已确认的担保债权，该担保物权无效"。这一表述似乎表明，银行超过其担保债权金额的担保物权是无效的。债务人最初欠银行100美元，但是银行的担保债权仅为25
91 美元，因此，担保物权超过25美元的部分是无效的。债务人可以支付给银行25美元然后移除不动产上的担保物权。

但是，银行可以辩称第506(d)条的目的完全不是剥离担保物权，而是防止担保物权在基础债权不被确认的情况下继续存在。思考一下下面这个例子。律师以极高昂的价格提供法律服务，并且在债务人财产上设定担保物权进行担保。《破产法典》的另外一个条款不确认律师的债权，但是只有第506(d)条使律师的担保物权无效。根据这一观点，第506(d)条的目的不是剥离担保物权，而是确保债权人担保物权的金额不超过其债权。第506(d)条确保律师既不能按比例分配债务人资产，也不能在破产结束之后攫取担保物。第506(d)条的表述针对的

㉑ 117 U. S. 617 (1886).

是这种特定的滥用，而非针对债权人合法的担保物权，因此不应做这样的解读。

在破产程序中剥离担保物权的影响，是在债务人通过牺牲债权人的利益来让自己获得受益之后发生的。如果破产法官对土地的估值过高，债务人可以将土地交给担保债权人；如果破产法官的估值偏低，债务人可以支付银行这一估值金额然后保留土地。换句话说，债务人可以有条不紊地利用过低的司法估值，但是又不会因为司法估值过高而陷入困境。担保物权剥离与《1978 年破产法》之前的破产既定做法背道而驰，也与不动产法律的观念，即当债务人违约时，土地的价值通过止赎出售确定而不是通过司法估值确定的观念背道而驰。

法院在 ***Dewsnup v. Timm*** 案中接受了银行关于担保物权剥离的主张。[22]法院的多数意见指出，如果只是单纯地看第 506 条的内容，那么其将会同意债务人的观点，按照财产的价值剥离担保物权。但是根据针对担保物权剥离的历史做法和具有说服力的主张，即该条款针对的是一个完全不同的问题，多数意见认为剥离是禁止的。

由于第 11 章和第 13 章对担保物权的特殊处理，***Dewsnup*** 案的影响力有限。但是，该案引发了关于法律解释的重大争议。在强烈反对的意见中，安东尼·斯卡利亚（Antonin Scalia）大法官否认了银行对第 506(d)条的解释。斯卡利亚大法官认为，要想具有银行声称的效果， 92
这一条款应该采取这样的表述："如果担保物权担保的对债务人的债权不是已确认的债权，该担保物权无效"。按照斯卡利亚大法官的观点，我们不应该按照该条是"已确认的债权"时的方式对待像银行这样的债权人已确认的担保债权。这样的结果可能与先前的做法背道而驰，对于债权人来说是不利的，并且作为破产法政策也是不合理的，但是不足以否定法规措辞的含义，该含义本身有意义，并且也与该表述在《破产法典》其他地方被使用的方式一致。

斯卡利亚大法官的方法植根于他用于法律解释的方法。"已确认的

---

[22] 502 U. S. 410 (1992).

担保债权”这一概念是《1978年破产法》所独有的，没有任何成文法或者判例法的前身。这些表述经过了仔细的定义，在《1978年破产法》的其他部分反复使用。法院应该假定起草者知道他们自己在做什么。有能力的起草者不太可能在程式化的专业术语上犯这种错误，这些术语是法规架构的基础组成部分。尽管斯卡利亚大法官未能在*Dewsnup*案中获得多数支持，但是他的观点经常成为最高法院和破产法院的多数意见。

第五章　破产财产与强臂权 93

确定债权人享有的债权之后，我们需要知道有哪些资产可以用来清偿债权人。在破产之外，债权人依赖于债务人自身拥有的资产。破产法确保债权人在破产中也可以指望这些资产。根据第 541(a) 条的规定，债权人能够享有债务人自身所享有的一切，所有这些资产都成为破产财产。如果我们面对的债务人是有限责任公司，债权人有权获得债务人所拥有的一切，包括未来的收入。第 541 条允许托管人出售债务人的设备，追回欠债务人的款项，并基于普通债权人的利益提起债务人对第三人的诉讼。如果债务人是一个有血有肉的个人债务人，情况会稍微复杂一些。**全新开始**这一政策要求我们将未来收入从破产财产中剔除，并且我们允许债务人分享破产财产中的豁免财产。第 541 条在其他方面的内容非常直接明了，主要的困难在于确保破产程序不会扩大或限缩债务人在破产之外享有的财产权。

债权人在破产之外有时可以取得债务人试图全部或部分转让给其他人的资产。根据《破产法典》的规定，托管人可以代表债权人行使类似的权力（power）。托管人可以废除（avoid）——也就是使之无效或者撤销——债务人为拖延、阻碍或者欺诈债权人而进行的转移。同样地，托管人可以使资产上没有恰当完善的担保权益无效。这些资产根据托管人的**强臂权**（strong-arm powers）而成为破产财产的一部分。强臂权的基础是共享规则（sharing rule），根据这一规则，未完善的担保债权人与尚未取得确认其债权的判决的普通债权人受到同样的对待。第 544 条和第 545 条中强臂权的运用是很明确的，正如它与第 541(a)(1) 条的关系一样。每当有债权人想要的资产时，我们首先要确认这一资产是不是债务人在破产外可以拥有的资产。如果答案是肯 94

定的，那该资产就成为第541(a)(1)条规定的破产财产。如果答案是否定的，那我们接下来就要弄清楚托管人是否可以通过强臂权将该资产纳入破产财产。

然而，同时使用第541条和第544条来确定债权人在破产中享有的资产，也为那些不谨慎的人制造了一个陷阱。只根据其中一个条款被纳入破产财产的资产，必然少于我们的直觉告诉我们债权人应该获得的资产。法官必须抵制一种诱惑，即扭曲这两个条款规定的相对简单的标准，以纳入那些根据直觉债权人应该得到的财产这一诱惑。用这样的方式改变这些标准，会破坏《破产法典》在以后案件中的运用。通过牢记强臂权通常用于补充破产财产，我们就可以避免期望第541条或第544条单独带来直觉上合理的结果这一危险。

破产财产与第541条的范围

第541(a)(1)条确保了在债务人是公司的情况下，债权人能够在破产中取得他们在破产外能够取得的债务人的所有财产。如果公司债务人在破产外享有特定的权利，那么托管人在破产中也享有这样的权利。了解第541条如何处理简单的案件是十分有用的。假设你把一些衣服送到干洗店，这家干洗店还出售二手衣物。出乎你意料的是，干洗店停业了而且提交了第7章破产申请。这家干洗店有成千上万的债权人，而你并不是其中的一个。债务人承诺以5美元的价格清洗你的衣服，这是清洗这些衣服的市场价格，在清洗完成后支付。债务人违背了诺言，但是如果你没有遭受任何损失，根据非破产法，你就不享有针对债务人的债权。假设你并不是急需这些衣服，而且你能很容易地找到其他愿意以相同价格清洗这些衣服的人。你去干洗店，试图取走你的衣服并且将它们送到别处，托管人却告诉你不能拿回衣服。

托管人可以依据第541条主张你的衣服现在属于干洗店的破产财产吗？第541(a)(1)条赋予了托管人“自案件开始起债务人在财产上的

所有法定的和衡平法上的利益”。债务人对你的衣服享有相当于财产利益的权利吗？债权人对这些衣服享有什么样的权利？根据《统一商法典》(Uniform Commercial Code，U. C. C.) 的规定，债务人有**权力** (power) 在正常的交易过程中将衣服的完整所有权给予买方。[《统一商法典》第 2 - 403 (2) 条] 但是债务人对你的衣服不享有**权利** (right)。这解决了第 541 条要探究的问题。 95

根据第 541 (a) (1) 条的规定，我们担心的只是债务人的权利。基于本条的目的，我们关注在你主张所有权的情况下，债务人是否可以保留衣服。如果干洗店已经清洗了衣服，它可能会享有这些衣服上的**技工留置权** (mechanic's lien)，这将赋予其衣服上的财产利益。**技工留置权**允许托管人保留衣服，直到你支付了清洗的费用。但是让我们假设托管人停止了干洗店的运营，你的衣服还没有被清洗，也将不会被清洗。在这种情况下，债务人在破产外不能阻止你取回衣服。因此，衣服不属于第 541 (a) (1) 条规定的破产财产。因为债务人对衣服不享有任何权利，所以根据第 541 (a) (1) 条的规定，债权人对这些衣服也不享有任何权利。债务人的权利决定了托管人根据第 541 (a) (1) 条可以主张的外部界限。

在某些情况下，债务人对某一权利的所有权并不明确，如保险单。保险单本身属于债务人，是破产财产。但是，债务人在破产外可能并无权获得保险单的收益。例如，保险单可能规定保险公司的赔偿支付给事故的受害人，而不是债务人。根据非破产法，债务人不能取得这些收益。在这种情况下，保险的收益不属于破产财产。事故的受害人除了是普通债权人之外，还可能有权在破产期间或破产之后向保险公司追索，有权保留保险单的收益而不是与债务人的其他债权人分享。①

---

① See Houston v. Edgeworth, 993 F. 2d 51 (5th Cir. 1993); First Fidelity Bank v. McAteer, 985 F. 2d 114 (3d Cir. 1993). 由于保单（相对于保单的收益）属于破产财产，事故受害者应当寻求免于自动冻结的约束。当受害者获得赔偿的权利明确时，通常会批准其这样做。

第541(a)(1)条仅仅将那些债务人自身在破产外享有的权利赋予了债权人。假设一个对一口油井拥有一半所有权的债务人申请破产，那么，只有这一半的权益属于破产财产，而不是整个油井，这一规则是十分合理的。假设两家公司对油井分别拥有一半的所有权，并且都提交了破产申请，我们也不能允许两家公司的托管人都有权取得整个油井。

96 *Chicago Board of Trade v. Johnson* 是确立这一基本原则的一个早期案件。[2] 该案例围绕如何分配出售芝加哥期货交易所一个席位的所得这一问题展开。这一席位的所有者亨德森（Henderson）进入了破产程序，他欠了包括期货交易所成员在内的很多人的钱。当时，期货交易所的规则将成员清偿欠交易所其他成员的债务作为出售席位的条件。托管人希望出售席位的所有收益都成为破产财产，并将其他期货交易所成员作为普通债权人对待。最高法院驳回了这一主张。普通债权人的权利源于债务人，如果债务人只有在交易所成员获得清偿之后才有权取得收益，那么普通债权人也只有在交易所成员获得清偿之后才有权取得收益。普通债权人在破产之外不能获得更多，所以他们在破产之内也不应该能够获得更多。

州法是否将席位认为是“财产”无关紧要（事实上，伊利诺伊州最高法院已经裁定州法并不这样认定）；重要的是席位的性质。在破产程序外，在其他交易所成员的债权得到清偿之前，债权人没有权利取得出售的收益。非破产法能够为一种债权创设优先于另一种债权的优先权，只要这种优先权在破产之外和破产之内始终如一地适用，就不会引起异议。*Chicago Board of Trade* 案件确立的规则至今仍然是良法，既是因为它在破产交易所席位处理问题上的保守观点，也是因为它所包含的广泛性原则。[3]

如果在破产之外，只有将席位与公司的名称、商誉、设备和客户名

---

② 264 U. S. 1 (1924).

③ See In re Drexel Burnham Lambert Group Inc., 120 Bankr. 724 (Bankr. S. D. N. Y. 1990).

单捆绑在一起才能销售，那么在破产内也受到同样的限制。席位属于破产财产，但是托管人不能自己出售这一席位，非破产限制在破产中也予以承认。最常见的只能与其他资产一起出售的资产是商标，商标 97
无法脱离与其相联系的商誉而转让。④

让我们再来看一下另一种可能性。假设交易所的席位是可以自由出售的，但交易所的规则规定如果债务人申请破产，席位将被收回。那么，这一规则是被允许的吗？尽管通常我们都会尊重破产之外定义的权利，但是我们不允许任何人选择完全不参与破产程序。破产法尊重同时适用于破产内和破产外的限制，但是仅仅适用于破产内的限制被忽略了。这一“破产约定”（ipso facto）原则反映在了第541(c)(1)条中，以及第545条关于法定担保权的规定和第365条关于待履行合同的规定中。⑤

*Chicago Board of Trad*e 原则的适用非常广泛。例如，当我们想要理解债权人根据债务人的执照享有的相应权利时，这一原则就是有用的。法院已经将从酒类执照到广播执照都纳入了破产财产。⑥ *Chicago Board of Trade* 原则确保了破产中的债务人以与破产外同样的条件持有执照，并受到相同条件的约束。假设一家失败的航空公司提交了第7章申请。它在一个重要机场有起降时段（landing slots），另一航空公司想要拥有该时段则要支付很多费用。航空公司的起降时段当然属于破产财产。但是，该航空公司将要停止运营一段时间，而联邦航空管理局（Federal Aviation Administration，FAA）规定一旦航空公司停止使用起降时段，就会失去该起降时段。这一对债务人财产的限制是适用于破

④ See, e. g. , Vittoria North America v. Euro-Asia Imports Inc. , 278 F. 3d 1076 (2001).

⑤ 然而，第二巡回上诉法院认为，《破产法典》中并不包括“破产约定”原则，只有在《破产法典》明文授权的情况下，法院才应援引该原则。See U. S. Bank Trust National Association v. AMR Corp. , 730 F. 3d 88, 105 –06 (2d Cir. 2013).

⑥ See, e. g. , Abboud v. The Ground Round, Inc. , 335 Bankr. 253 (B. A. P. 1st Cir. 2005); Ramsey v. Dowden (In re Central Arkansas Broadcasting Co.), 68 F. 3d 213 (8th Cir. 1995).

产外的限制，因此也同样适用于破产内。⑦债务人的财产不会因为破产的发生而限缩，但是也不能因为破产程序而扩张。

98 当执照的颁发人同时也是债权人的时候，就会出现更麻烦的情况。假设某个城镇决定拍卖一个出租车牌照。为了鼓励小企业家，这个城镇同意为大部分购买费用提供融资。一家公司出价11,000美元获得了牌照，支付了1000美元的首付，并且承诺通过几年的时间来支付剩余的部分。这家公司又另外借了10,000美元购买了一辆二手出租车。公司的所有者很自信这辆出租车能够赚到足够的钱来清偿城镇和其他债权人，而且还能为所有者剩下可观的收益。但是，当地的经济陷入衰退，出租车服务没有预期的那么受欢迎。结果，该公司不能清偿其欠城镇和其他债权人的债务，遂提交了第11章申请。这家公司是资不抵债的：债务共有20,000美元，但公司仅值15,000美元。

根据第541(a)条的规定，出租车牌照属于破产财产，成为破产财产的一部分。但是，与 *Chicago Board of Trade* 案一样，该破产财产要受到所有非破产限制的约束。如果在破产外公司没有城镇的同意不能出售出租车牌照，那么，在破产中它也不能这么做。⑧ 同时，根据第541(c)(1)条的规定，城镇不能在破产的情况下收回牌照。这一规则再次印证了破产本身不能扩张或限缩债务人的财产权这一原则。

正如我们之后在第九章讨论自动冻结的范围时将会看到的那样，在政府作为破产后的监管者采取的行动和作为破产申请前的债权人采取的行动之间划清界限，并不总是那么容易的事情。在上面的例子中，没有什么能够阻止执照成为破产财产的一部分。

当监管者是联邦政府时，争议甚至可能无法在破产法院裁决。联邦

---

⑦ See Federal Aviation Administration v. Gull Air, Inc., 890 F. 2d 1255, 1261 n. 8 (1st Cir. 1989).

⑧ 即使没有明确承认，*Chicago Board of Trade* 案件的原则也在一些案件中发挥了作用，在这些案件中，法院在出售体育特许经营权时，会根据体育联盟（leagues）的非破产权利来批准新的所有者。See, e. g., In re Dewey Ranch Hockey, LLC, 414 Bankr. 577 (Bankr. D. Ariz. 2009)（出售 NHL 特许经营权）.

行政机构的司法监督可能首先要通过行政裁判所（administrative tribunals），然后进入上诉法院。[9]但是，政府不能通过利用其监管权力来维护其作为债权人的权利。《破产法典》禁止政府在执照或许可的发 99
放方面歧视破产中的债务人。如果试图利用其扣留执照的能力来作为维护其作为债权人的权利的工具，政府部门可能会自食其果，因为这种行为违反了第525条的反歧视规定。[10]

托管人承继债务人的权利及其所有限制，这一概念完全适用于债务人享有的对第三人的所有**诉因**（causes of action）。如果债务人在破产外可以起诉第三人对其实施了侵权，托管人也可以在破产中提起诉讼，第三人则可以提出任何在破产外可以主张的抗辩。

例如，假设债务人的一位雇员在其审计师的帮助下实施了欺诈，托管人将会试图起诉审计师，但是该审计师将很有可能会发现他可以主张**同等过错**（in pari delicto）的抗辩。审计师将主张雇员的不法行为应该归咎于债务人。参与了不法行为的人可能无法获得该不法行为的损害赔偿。如果雇员的不法行为可以归咎于债务人（例如，雇员实施欺诈可能是为了充实债务人的“金库”，而不是从中“偷窃”），债务人可能会发现其获得损害赔偿的路被堵死了。

在任何情况下，**同等过错**的适用都取决于案件的特定事实和州法下抗辩的具体形式。如果这一抗辩在破产外可以对债务人造成不利，那么在破产内也会对托管人造成不利。[11]与 *Butner* 原则一样，破产法尊重基于州法的诉因，就像对待其他的财产权利一样。

第544(a)条的强臂权

破产之外，普通债权人有时拥有比债务人更大的权利，可以扣押债

---

⑨ See In re Federal Communications Commission, 217 F. 3d 125 (2d Cir. 2000).

⑩ See F. C. C. v. NextWave Personal Communications, Inc., 537 U. S. 293 (2003).

⑪ *Peterson v. McGladrey & Pullen, LLP*, 676 F. 3d 594 (7th Cir. 2012).

务人不享有绝对权利（paramount right）的资产。最常见的情况是债务
100 人向某人购买了机器，该人享有这一机器上的担保权益，但是没有通过提交融资声明（financing statement）来进行完善。如果债务人违约未能支付，那么相对于卖方而言，债务人无权保留机器。但是根据非破产法，取得了确认债权判决的债权人可以扣押机器并优先于卖方。为了确保这类债权人在破产程序内也能如在破产程序外一样取得同样的资产，《破产法典》必须提供一些机制来确保这些资产也属于破产财产。第544(a)条具有这一功能。

第544(a)条赋予了托管人对普通债权人根据非破产法能够获得的资产的权利。就动产而言，托管人享有拟制的**司法担保债权人**（lien creditor）的权利，这一拟制的司法担保债权人视为在破产申请提交时产生并扣押了资产。对于不动产，托管人享有拟制的支付了对价的**善意买受人**（bona fide purchaser）享有的权利。第544(b)条使托管人可以主张实际的债权人根据州法能够享有的权利，即使在破产申请时才产生的债权人因为出现太晚而不享有诉因。这些权利中最重要的权利是债权人撤销债务人进行的转移的权利，这些转移是指发生在债务人资不抵债的情况下，低于合理价值的转移以及任何拖延、妨碍或欺诈债权人的转移。这些转移被称为欺诈性转让（fraudulent conveyances），将会在第七章中讨论。这里我们将关注第544条自身的一般架构。

第544(a)条为我们提供了一把标尺，用以确定托管人和主张财产权利的第三人（adverse claimants）在彼此竞争的时候到底谁优先：如果第544(a)条中拟制的司法担保债权人（或者善意买受人）优先，则托管人胜出。利益因此而无效的人沦为普通债权人。财产本身成为破产财产，所有的普通债权人（包括之前主张财产权利的人）按比例分配。这里有两点需要记住：第一，托管人的权利根据**第三人**的权利判断；第二，这一特定的第三人是一个**拟制**的主体。

对于动产，托管人享有司法担保债权人的权利。普通债权人不仅可以获得债务人的财产，而且可以获得他们在取得了确认债权的判决并

且扣押了债务人的资产的情况下能够获得的财产。回到干洗店的例子，你可以取回你的衣服，因为你既可以证明债务人对你的衣服不享有权利，也可以证明普通债权人也不能取得这些衣服。如果干洗店仍然经 101 营出售二手衣服的业务，正常交易过程中的买方可以取得衣服的完整所有权，但是普通债权人不能。因此，根据第 544 条和第 541 条的规定，托管人都输了。你有权取得衣服，因为你将两个障碍都消除了。司法担保债权人标准很容易使用，亦证明了 *Butner* 原则的正确性。干洗店的普通债权人在破产外无法取得留下来清洗的衣服，因此，他们在破产内也不能这样做。

赋予托管人这一权力的后果，是保留了未完善的担保债权人和普通债权人在破产外的相对位置。《统一商法典》第 9 编规定如果担保债权人完善了其权益，通过提交融资声明或者在普通债权人取得担保权益之前占有担保物，则担保债权人将优先于普通债权人。如果普通债权人在破产外起诉债务人，取得了确认其债权的判决，并且在未完善的担保债权人主张其权利之前扣押了财产，那么，担保债权人将会落败。每一个普通债权人都是潜在的司法担保债权人。

第 9 编包含了一个原则，即未完善的担保债权人是在主张第三人不知晓的财产利益。相对于第三人，英美法一般不承认这种所有者权益，除非进行了公告或者采取了一些其他的措施解决了由于所有权和占有分离而导致的表面所有权（ostensible ownership）问题。两个相互竞争的债权人之间，首先解决表面所有权问题的债权人通常取得优先权。普通债权人通过实际占有财产，一次性取得了其财产利益并解决了表面所有权问题。因此，在破产之外，如果在担保债权人进行完善之前占有，那么普通债权人优先于担保债权人。

简言之，在破产之外，未完善的担保债权人和普通债权人进行相互竞赛，这一竞赛的结果并不确定。赋予托管人权力来撤销未完善的担保债权人权益，其后果是宣告打成平局。在破产中，托管人代表所有普通债权人的利益，担保权被撤销的未完善的担保债权人就成为普通债权人。（试图取得担保权益但是失败了，这种情况下你的状况并不会

102 比你根本没有尝试过更糟糕。）托管人胜出，意味着所有债权人均分。换句话说，在存在不确定性的情况下，债权人平等分享，从这个意义上来说，破产规则保留了非破产规则。

就不动产而言，托管人享有支付了对价的善意买受人的权利，而不仅是司法担保债权人的权利。这一扩张的权力（power）可能基于这样一种理念，即如果相互竞争的财产所有人（通常是抵押权人）没有尽其所能解决表面所有权问题，那么托管人应该获胜。根据一些州法的规定，在不动产上优先于未完善的担保债权人的只能是善意买受人，而不是司法担保债权人。但是赋予托管人这一权利与托管人仅仅是维护普通债权人的权利这一观念不一致。即使**司法担保债权人**可能无法直接击败未登记的财产利益，但是他们可能能够间接这样做。[司法拍卖（Sheriff's Sale）的买受人可以取得完整所有权，司法担保债权人可以保留收益。]

对于代理享有担保权益的出借人的律师而言，其首要责任是确保客户妥当地完善了其担保权益。根据《统一商法典》第9编的规定，这通常要在债务人居住地的州务卿办公室完成。当债务人是公司时，其注册地视为该公司的居住地。（根据2001年前第9编的规定，提交材料的恰当地点由担保物的所在地决定。）如果破产已经迫在眉睫，此时才进行完善也许为时已晚，但是通常情况下并不会。此外，错误实在太普遍了，出借人的权益可能基于很多原因未能完善。出借人可能拼错了债务人的名字，因此使融资声明检索不到。另外，第9编并未完全涵盖这一领域。联邦法有时优先于第9编。例如，一个对版权享有担保权益的谨慎的债权人，会同时向恰当的州务卿办公室和版权登记机构提交材料。⑫

假设债务人在1月1日向一家信贷公司借款100,000美元，并为

⑫ 极有可能，州备案对于未登记的版权是合适的，而联邦备案对于已登记的版权是合适的。See Aerocon Engineering, Inc. v. Silicon Valley Bank (In re World Auxilary PowerCo.), 303 F. 3d 1120 (9th Cir. 2002). 但是人们不得不担心有版权的作品，如不断更新的软件程序。

该公司设立了担保权益。信贷公司未能向恰当的办公室提交融资声明。3 月1 日，债务人申请破产。根据非破产法，如果司法担保债权 103
人的担保权益在约定的担保权益完善之前产生，那么司法担保债权人优先于约定担保债权人。为了完善其权益，信贷公司必须向恰当的办公室提交融资声明。由于这家公司没有这么做，所以 3 月1 日也就是债务人申请破产的日期，其就不能优先于司法担保债权人。托管人享有司法担保债权人的权力，所以在破产中信贷公司会输给托管人。但是，第 544 条的字面表述有一个小问题。第 544(a) 条似乎要求司法担保债权人使约定担保权人的权益“可撤销”，而根据非破产法，司法担保债权人只能使约定担保债权人的权益“劣后”于其自身的担保权益。

假设信贷公司在为时已晚之前意识到了自己的错误，在债务人申请破产之前提交了融资声明。根据《统一商法典》第 9 编的规定，信贷公司的约定担保权益在提交融资声明之日即获得了完善。3 月1 日，司法担保债权人能够优先于信贷公司吗？答案是不行。司法担保债权人需要在约定担保权益完善之前就成为司法担保债权人。因为如果债权人在约定担保权益完善之后才进行扣押，该债权人就不能优先，所以托管人也不能根据第 544(a) 条取得优先权。只要《破产法典》的其他部分没有授权托管人撤销信贷公司的财产利益，信贷公司的担保权益在破产中就会得到尊重，优先于普通债权人获得清偿。

信贷公司在最后时刻的攫取是可疑的，但是这种行为并不是第 544(a) 条所要针对的行为，就如第 541(a)(1) 条并不是用于取得债务人在破产外无法享有的资产。正如我们在第八章将要讨论的，托管人可能能够根据第 547 条将信贷公司享有的利益认定为偏颇性清偿从而将其予以撤销。鉴于这些条款是累积发挥作用的，所以重要的一点是，不要过早地评估《破产法典》的适用结果。

作为债权承继者的托管人

第544(b)条同第544(a)条十分不同。要使用第544(b)条，托管人必须找到一个享有**已确认的无担保债权**的真实债权人。因此，托管人必须找到债务人的一个实际的无担保债权人，并且这个无担保债权人在破产之日能够主张债务人已经转移给第三人的财产利益。如果这
104 个债权人在破产外能够取得这一财产（或者使用《破产法典》的表述，能够撤销债务人对该资产的转移），那么尽管进行了转移，托管人也可以使用第544(b)条来代替该债权人行权。托管人从第三人处追回资产，然后托管人并不将资产转交给在破产外本能取得该资产的债权人，而是将该资产放入资产蛋糕中按比例分给所有的普通债权人。要说明第544(b)条这一部分的合理性很困难，我们必须解释清楚为什么在破产外可以对该资产享有所有权的债权人在破产内必须和其他债权人分享这一资产。

对此的最佳解释是一个完全务实的理由。通常当托管人使用第544(b)条时，几乎所有的债权人都有权利撤销债务人进行的转移。排除那些根据非破产法不能分享追回财产的债权人，可能会产生高额的管理费用，并且对资产的分配影响很小。例如，想象一下债务人将其存货进行大宗销售并且没有遵守《统一商法典》第6编的程序。第6编只允许在债务人大宗销售存货时已存在的债权人撤销该出售。⑬ 申请破产时存在的债权人可能几乎都是在出售时就已经存在的债权人。但是，托管人不能根据第544(a)条撤销这种财产转移，根据该条规定，托管人主张拟制的司法担保债权人的权利，该债权人拟制为在申请破产时才

---

⑬ 这个例子有些过时，因为近年来许多司法辖区已经废除了大宗销售法。正如我们在下一节中所发现的，在少数保留大宗销售法的司法管辖区，第6编的修订版引入了一个在这里被忽略了的复杂问题，它将针对买方的权利描述为损害赔偿诉讼，而不是撤销权诉讼。

出现。因此，第544(b)条需要允许债权人集体行动。由于确定那些在大宗销售时尚不是债权人的少数债权人是十分困难的，因此将资产分配给所有人可能合理地接近非破产制度。

第544(b)条的第二个特点更加麻烦。第544(b)条授权托管人撤销全部转移，即使托管人承继其权利的债权人只能使部分转移无效。试想一下一家进行杠杆收购的公司，如果杠杆收购导致公司资不抵债，那么该收购就是欺诈性转让。[14] 根据州的非破产法，只有在收购前借钱 105
给该公司的人才能提起欺诈性转让诉讼。但是，绝大多数的债权人是在杠杆收购之后才出现的，他们是在对杠杆收购完全知情的情况下将钱借给了债务人。因此，根据州法，无论是这些债权人还是拟制的在申请破产时出现的司法担保债权人都不能提起欺诈性转让诉讼。只有在收购时享有债权并且在申请破产时仍未得到清偿的那一个债权人才可以提起欺诈性转让诉讼。该债权人是一个消费者，购买了一个烤箱，仍在保修期，现在享有1美元的债权，因为烤箱的灯泡烧坏了。这个消费者在申请破产和公司进行收购时都是州欺诈性转让法所指的债权人。[15]

根据非破产法，该债权人可以在破产申请提交时提起欺诈性转让诉讼。第544(b)条允许托管人行使这一债权人的权利。根据非破产法，该债权人不能获得超过1美元的赔偿。但是，对托管人并没有这样的限制，托管人可以基于单个债权人1美元的债权撤销10亿美元的转移。最重要的是有一个有时被称为“黄金债权人”（golden creditor）的债权人存在，该债权人在债务人申请破产时有权针对某人提起撤销诉讼。债权人债权的金额并不会限制托管人撤销转移行为这一权力的限度。

---

⑭ See Kupetz v. Wolf, 845 F. 2d 842 (9th Cir. 1988). 我们将在本书第七章中更详细地研究欺诈性转让是如何影响杠杆收购和其他公司交易的。

⑮ 债权人的债权是到期的还是未到期的，是已清偿的还是未清偿的，是确定的还是或有的，是有争议的还是无争议的，都不重要。See Uniform Fraudulent Transfer Act §1(3).

这一奇怪的规则起源于 *Moore v. Bay* 案件。[16]

托管人撤销权的限制

假设有很多普通债权人借钱给公司，公司的股东对于保持公司形式
106 和将自己的资产与公司的资产分离非常漫不经心，根据非破产法，普通债权人能够**刺破**使股东免于承担公司债务的**公司面纱**。在他们可以**刺破公司面纱**的情况下，债权人可以直接起诉股东，追偿他们借给公司的款项。如果公司申请破产，托管人可以代表普通债权人提起刺破公司面纱的诉讼吗？如果公司本身根据非破产法有权起诉其股东并获得赔偿，那么诉因就将成为第541条下的破产财产。托管人将能够基于债权人的利益主张该诉因，就像托管人可以提起债务人在破产外能够提起的合同或侵权诉讼。从来没有人提出这样的问题，即托管人是否可以通过行使撤销权来提起诉讼。

但是如果债务人本身不能提起诉讼，那么托管人可能也就不能提起诉讼。在 *Caplin v. Marine Midland Grace Trust Company* 案中，最高法院检视了托管人提起债务人本身无法提起的损害赔偿诉讼的能力。[17] 在这个案子中，最高法院根据旧破产法认为托管人不能代表债券持有人针对负责代表债券持有人利益的中介机构提起损害赔偿诉讼。[18]中介机构可能未能履行其监督债务人的职责，但是债券持有人对中介机构的诉讼与债务人的其他债权人无关。在 *Caplin* 案中违反的信义义务是对债券持有人的，而不是对债务人的。当第三人违反了对另一个债权人的义务时，债务人的其他债权人通常不能进行控诉。

第544(b)条只允许托管人撤销债务人进行的**转移**或者承担的债务，

---

⑯ 284 U. S. 4 (1931). 该意见本身是难以理解的。根据《破产法典》对其进行的分析，see *Lippe v. Bairnco Corp.*, 225 Bankr. 846 (S. D. N. Y. 1998)。

⑰ 406 U. S. 416 (1972).

⑱ 该机构通常被称为契约受托人（indenture trustee）。

并没有赋予债权人权利来提起**损害赔偿诉讼**；相反，托管人只有在债务人本身在破产外能够提起这一诉讼的情况下才能提起损害赔偿诉讼。如前所述，这一问题通常发生在债务人极度无视其公司形式以至于股东要对公司债务承担责任的情况下。刺破面纱诉讼在很多方面与托管人根据第544(a)条能够提起的撤销诉讼一样，很难解释为什么托管人应该能够撤销那些债权人可以撤销的对财产的转移，但是不能提起损害赔偿诉讼。第544条规定的托管人的强臂权，其目的是维护债权人 107
整体的权利。为什么当公司在资不抵债情形下向股东转移资产时托管人能够对股东提起欺诈性转让诉讼，但是当股东最初未能足额出资时托管人不能对股东提起刺破面纱诉讼，这是一个谜。但是，正如对第544条的一般解释，托管人无权自行提起这样的损害赔偿诉讼，只有在债务人本身能够提起的情况下才能提起。[19]

一些联邦法院认为，债务人可以对其股东提起刺破面纱诉讼，因此，根据第541条的规定，托管人也可以提起刺破面纱诉讼。[20]但是，我们很难找到州法上这样做的依据。实际上，诉讼的主要理由——公司和股东实际上是混同的——和公司可以起诉股东的理念是不一致的。至少有一个州的最高法院否定了联邦巡回法院的意见，认为债务人对其股东并不享有这样的诉因。[21]

由于经管债务人拥有和托管人一样的权力，允许托管人提起刺破面纱诉讼在典型的第11章案件中会导致利益冲突。经管债务人通常是运营公司的管理者们，这些管理者一般也是主要股东，因此不可能起诉自己。在这种情况下，单个债权人或者债权人委员会可以要求法院批准以经管债务人的名义提起诉讼。[22]为了取得对提起诉讼的批准，债权人或者债权人委员会必须证明托管人或者经管债务人无理拒绝了提起

---

⑲ See, e. g. , Breeden v. Kirkpatrick & Lockhart LLP (In re The Bennett Funding Group, Inc.), 336 F. 3d 94 (2d Cir. 2003).

⑳ See, e. g. , Steyr-Daimler-Puch of America Corp. v. Pappas, 852 F. 2d 132 (4th Cir. 1988).

㉑ See In re Rehabilitation of Centaur Insurance Co. , 632 N. E. 2d 1015 (Ill. 1994).

㉒ See Official Committee of Unsecured Creditors v. Chinery, 330 F. 3d 548 (3d Cir. 2003).

诉讼的要求，并且诉由是值得起诉的。㉓或者，债权人或者债权人委员会可以要求任命**审查人**（examiner）来提起诉讼。

108 除了在进行第11章程序、有经管债务人的情况下会出现利益冲突以外，还有一个限制托管人提起损害赔偿诉讼能力的理由。回想一下 *Moore v. Bay* 案的规则。该规则要求托管人将被撤销的财产转移或者损害赔偿转交给债权人整体，而不是那些根据非破产法可以撤销该转移的债权人。考虑到 *Moore v. Bay* 案的规则，*Caplin* 案禁止普通债权人分享那些根据非破产法只有少数债权人能够取得的赔偿。

只要存在这样的异常情况，我们就应该预料到相关的法律领域也会受到影响。*Caplin* 案及其后续案件对债权人撤销诉讼和债权人损害赔偿诉讼的明显区分，导致《统一商法典》第6编修订版的起草人将债权人针对违反大宗销售法的买方的权利重新认定为损害赔偿诉讼。这一针对先前法律进行的改变，目的是充分落实 *Caplin* 案件的规则，限制托管人在破产程序中的权利。㉔

法定担保与推定信托

面对涉及**法定担保**（statutory liens）和**推定信托***（constructive trust）的案件，第541条和第544条扮演的不同角色变得尤为重要。首先以一些债权人从某个特殊的州法中获益的情况为例。很多州有保护特殊利益的法规，如保护酒类批发商利益的法规。州法赋予这些债权

㉓ See In re Perkins, 902 F. 2d 1254 (7th Cir. 1990).

㉔ See U. C. C. §6 – 107 (1988), Official Comment 2.

* 译者注：根据《元照英美法词典》的解释，推定信托是指法律根据当事人的某些行为以及衡平原则而推定产生的信托关系，以阻止不法行为人从其不法获得的财产上不当得利。如违反他人意愿或滥用其信任，以实际或推定的欺诈、胁迫或各种违法、不公正、阴谋、隐瞒手段获得在公平和诚信情况下本不应该获得并享有的权利。法律推定此类行为违反信托关系。

人优先于普通债权人全额受偿的权利。[25] 推定信托案件涉及某些显著欺诈（egregious fraud）的受害人。债务人仍然持有从受害者那里取得的货币或者其他财产，受害人则坚持认为他们有权优先于普通债权人就这些货币或财产受偿。受害人主张货币或者财产由债务人以推定信托的方式持有。[26]我们依次来看每种情况。

涉及酒类批发商的案件相对比较容易。正如已经提到的，只有在债务人处于破产（或者针对债务人财务状况）时才能适用的州法不应该 109
被尊重。各州可以确定普遍适用的优先顺位，但是不能对联邦破产政策指手画脚。《破产法典》在第541(c)(1)条和第545(1)条中明确说明了这一点。让我们假设，案件中涉及的州法在破产内和破产外都可以适用。托管人根据第541(a)(1)条取得的财产受到这一优先债权的约束，但问题并未到此结束。根据第541(a)(1)条取得的财产受到酒类批发商债权的约束并不是说酒类批发商优先于普通债权人。托管人除了根据第541(a)(1)条主张债务人相对于酒类批发商的权利，也主张普通债权人的权利。第545条和第544(a)条遵循同样的原则。我们需要弄清楚酒类批发商将会如何面对托管人将要代替其行权的拟制主体。

我们在第544(a)条中看到，对于担保债权人和其他受让人，托管人主张拟制主体的权利，而这一拟制主体在申请破产时善意地扣押了财产或者购买了财产。第545条告诉我们，对于法定担保权的持有人，就如对于那些在不动产上享有担保权益的人一样，托管人行使支付了对价的善意买受人的权利。因此，必须弄清楚债务人是否可以不受批发商债权的影响而将酒出售。判例法已经在“法定担保”和不合法的(illegitimate)“法定优先顺位”之间进行了区分。但是，最终这些区别并没有集中于《破产法典》规定的两步调查上。重要的是批发商的优

---

[25] See California v. Farmers Markets, Inc., 792 F. 2d 1400 (9th Cir. 1986); Max Sobel Wholesale Liquors v. Nolden, 520 F. 2d 761 (9th Cir. 1975).

[26] See Heyman v. Kemp (In re Teltronics, Ltd.), 649 F. 2d 1236 (7th Cir. 1981).

先权是否在破产内外都有效，以及根据非破产法的规定，这一权利是否赋予了批发商优先于支付了对价的善意买受人的权利。

涉及**推定信托**的案件也遵循类似的逻辑。最简单的情况是我骗你给我100美元的纸币。当我的欺诈行为暴露并且申请破产时，这张纸币仍然在我的口袋里。我的很多其他债权人会主张这张100美元应该按比例分配。但是你可能会反驳，当我通过欺诈诱使你拿出这100美元时，我占有了它但是没有所有权。我以“推定信托”的形式代表你持有这100美元。[27]你对这100美元享有衡平法上的所有权，因此这一财
110 产利益不能成为破产财产的一部分。[第541(d)条] 我的债权人不能根据第541条取得这100美元，因为这100美元并不是我所拥有的资产。

但要取胜，你还必须证明你对这100美元享有的权利优于我的债权人享有的权利。正如上文所讨论的，在破产外有一些资产是债权人可以取得的，即使这些资产并不属于债务人，破产的强臂权确保了他们在破产内也能取得这些资产。第544(a)(1)条不是通过检视托管人和各种第三人之间的特定利益冲突，而是通过规定广泛适用的原则来达到这一目的，这一原则就是：债务人的无担保债权人能够按比例分享普通债权人根据非破产法能够取得的资产。就对动产所有权的主张而言，我们需要弄清楚第三人是否能够优先于司法担保债权人的债权，如果第三人能够优先，那么资产就不属于破产财产。

为了确定你是否能拿回这100美元，我们来适用这一基准。换句话说，第544(a)(1)条要求我们确定，根据非破产法，司法担保债权人是否可以扣押我以推定信托持有的资产。如果司法担保债权人可以，那么托管人也可以，100美元就成了破产财产；如果司法担保债权人在破产外不能取得这100美元，那么托管人在破产内也不能取得。碰巧，

[27] 要使这一论点成立，必须证明在州法律下确实存在一种推定信托。由于推定信托打乱了优先顺位，破产法官可能并不希望存在推定信托。See Ades & Berg Group Investors v. Breeden, 550 F. 3d 240 (2d Cir. 2008).

司法担保债权人不能取得债务人以推定信托方式持有的财产，[28] 你可以拿回你的 100 美元。

这里的逻辑很简单。如果一个州的立法机构已经决定，你作为一个无意中被骗走了特定财产的人，权利优先于普通债权人，没有任何破产法的政策支持不同的结果。如果普通债权人在破产外无法取得某一资产，那他们在破产内也不应该能够取得该财产。

判例法之所以似乎不够清晰，是因为未能理解第 541(d)条和第 544(a)条是相继发挥作用的。如果债权人能够根据这两个条款中的任意一个将某一资产纳入破产财产，那么他们就可以享有这一资产。第 541(d)条并不禁止第 544(a)条发挥作用，更重要的是，对于第三人的非占有性财产利益是否应当在破产中得到尊重这一问题，第 544(a)条给出了决定性的答案。

对于不动产，我们使用一个不同的基准——拟制支付了对价的善意 111
买受人。以推定信托方式持有资产的债务人有权力（尽管不一定是权利）将完整的所有权转让给支付了对价的善意买受人。因为我们使用不同的标准，所以有不一样的结果，但是使用非破产基准的基本原则是相同的。[29]为了确定不属于债务人的财产是否能根据强臂权被纳入破产财产，我们使用第 544(a)条规定的基准。同样，《破产法典》没有检视特定的利益冲突，而是规定了一般适用的原则。

第 541 条中破产财产和第 544 条中强臂权之间的关系是整个破产法中最重要但又是最不受重视的问题之一。根据第 541 条规定，托管人享有债务人的权利。此外，根据第 544 条，托管人可以主张债权人在破产外可以对债务人的财产主张的权利。律师常常只关注第 541 条，

---

[28] See In re Mississippi Valley Livestock, Inc., 745 F. 3d 299 (7th Cir. 2014); Restatement (Third) of Restitution and Unjust Enrichment § 55, Commentd; Atlas, Inc. v. United States, 459 F. Supp. 1000 (D. N. D. 1978); United Carolina Bank v. Brogan, 574 S. E. 2d 112 (N. C. Ct. App. 2002).

[29] See Wells Fargo Funding v. Gold, 432 Bankr. 216 (E. D. Va. 2009); Belisle v. Plunkett, 877 F. 2d 512 (7th Cir. 1989).

而忘了第544条也起到很大的作用。

在本章及前一章中，我们已经了解了《破产法典》如何将债务人的权利和义务合理地转化到破产框架内。在下一章，我们将研究《破产法典》如何处理权利和义务相融合的情况，这些与待履行合同相关的问题带来了一系列特殊的挑战。

第六章　待履行合同 112

待履行合同的一般性质

前面两章讨论了债务人的债务和资产——一方面是针对破产财产的债权，另一方面是破产财产。第三人对债务人提起的侵权诉讼是一种债权，债务人对第三人提起的侵权诉讼是一种资产。当债务人与第三人相互允诺时，达成的合同是负债与资产的结合。债务人对第三人的允诺是一种债务，而第三人对债务人的允诺则是债务人享有的一种债权。《破产法典》第 365 条针对的正是这种情况，并且规定了适用的规则。该条很复杂——通常来说是没有必要的，但是其基本原则是合理的，这一点可以通过一组事实的几种变形来说明。

我们从下面的案例开始。我是债务人公司。我支付给你 5 美元，你同意在一周后给我一蒲式耳（bushel）小麦。在此期间，我提交了破产申请。我的托管人研究了这种情况。我支付的 5 美元已经一去不复返了，但是托管人确实有权从你那里获得一蒲式耳小麦。如果你不交付，托管人将会起诉你。托管人享有的是第 541 条规定的一种资产。**破产财产**的所有债权人将从你同意交付一蒲式耳小麦的允诺中受益。

现在假设你给了我一蒲式耳小麦，我允诺在一周后付款。在此期间，我提交了破产申请。托管人发现了什么？你从我这里获得 5 美元的权利是普通债权。你是众多债权人中的一员，在托管人分配破产财产的时候，你的债权和其他人一样都只能获得百分之几的清偿。

让我们将上述两种情况结合起来。你和我签订了一个合同。你允诺在一周后给我一蒲式耳小麦，我允诺为此支付你5美元。这里既有债务（我必须在一周后支付你5美元），也有资产（我有权从你那里获得一蒲式耳小麦）。我们将这一类合同称为**待履行合同**（executory contract）。待履行合同是债务人对第三人负有义务，而第三人也对债务
113 人负有义务的合同。当然，重要的是我们如何处理这一难题，而不是如何称呼它。

托管人如何看待这类合同呢？这取决于这期间小麦市场价格的变化。假设小麦的市场价格提高了，一蒲式耳小麦现在的价格为10美元。在这种情况下，托管人很高兴，托管人能够用5美元换回价值10美元的东西（一蒲式耳小麦）。这是一笔很划算的交易，托管人应该能够充分利用这笔交易。你应该信守承诺：你要价5美元，你将获得5美元。对你来说这是一笔失败的交易，但是即使不申请破产，这也是一笔失败的交易。破产不应使你摆脱这一不利交易。

托管人只是新的管理层。[①] 我们达成的交易并不以管理层保持不变作为你给我一蒲式耳小麦来换取5美元的条件。我们希望有一条这样简单的规则：如果债务人有一笔不错的交易，而且新的管理者在破产之外可以享受到，那么托管人应该能够在破产内充分利用这笔交易。乍一看，第365条正是这样的。当然，正如在非破产的情形下，托管人也必须完成债务人的允诺。托管人不能不支付5美元就获得小麦。托管人充分利用有利合同（并履行合同规定的债务人义务）的正式程序被称为**合同的承继**（assumption）。当托管人承继了合同并将其纳入破产财产，破产财产将享有合同的所有收益，但是也承担该合同所有的负担。

但是如果小麦价格暴跌又会发生什么？现在，我可以以1美元的价格买到一蒲式耳小麦，并且你的小麦都只能以1美元的价格售出。这笔交易看起来并不怎么好。我允诺支付你5美元换取的却是现在仅值1美元的东西，正是进行这种类型的交易导致我破产。每个人都有权力

① See Commodity Futures Trading Commission v. Weintraub, 471 U. S. 343 (1985).

（power）摆脱繁重的合同并直面损害赔偿诉讼，我们都生活在一个福尔摩斯（Holmesian）的世界里。②公司的新管理层可以违反之前的管理层签订的合同，只要他们承担赔偿责任。托管人就是新的管理层，如果违约符合破产财产的利益，那么就可以违约。用《破产法典》的表 114
述，托管人违反待履行合同（并引发第三人请求损害赔偿）的能力，就是**拒绝履行**（reject）的能力。拒绝履行待履行合同与在破产外违约并不完全相同，拒绝履行不利的合同类似于放弃一项资产。③但是，这一区别并不会导致什么后果。在大多数情况下，你可以放心地认为，在破产中拒绝履行待履行合同与在破产外违反这一合同具有相同的后果。

给予托管人违反合同的能力，可以确保处境类似的人受到平等对待。就法律权利而言，与债务人签订了合同的当事人与借钱给债务人的当事人处于同样的境况。如果债务人没有信守承诺，这两种当事人都有权起诉要求损害赔偿。资不抵债的债务人不可能信守所有的承诺。破产的一般规则是按比例分配，而不是更偏袒某一群体。允许托管人拒绝履行债务人订立的合同，确保了所有能够对债务人提起损害赔偿诉讼的人得到同等对待。最终，他们都享有对债务人的债权，并且都按比例分享破产财产。

这也大致说明了第 365 条的关键部分。正如前面的案例所说明的，待履行合同是资产与债务的结合。当一个合同是待履行的时候，债务人对第三人负有义务，第三人也对债务人负有义务。《破产法典》并没有对待履行合同这一术语进行定义。最广为人知并且最被广泛接受的是弗恩·康特里曼（Vern Countryman）对待履行合同所下的定义，他认为，待履行合同是“债务人和合同另一方当事人到目前为止均未履行合同义务，任何一方未能履行合同都将构成免除对方履行义务的实

---

② See Oliver Wendell Holmes, The Path of the Law, 10 Harv. L. Rev. 457, 462 (1897)（“在普通法上，履行合同的义务意味着如果你不履行合同就必须支付损害赔偿——除此之外别无他法”）.

③ See Brown v. O'Keefe, 300 U. S. 598 (1937); Sparhawk v. Yerkes, 142 U. S. 1 (1891).

质违约的合同"。④

如果债务人的义务少于合同相对方对债务人负有的义务，那么**待履行合同**对于债务人来说是一件好事。第365条确保了债权人（通过托管人）能够享有对债务人有利的待履行合同的利益，同时也确保了在
115 合同不利的情况下，第三人处于与债务人在破产外违约的情况下相同的境况。总的来看，这一条款很有意义。但是，第365条特定的细节之间很难相互协调。我们现在要做的是关注更复杂的情况。我们在这一条款下面临的问题分为两类，一类是当合同是不利的，托管人想要违反合同时出现的问题，这是**拒绝履行**的问题；另一类是当合同是有利的，托管人想要继续履行合同时出现的问题，这是**承继**的问题。

拒绝履行

调和关于拒绝履行合同的判例法的困难，在很大程度上源于许多法院在早期未能区分拒绝履行的权力和拒绝履行产生的后果。例如，一些法院曾认为，拒绝履行待履行合同不仅导致了破产申请前的损害赔偿债权，而且剥夺了另一方的合同利益。如果违约发生在破产外的情况下另一方有权享有这些利益，那么这一结果就是不合理的。目前并没有支持"**待履行性**"（executoriness）的破产政策。⑤ 第365条并不是旨在扩张破产财产并在破产内赋予债权人一些其在破产外不享有的东西的撤销权。几个例子可以说明这一点。

一家公司允诺以100万美元的价格向你出售挂在其大厅的梵高作品。在付款或交付之前，梵高作品的价格涨到了最高点。与此同时，这家公司倒闭了，并提交了破产申请。其资产（除了梵高的作品）一

---

④ Vern Countryman, Executory Contracts in Bankruptcy (Part I), 57 Minn. L. Rev. 439 (1973).

⑤ See Michael Andrew, Executory Contracts in Bankruptcy: Understanding "Rejection," 59 U. Colo. L. Rev. 845 (1988).

共价值 100 万美元，欠债权人（不包括你）的债务共计 500 万美元。公司的管理者花费了太多时间购买艺术品而没有足够的时间来经营公司。

托管人想要退出这笔交易，因为这幅梵高的作品现在可以卖到 200 万美元。托管人违反合同的理由是这样做符合普通债权人的利益，因为如果公司继续履行合同，将这幅作品出售给你，那么将有总共 200 万美元的资产（100 万美元是其他资产的价值，另外 100 万美元是你支 116
付的购买款项）和 500 万美元的债务。普通债权人的清偿率是 40%。但是如果托管人退出交易，那么梵高的作品就可以以 200 万美元的价格出售，因而总共的资产价值就是 300 万美元（100 万美元来自其他资产，另外 200 万美元是出售这幅作品所得），债务是 600 万美元（500 万美元是其他债务，另外 100 万美元是欠你的违约损害赔偿）。违约损害赔偿是 100 万美元，即目前的市场价和合同约定的价格之间的差价（200 万美元减 100 万美元）。债权人将获得 50% 的清偿。

要明确托管人实际上是否可以拒绝履行该合同并因此只需面临你的损害赔偿诉讼，我们需要弄清楚如果公司的管理者在破产外拒绝将梵高的画作交给你会发生什么。你将可以提起**强制履行诉讼**（specific performance action）。相对于公司，你有权取得这幅绘画作品。因为这幅作品是独一无二的，所以，你不仅仅是遭受了金钱上的损失。你取得了这幅作品，但你是在与这家公司的普通债权人进行竞赛。你还需要弄清楚在面对这些普通债权的情况下，你还能否获得这幅梵高画作。

我们必须进行我们在第五章研究债权人根据第 541(a)(1)条享有的权利和根据第 544 条和第 545 条规定的托管人**强臂权**享有的权利时所进行的相同过程。要衡量你在破产中的权利，你不仅需要担心相对于债务人，还需要担心相对于那些取得了确认债权判决并且扣押了画作的债权人，你的权利是怎样的。如果**司法担保债权人**在破产外能够优先于你对画作的权利，那么当公司进入破产后你就不能坚持要求取得画作。非破产法通常会给予**司法担保债权人**优先权。根据《统一商法典》第2－402条的规定，只要卖方仍然占有，财产就可以被债权人扣押。如果你已经支付了价款，你可能享有这些财产上特定的买受人担保权，但是你并没有付款。我们的规则是，只有你解决了**表面所有权**问题之后，你对画作的权利才能优先于债务人的债权人。因此，如果你没有占有这幅画作，那么在这家公司的破产中你就只享有损害赔偿债权。第365条规定了这一结果。

第365条也适用于租约。让我们来看一些简单的案例。假设我向你租了罗迪欧大道上的一家店铺。我每月支付1万美元的房租，一共5
117 年，共计60万美元。罗迪欧大道上店铺的市场价格暴跌，这一店铺现在的租金远低于1万美元。我申请了破产。我的托管人可以解除租约，因为我在破产外可以自由地解除租约。在破产外，作为我违约的后果，你可以提起诉讼要求赔偿你所遭受的损失。在破产内，托管人可以拒绝履行租约，你可以提起损害赔偿诉讼。⑥

让我们看一下与此相反的交易。我拥有一处不动产，你从我这里租下了这处不动产。你同意每月支付我5000美元，共计6年。租约规定我负有为这一建筑提供供热和制冷的义务，这一项每月需要花费2000美元。达成租约1年之后，我们正处于房地产繁荣时期，如果你现在想从我这里租下这一处不动产，你需要每月支付10,000美元。我提交了破产申请。我的托管人可以做什么？更具体地说，托管人是否可以通过某些方式来利用不动产租金急剧上涨的机会？

在破产外，我可以切断建筑的供热和制冷。在大多数司法辖区，你可以通过离开然后对我提起损害赔偿诉讼，或者继续占有房子并从租金中扣除费用支付供热和制冷等方式来对此进行回应。如果我们在破产中提出这些问题，我们会找到几乎相同的答案。托管人可以拒绝履行租约，中断建筑的供热和制冷。就像在破产外可以做的那样，你可以终止整个交易并起诉要求赔偿损失。或者，你可以行使你从租金中

⑥ 然而，请回忆一下，根据第502(b)(6)条的规定，对违反租约的损害有一个上限(cap)。

支付供热和制冷费用的权利。第 365(h)条明确规定了你继续占有该不动产并且抵销这部分费用的权利。然而，托管人拒绝履行我在租约下的义务，并不会将你从该不动产中驱逐出去。你有权继续占有该不动产，你享有租赁利益。这一财产利益赋予你优先于我的任何债权人的这一资产上的权利。即使是不动产的善意买受人也不能剥夺你在剩余的租期内使用该不动产的权利。尽管 *Chicago Board of Trade* 案的一般规则本身就足以给出这一结果，但是第 365(h)条更为明确地指出了这一点。

《破产法典》的起草人规定这样一个适用于不动产而不包括动产的明确规则带来了一些问题。尽管有 *Chicago Board of Trade* 案，我们是 118
否依旧可以作出推断，认为应该对动产进行不同对待？假设我租给你一台大型机床，你每月支付 5000 美元的租金。现在，这一机床每月的租金为 10,000 美元。我申请了破产。托管人可以拒绝履行这一租约，但拒绝履行意味着什么呢？根据非破产法，我不能通过宣布我要违约来强迫你返还机床。我已经将财产利益转移给了你，这是已经完成的交易，你占有了机床。我可以大喊“我要违约!”，但是我不能强迫你将机床还给我。在破产中，托管人可以将我欠你的任何提供维护的义务转为你对破产财产享有的普通债权，这就像不动产情形下提供供热和制冷的义务。但是除此之外，拒绝履行是否还意味着更多？拒绝履行是否意味着托管人可以拿回机床？并没有类似于第 365(h)条的条款对动产进行规定，也没有任何规定明确表明你可以让机床面对这种拒绝履行的情况。

我们可以推断，没有明确规定意味着在上述案例中，当我的托管人违反了动产的租约时，你不能继续占有。根据“明示其一即排除其他”(*expressio unius*) 这一法律解释的箴言，从包含某物中可以推断出排除其他。我们可以推断，国会通过明确规定不动产的承租人在对方拒绝履行之后可以继续占有，以此来暗示动产的承租人不能这样做。但是也有可能得出相反的结论。同样似乎合理的观点始于一个观察结论，即几乎没有托管人想要拒绝履行动产租约的情况。只有财产价值增加时，拒绝履行才是有吸引力的。这在动产的情形下不太可能发生。国会制定第365(h)条时只不过是针对最有可能发生的情况。国会可能决定对于涉及不动产的案件，不信任法院依赖 *Chicago Board of Trade* 案裁决，但是完全没有考虑过涉及动产的类似案件。对涉及不动产的案件进行了明确规定并不意味着国会否认了一般原则。实际上，为什么国会要间接否认一个如此重要的理论？

这里有一个重要的教训。托管人可以拒绝履行并使破产财产免于与租约或者待履行合同相关的义务是一回事，确定拒绝之后产生的后果
119 又是另一回事。拒绝履行并不必然使当事人回到达成交易之前的状态。托管人可以拒绝履行不动产租约，但是这并不意味着租赁将会消失，破产财团重新取得不动产的所有权。“拒绝履行”的性质并不要求托管人能够撤销等同于已完成的财产转移的交易。当我们考虑技术许可协议、竞业禁止协议等协议时需要牢记这一点。

让我们看一下下面这个问题。一家企业研制出一种新的软饮。你的客户获得了在卡拉玛祖（Kalamazoo）的独家销售权，其需要预先支付1万美元，并且同意每售出一箱额外支付1美元。(你的客户本身有自己的饮料配方并生产饮料，但是，这家企业允诺会在当地和全国开展各种广告宣传。) 这种软饮在卡拉玛祖颇受欢迎，但是在国内的其他地区却很失败。这家企业提交了第11章申请。托管人想要拿走你的客户在卡拉玛祖的独家销售权。如果托管人可以这样做，托管人之后就可以以更高的价格和你的客户签订一个新的许可协议。或者，托管人可以将这种软饮在卡拉玛祖的销售权出售给其他人。托管人认为，独家销售权是一个待履行合同。此外，托管人认为只要拒绝履行该合同，你的客户就失去了销售该软饮的权利，企业就能够许可其他人在卡拉玛祖销售。根据特许经营安排，每一方都有剩余的义务，如果在非破产法下违反了这些义务，则另一方可以终止交易。这家企业有提供市场支持、支付广告费用的义务。当然，你的客户也负有义务，因为它必须支付每箱1美元的特许权使用费。

有人可能会认为，这些义务并不必然使在卡拉玛祖生产软饮的权利

成为待履行合同的一部分。请看下面的例子。一家企业向你出售了一台机器并承诺提供相应的服务。你允诺会为该服务支付费用。托管人不能将这些允诺整个捆绑在一起将其称为待履行合同，拒绝履行并拿回机器，然后以此为理由出售给其他人。

这一交易也没有什么不同。你的客户获得了在卡拉玛祖销售这种软饮的独家权利，其已经拥有了这一权利。这家企业不再能够在破产中拿回这一权利，就像它不能拿回已经出售给你的机器。在卡拉玛祖出售该软饮的权利不再属于债务人。我们可以认为这不是我允诺向你出售小麦、你允诺为此付款的典型情况，而是一个完全不同的 120
情况，即我已经售出了小麦。一旦我已经售出了小麦，它就不再是我的了。

但是让我们假设这是错误的。假设我们在卡拉玛祖案例中拥有的是一份待履行合同。即使分销权是一个待履行合同，我们仍然需要确定拒绝履行的后果。托管人拒绝继续履行合同规定的债务人的义务，并拒绝宣传产品，但这并不会给你的客户带来太多的麻烦。这种软饮十分受欢迎以至于根本不需要广告。无论如何，你的客户都享有一个债权，其数额是企业允诺投放广告的价值，这一债权可以用特许权使用费来抵销。但是你的客户可以继续销售软饮吗？这似乎与承租人继续占有的能力类似。根据非破产法，这个企业不能阻止你的客户继续出售软饮，该企业是违约的一方，它不能到法院要求你的客户停止销售，就像罗迪欧大道上店铺的出租人不能申请破产、拒绝履行租约，然后驱逐租客。你的客户就是“占有”的被许可人。为什么第 365 条规定的拒绝履行应该赋予托管人驱逐你客户的权利呢？

如果债务人想要授予其他人在卡拉玛祖生产和销售饮料的权利，那么又该怎么办呢？在破产外，如果债务人说他将要违约并且开始授予其他人在卡拉玛祖销售软饮的权利，你可以立即取得禁令。更重要的是，债务人的普通债权人不能任命接管人来把你在卡拉玛祖销售软饮的权利转让给其他人。这与托管人违约并拒绝给你梵高作品的情况下的强制履行权极为不同。在后一种情况下，相对于司法担保债权人，你无权取得画作。在目前的情况下，你的权利是最优先的。无论我们对第544(a)条中的强臂权进行多么宽泛的定义，强臂权也不能使托管人优先于你的客户销售软饮的权利。在破产外，债务人及其债权人都不能阻止你的客户生产软饮。此外，你的客户能够禁止债务人销售饮料，也可以禁止任何第三人（如这家企业或其资产的买方）从债务人处取得权利。但是，在我们得出你的客户享有优先权这一结论之前，我们需要弄清楚是否要考虑任何其他的破产政策，主要的问题集中在债务人的免责将如何影响你的客户的权利。

121 假设一家商店出售给你一台保修的计算机，你允诺在30天之后付款。商店交付了计算机，但之后提交了破产申请并且拒绝履行和你之间的合同。计算机供不应求，商店想要从你那里要回它然后出售给其他人。如果托管人拒绝履行商店和你之间的待履行合同，你将基于商店违反了保修义务而对商店享有债权。商店的免责将消灭你的债权，但是并不会改变你可以保留计算机的权利。

强臂权在这里对托管人没有好处。使用强臂权，只有在商店或者通过商店来主张权利的人能够取得计算机的情况下，托管人才能取得该计算机。可以肯定的是，非破产法将你享有的机器上的权利称为"财产利益"，但重要的是，托管人是否可以根据第544(a)条主张优先于这种财产利益的债权，而不是根据非破产法这种权利是否是"财产"。只要合同中写明了是计算机，根据非破产法，你就享有机器上的"财产利益"，但是你对其享有的最优先的权利要到后来才产生。考虑到托管人的强臂权，如果你并未支付计算机的价款而且并未占有它，那么合同中写明的商品的"财产利益"对你就没有什么益处。

免责也不会影响你的权利。你对商店的债权被豁免了，但是你仍然保留着计算机，并且可以对商店提起诉讼来行使权利。（商店不能以破产已经豁免了你的债权为由取回计算机或者抵制你的返还之诉。）免责仅仅影响第三人对商店的普通债权，第三人享有的其他权利不受破产的影响。

类似地，对于软饮企业，免责影响你的客户在破产程序结束后取得企业资产的权利。免责并不赋予债权人控制他们在破产之外无法取得的有价值资产（就像在卡拉玛祖销售软饮的权利）的能力。交易涉及传统财产利益还是无形的权利（如销售软饮的权利），这一点并不重要。我们应该以对待传统财产利益的方式来对待那些类似于在卡拉玛祖销售软饮的权利。只要债务人和任何拟制的通过债务人主张权利的主体都不能根据非破产法破坏这些权利，破产就应该让这些权利不受 122
影响。⑦

当围绕传统的财产权利产生争议时，这一领域的法律是十分明确的。假设债务人将甲土地出售给了买方。如果债务人之后试图搬回甲土地，然后提交破产申请，众所周知，买方的侵权诉讼是一个债权，这一债权被豁免了。此外，免责不影响买方继续拥有甲土地的所有权，也不影响如果债务人再次试图搬回来，买方提起侵权诉讼的能力。买方占上风是因为债务人的债权人不能通过行使撤销权将甲土地纳入破产财产。免责本身是无关紧要的。

回到 *Victor Ortiz* 案。⑧拳击手给了经纪人推广其比赛的独家权利。当他在破产中拒绝履行与经纪人的合同时将会发生什么？经纪人有权阻止拳击手与其他经纪人签约吗？第 365 条对此问题保持了沉默。第 365(g)条仅仅规定了拒绝履行待履行合同构成违约，并没有规定其他任何的后果。要确定该条款是否仍然对债务人有效，我们必须首先确定该权利是否是一种衡平法上的救济，是否是“债权”，因此是否在破产中可免责。正如我们在第四章中所讨论的，答案可能是否定的。经纪人推广奥尔蒂斯的独家权利可能类似于财产利益，是一种奥尔蒂斯个人能力上的“担保权”，而不是可免责的债权。

但是问题并不到此为止。正如我们在第二章中所讨论的，*Local Loan Company v. Hunt* 案中的原则赋予了个人债务人其未来收入免于受

⑦ See In re Printronics, Inc., 189 Bankr. 995 (Bankr. N. D. Fla. 1995).

⑧ Top Rank, Inc. v. Ortiz, 400 Bankr. 755 (C. D. Cal. 2009).

制于任何产权负担的权利。这一原则可以使个人债务人从竞业禁止协议中解放出来，在任何情况下，都需要检验第541(a)(6)条而非第365条的半影。第365条和第101(5)(B)条都不能作为个人债务人**全新开始**的依据，因为它们也同样适用于第7章中完全不能获得免责的公司。

国会在技术许可的案件中面临拒绝履行的后果这一问题，在这些案
123 件中，许可人是债务人，并想要收回已经发出的许可。⑨总的来说，国会采纳了“拒绝履行本身不应该允许托管人收回债务人已经转移的权利”这一观点。第365(n)条中关于技术许可的具体规则类似于第365(h)条中关于不动产的具体规则。

正如第365(h)条中的情形，有些人可能会做出消极推断，认为债务人可以取回第365(n)条没有明确涉及的如商标和特许经营协议等知识产权。然而，法院倾向于认为拒绝履行并不是一种撤销权，因此，第三人可以继续使用该商标。进行消极推断是不恰当的，因为这样的推论设想了一种没有任何历史根据也没有意义的拒绝履行权力（power）的概念。“这一过程并不意味着合同相对方的任何权利蒸发掉了”。⑩

认为应当赋予托管人权力允许其取回在破产外不能从第三人处取得的权利的主张，在理论上不应基于一个观点，即有支持债务人复苏(rehabilitating）的破产政策。第365条规定的托管人拒绝履行待履行合同的权力，在第7章中和第11章中都是一样的。《破产法典》或者其前身中都没有任何内容表明拒绝履行的权力取决于债务人是进行清算还是重整。如果不是取决于此，那么债务人重整成功的机会在决定第

---

⑨ Lubrizol Enterprises v. Richmond Metal Finishers, 756 F. 2d 1043 (4th Cir. 1985)，该案的判决意见过于扩张地解释了拒绝履行的权力，国会随后采取了行动。

⑩ Sunbeam Products, Inc. v. Chicago American Manufacturing, LLC, 686 F. 3d 372, 377 (7th Cir. 2012). 安布罗（Ambro）法官在*Exide Technologies*案中的一致意见可以让我们发现对这些原则的有益讨论。In re Exide Technologies, 607 F. 3d 957, 964 (3d Cir. 2010). 巡回法庭最近的一些意见否定了*Lubrizol*案的观点，并对早期破产法院作出的与此相反的判决提出了质疑。See, e. g. , In re Ron Matusalem & Matusa of Florida, Inc. , 158 Bankr. 514 (Bankr. S. D. Fla. 1993).

365 条的架构时就不应发挥作用。公司重新控制软饮特许经营的能力，应当独立于其是否需要资金继续运营或者托管人是否只是向普通债权人分配收益。

集体劳资谈判协议的拒绝履行 124

当大型的制造企业进入破产并且有在完全不同的背景下达成的**集体劳资谈判协议**（collective bargaining agreements）时，债务人通常试图重新协商该协议。集体劳资谈判协议具有待履行合同的形式。然而，集体劳资谈判协议在破产外与普通的合同是截然不同的。集体劳资谈判协议规定了管理者和工人之间的关系。任何一方未能遵守协议条款都是不公平的劳动行为，而非导致损害赔偿诉讼。因此，当债务人进行第 11 章程序时，关于集体劳资谈判协议的一系列特殊的规则取代了待履行合同的一般规则。

第 1113 条规定了债务人和工会之间的谈判。只有在工会拒绝规定了“对允许债务人重整必要的雇员福利及其保护的修改”的提案之后，法院才可以批准拒绝履行集体劳资谈判协议。法院在修改的“必要”意味着什么这一问题上存在分歧。[11]

似乎即使是第 1113 条规定以重新谈判的程序代替直接拒绝履行的能力，也是对 *Butner* 原则的一种不恰当的背离。破产中的债务人不应该比在破产外更容易摆脱集体劳资谈判协议。债务人没有违约然后支付赔偿金这一选项。

但是第 1113 条的影响很容易被夸大。在航空公司破产之外［航空公司的破产中《破产法典》和《铁路劳工法》(Railway Labor Act) 相

[11] Compare Wheeling-Pittsburgh Steel Corp. v. United Steelworkers, 791 F. 2d 1074 (3d Cir. 1986); TruckDrivers Local 807 v. Carey Transportation, Inc. , 816 F. 2d 82 (2d Cir. 1987).

互作用产生了一些特殊情况][12]，第1113条在很大程度上为企业发现自己陷入绝境时不可避免的谈判设定了框架。第1113条没有给予法院强加条款的能力。[13] 雇员不能被强迫在他们从未同意的条款和条件下工
125 作。在协议被拒绝履行之后，他们可以自由地罢工或者采取其他行动，就好像协议已经自行到期了一样。拒绝履行的确加速了集体劳资谈判协议的终止，但是工人和管理者之间仍然必须达成协议。如果工会在协议谈判时的谈判能力仍然存在（也许只是一两年前），并且工会仍然愿意使用，那么管理者就不能指望其能比之前做得更好。在破产中达成新的协议可能只是反映了情况的变化，工会领导可能会乐于接受将必要但极其令人不快的妥协归咎于破产程序的能力。

第1113条中并不包含与第365(g)条类似的条款。并没有任何条文明确规定集体劳资谈判协议的拒绝履行构成违约。这曾导致一家法院认为，拒绝履行集体劳资谈判协议之后不能取得损害赔偿债权。[14] 这似乎是错误的。这里不需要作出反向推断，并且鉴于在破产外雇员有权获得比普通的合同当事人*更多*的保护，所以他们在破产内获得的保护也不应该*减少*。

然而，损失的计算是一件困难的事情。需要考虑到工资的减少和工作规则的改变。因为公司不能在破产外背弃集体劳资谈判协议，所以也不能依据非破产法的标准来计算损害赔偿。由于集体劳资谈判协议是一个控制很多个别雇佣关系的主协议，问题也因此变得更加复杂。将不利的变化同特定的雇员联系起来可能十分困难。例如，考虑一下，当拒绝履行导致了一份重新协商的协议，在这个协议中新员工的工资更低的时候会发生什么。这一改变使工人整体的处境恶化，但是并不会对任何在提交破产申请时正在这家公司工作的人产生不利影响。尽管法律存在这些困难和不确定性，但是为了第1113条争议而达成的协

[12] See Northwest Airlines Corp. v. Association of Flight Attendants-CWA, 483 F. 3d 160 (2d Cir. 2007).

[13] 然而，破产法官依据第1113(e)条有能力作出临时修改的命令。

[14] In re Blue Diamond Coal Co., 160 Bankr. 574, 577 (E. D. Tenn. 1993).

议通常包含对雇员某种形式的赔偿。

合同的承继及对承继权力的限制

我们现在转向待履行合同的**承继**（assumption），来看一下那些债务人达成的有利的交易。让我们回想一下我们的基本问题是什么。债务人拥有的某些东西是资产和负债的结合。我可以住在这套公寓里， 126
这套公寓非常棒，但是我必须付房租，这就不太好了。你答应我下周给我小麦，这很好，但是我要付你5美元，这就不是很好了。我们一直在研究负担超过收益的案例，现在我们要看的是负担很轻但是收益颇丰的案例。你在提交破产申请之后还可以继续这一有利的交易吗？

第541条告诉我们，州不能对破产中的财产分配指手画脚。州创设的优先权方案必须一般性地适用于破产内和破产外。同样的原则也适用于债务人和其他人达成的合同。第三人不应该仅仅因为破产的发生就改变他们和债务人的关系。将破产这一事实作为违约的条款，即**破产约定条款**是无效的。正如第541条规定的情形，这一禁止不仅适用于与破产程序的启动相关联的终止条款，还适用于与债务人的资不抵债或者财务状况相关联的条款。网必须撒得足够宽，以使各方不能间接来做禁止他们直接去做的事情。

尽管破产约定条款是无效的，但这些条款还是大量存在于工具书和预印合同中。这些条款的存在有几个原因。在1978年颁布《破产法典》之前，破产约定条款一般是有效的，尽管长期以来这些条款已经不发挥任何作用，但是同样也没有什么损害，也没有淘汰这些条款的演变发展压力，尤其是这些条款还经常与其他仍然有效的表述（如州的破产程序）一起出现。

各方当事人使用这些条款还有另外一个原因。当你的合同相对方申请破产时，你希望能够到法院主张你的权利，即使还没有债务。如果你提供了长期贷款，当其他借款已逾期的债权人争夺债务人可获得的资产时，你不希望自己是无能为力的。破产约定条款使这一权利更明确。埋论上，这一条款是没有必要的。无论合同是否有规定，破产都自动加速了债务到期。贷款在10年之后到期的债权人和贷款今天就到期的债权人是被同等对待的。但是，提交破产申请构成加速债务的违约这一观点仅内在于《破产法典》的结构中，并没有过多的文字表述。
127 律师们非常谨慎，不想冒着某些法官可能误解的风险。破产约定条款就是为了防止这种情况。法官误解的概率很低，但在合同中写入破产约定条款的成本更低。

除了破产约定条款的问题，托管人似乎应该能够**承继**任何对破产财产有利的待履行合同。可以肯定的是，托管人承继待履行合同的能力要求合同在提交破产申请之前没有终止。[15]如果出现了违约，第三人在债务人提交破产申请前恰当地终止了合同，那么就没有什么可让托管人承继的。但是除了这一要求，承继的能力似乎是很简单的。

如果第365条根本不存在的话，则很多涉及**待履行合同承继**的问题都可以轻松解决。法院会将有利的待履行合同视为第541条规定的破产财产，然后适用 *Chicago Board of Trade v. Johnson* 案的原则。让我们来看一些例子。假设你在新泽西州卡姆登市（Camden）经营一家假日酒店，你每月支付假日酒店一定数额的款项，并且你有义务以一种特定的方式经营酒店，即每层楼都必须有制冰机。在破产之外，你能否保持酒店的特许经营取决于你是否遵守了这些条件。法院不会事后评判这些条件的合理性和目的。（这可能是一件好事。法官们造就了一些糟糕的酒店经营者，因为总是会有一些这样的风险，即他们认为是不必要的要求事实上可能是极具前瞻性的。例如，假日酒店坚持轮椅可以无障碍进入，在被要求这样做之前，他们就已经坚持了数十年。）

成为假日酒店的好处是十分可观的。你可以从公司的网上预定系统中获益，能享受信用卡费用的折扣。（信用卡公司向接受信用卡付款的公司收取费用以作为补偿。）你还可以从那些来卡姆登之前从未听说过

---

⑮ Nemko, Inc. v. Motorola, Inc., 163 Bankr. 927 (Bankr. E. D. N. Y. 1994).

你的酒店的人那里获得额外的业务，因为他们知道可以期待些什么。如果你拥有几乎完全相同的酒店，但是没有假日酒店的标志，那酒店的价值将大打折扣。

然而，尽管有假日酒店的特许经营权，你的酒店还是完全失败了。在卡姆登经营假日酒店，当时似乎是一个不错的主意，但是并没有那么多来卡姆登的人想要在这里过夜。如果你炸毁了酒店并将这块土地用作停车场而不是酒店，你能从这一资产中赚到更多的钱。让我们假 128
设你严格遵守了这些规则，从未让一台制冰机缺过冰。当你关掉酒店后，你可以将你的特许经营权卖给位置更佳的其他酒店吗？我们已经讨论过这个问题了。答案完全取决于你获得的权利是否可以转让。特许经营权是否可以转让，就像 *Chicago Board of Trade* 案中的席位是否可以出售的问题一样，应当取决于应适用的非破产法规则。

让我们假设你与假日酒店的交易将你的特许经营权与特定的位置绑定在一起。该交易允许你在破产外出售特许经营权，但是只有在你将酒店作为一个营运事业出售的前提下才能这么做。这一点在破产中会发生变化吗？任何使不同的结果合理化的破产政策都与给你一个**全新开始**无关。你不再经营酒店，酒店本身将被改建为停车场。如果你的普通债权人可以将假日酒店的特许经营权出售给在其他地方经营酒店的某个第三人，他们将能够获益，而假日酒店将蒙受损失。你的债权人将能够取得出售特许经营权而不是出售酒店的收益。此外，假日酒店将会失去选择新酒店的位置及其经营者的能力。（例如，新的老板可能不会遵从假日酒店一贯的努力，即使每家假日酒店都相似，从而确保客人不会在一个陌生的地方遭遇到难以接受的“惊喜”。）

这个结果并没有意义。没有一项破产政策认为，我们应该剥夺假日酒店出售特许经营权的收入或者控制他们的加盟商以将资金交到普通债权人的手中。当然，给债权人较多而给第三人较少，这对个人债务人的全新开始完全没有影响。

但是考虑一下另外一种不同的情形。假设你想要继续经营酒店，这个想法可能很糟糕，但是鉴于你已经投入的资金，最好还是将该建筑用作酒店。如果该建筑被拆毁并被用作停车场，所有人都将损失更多。酒店正在产生正现金流并且在其他配置下无法产生更多的现金流。你决定继续经营酒店，但是通过申请第11章来进行债务重组。在这种情况下，应该还是可以将你的酒店称为假日酒店。最多，破产申请会带来管理上的改变，但是因为你继续作为经管债务人，所以即使有管理
129 上的改变也是很小的。当企业进行第11章程序时，其财务结构会发生变化，但是其经营不需要进行改变。除非酒店的客人在破产法院附近闲逛，否则他们不会注意到这种细微的变化。就特许经营而言，破产不应带来任何不同。如果在破产案件中进行了实质性的改变，那么在破产内应该产生和在破产外相同的后果。例如，假设你是一个不合格的管理者，债权人想让其他人取代你。假日酒店对管理者选择的控制权应该与他们在破产外能够享有的控制权相同。

如果不存在第365条，我们可以依据第541条和 *Chicago Board of Trade* 案的原则来解决这些问题，答案将很简单。但是，我们不能无视第365条的表述及其带来的复杂性。麻烦源于第365(c)条，该条款限制了能够承继的合同的种类：

> 托管人不能承继……任何待履行合同……无论此类合同是否……禁止或限制权利的转让或义务的委托，如果……应适用的法律允许债务人以外的该合同的当事人……不接受债务人或经管债务人以外的实体的履行，或不向债务人或经管债务人以外的实体履行。

这一限制与第541(c)(1)条的规定不一致。托管人应该能够主张控制债务人的资产，并且确保债权人能够获得他们在破产外能够获得的资产。

关于第7章中的个人，第365(c)条规定了一个合理的结果。一位歌剧歌唱家与一家歌剧院签订了一份来年的演出合同。该歌唱家已经过了他的全盛期，如果现在做出决定，歌剧院是不会雇用这个歌唱家

的。这个歌唱家负债累累，提交了第7章申请。在这种情况下，有三个参与者——债务人、债务人的合同相对方以及债务人的普通债权人。每个人对情况的看法都是不同的。歌唱家希望能够在歌剧院演唱并赚到谈好的费用，歌剧公司则想要取消对歌唱家的聘用。歌唱家的债权人想要取得演唱的丰厚费用使他们的债务获得清偿。

作为第一性原理的问题，这种情况很简单。歌唱家应该能够继续利用这份合同，因为这是其未来收入的一部分，因此也是他**全新开始**的一部分。基于同样的原因，债权人不能取得演唱费用。*Butner* 案告 130
诉我们，歌剧院不应该因为歌唱家财务问题的产生而摆脱不利的合同。

似乎第365(c)条的存在是为了确保我们能得出这一结果。根据第365(c)条的规定，托管人不能承继个人债务人在破产外不能委托给其他任何人的合同。但是，将第365(c)条适用于歌剧歌唱家的合同，并不意味着歌唱家可以继续该合同。一旦假定歌唱家和歌剧公司之间的交易是一个属于第365条范围内的待履行合同，则托管人无法承继这一合同意味着这一合同被拒绝履行，并且第365(g)条将拒绝履行视为一种违约。歌唱家的破产申请将歌剧公司从一个不利的合同中解放了出来。为了避免这一结果，法院可以认定歌唱家与歌剧院的合同对他而言是个人化的，因此不应该被托管人承继或拒绝。但是，认定第365(c)条不适用于个人债务人就否定了这一条款存在的唯一合理的理由。

为了使第365条与第541(c)(1)条和 *Butner* 原则保持一致，其必须采取一种截然不同的形式。个人债务人提供未来服务的合同完全不应在第365条的范围之内。此外，第365条需要允许托管人承继公司债务人的所有合同。

这里，法律仍然处于变化之中。最重要的案例是涉及专利许可的案例。一些法院找到了解读法规的方式，使经管债务人能够继续使用专利许可，即使非破产法规定这类合同是不能承继的。其他的法院则援引最高法院的意见，即要求在破产中忠实于法律文本，拒绝这样做。[16]

第365(c)条不合理地限制了托管人承继合同的能力，而第365(f)(1)条则不合理地扩张了托管人转让（assign）其可以承继的合同的能力。从表面上看，该条似乎是允许托管人转让任何能够被承继的合同。但
131 是，承继的权力和转让的权力是完全不同的。如果债务人作为营运事业仍然维持原状，并且如果破产程序的影响仅仅是重新调整其资本结构，那么托管人承继的权力不应该受到任何限制。州法对转让的限制应该是无关紧要的，因为托管人的任命实质上只是一个管理者取代了另一个管理者。

第541(c)(1)条规定，对于普通资产而言，对转让的限制对托管人主张债务人权利的能力没有影响。在待履行合同中，我们讨论中的这种权利与某种义务相关联，但是这不应该导致不同的结果。如果债务人的债权人较少，债务人可能已经在非破产方案中完成了重组。解决这些会改变公司享受其已签订合同所带来利益的能力的问题，与多个债权人的存在无关，也不需要采取集体行动。

然而，将债务人的权利转让给某个第三人的权力（power），一般来说与承继的权力十分不同。根据 *Chicago Board of Trade* 案，只有合同在破产外是可转让的情况下，托管人才能将其转让给第三人。根据非破产法，**可转让性**（assignability）的问题由各方自行决定。如果各方在合同中写明义务是不可委托的，那么他们的选择通常会得到尊重，即使在合同对此未作规定的情况下该义务是可以委托的。[17]非破产规则假定当合同的履行要求特殊的或者独一无二的技能时，大多数当事人不会允许委托；而在无须这种特殊要求的情况下，当事人都会允许委托。[18]

---

⑯ 比较这三个案件：Institut Pasteur v. Cambridge Biotech Corp.，104 F. 3d 489（1st Cir. 1997）；Perlman v. Catapult Entertainment，Inc.，165 F. 3d 747（9th Cir. 1999）；In re Adelphia Communications Corp.，359 Bankr. 65（Bankr. S. D. N. Y. 2007）。

⑰ See，e. g.，U. C. C. § 2－210.

⑱ Taylor v. Palmer，31 Cal. 240，247－48（1866）.

但是这仅仅是一个假定。

第365(f)条忽略了当非破产法的基本标准仅仅是一个假定时相应而来的后果。在某些情况下，如特许经营协议，当背景法律规则规定特许经营权是可转让的情况下，合同双方通常约定特许经营权是不可转让的。与大多数合同规则一样，关于转让的规则仅仅是起点。如果他们希望的话，各当事人可以围绕这些内容达成合同。可能会有立法机关限制合同自由的情况，但是在这些情况下，非破产法又是针对合同自由的背景制定的。例如，州法经常会挑出汽车经销商来进行特殊的保护。无论合同如何规定，只要满足特定条件，特许经销商都是受 132
保护的，并且他们可以转让他们的特许经营权。

但是，当在破产中适用时，保护汽车经销商的州法具有不同的含义。其他所有的特许经销商一旦破产都可以自由转让其特许经营权，因为州法对此没有任何规定，并且合同的限制也是无关紧要的。汽车经销商——在破产外最能够转让特许经营权的经销商就没有这么幸运了。非破产法对汽车经销商在满足特定条件的情况下能够转让特许经营权的规定，在破产中转变为剥夺他们转让特许经营权的能力，除非满足了这些条件。汽车经销商在破产外更有能力转让他们的特许经营权，但在破产之内这一能力就没那么强了。这种相对权利的转变是无法辩护的。更重要的是，这表明了第365条缺乏我们在《破产法典》其他部分中看到的那种内部一致性。我们不应该对《破产法典》中的某些部分不完全合理感到惊讶。但是，了解哪些部分缺乏内部一致性是很重要的。

纠 正 违 约

第365(b)条规定，即使已经出现了能够导致合同终止的违约，托管人（或者是经管债务人）也可以承继这个合同。托管人必须纠正过去的违约，赔偿第三人由于违约遭受的损失，并对未来的履行提供充分的担保。在确定担保是否充分时，法院应特别关注债务人清偿未来债务的能力，以及申请提交之后是否出现了违约。⑲

在某些情况下，违约可能是无法纠正的。特许经营协议可能赋予特许经营授权人在特许经营人一段时间内没有经营业务的情况下终止协议的权利。有时，最终导致债务人进入第11章程序的情形也会迫使债务人在申请破产前暂停营业。即使债务人随后继续经营，其未能持续经营也会触发本质上无法纠正的**歇业条款**（going-dark clause）项下的违约。第365(b)(1)条回应了这一问题。"如果托管人无法通过在承继之时或在承继之后履行非货币行为来纠正不动产租约中的违约"，第
133 365(b)(1)条免除了对这种不动产租约中非货币违约的纠正。当然，托管人未来必须继续遵守这些规定。

如果债务人承继了待履行合同，那么必须承继包括所有负担在内的整个合同，而不能挑选其喜欢的部分。⑳但是，对未来履行的充分担保，是一个专业术语。在 *In re U. L. Radio* 案中，尽管租约中规定了用途的限制，法院还是批准将一家电视销售及服务商店租约转让给第三人，该第三人想要将这家商店以5万美元的预算改为小酒馆。㉑法院指出，**充分担保**的主要关注点是受让人（assignee）清偿租约下债务的能力。在另外一个案件中，债务人的租约限制其只能出售油漆和五金器具，但法院批准了债务人将其租约转让给一家出售女士服装的商店，即使房东曾向另外一个租户承诺过不让其他出售女装的店铺在这个建筑里经营。法院再次认定，房东并没有遭受经济上的损失，破产程序本身基于"不可能原则"（doctrine of impossibility）而使房东免于承担对另一个租户的合同责任。㉒有人可能怀疑5万美元是否实际上足够在纽约将一个服务商店改为小酒馆，或者"不可能原则"是否保护出租人免

---

⑲ See, e. g., In re Texas Health Enterprises, Inc., 246 Bankr. 832 (Bankr. E. D. Tex. 2000).

⑳ See In re Crippin, 877 F. 2d 594 (7th Cir. 1989).

㉑ 19 Bankr. 537 (Bankr. S. D. N. Y. 1982).

㉒ See In re Martin Paint Stores, 199 Bankr. 258 (Bankr. S. D. N. Y. 1996), aff'd, 207 Bankr. 57 (S. D. N. Y. 1997).

于被第三人起诉。然而，更重要的是，还是需要弄清楚，什么样的破产政策能够使无视租约中的用途限制合理化。但是，法院并没有在这些案件中设定必须遵守的（hard-and-fast）规则。[23]

拒绝履行和承继的时限和后果

第 365(d)条要求托管人在 120 日之内作出承继或拒绝履行非住宅不动产租约的决定，可以有一次 90 日的延长，再次延长则需要取得出租人的同意。这一严格的时间限制是在 2005 年引入《破产法典》的，改变了涉及大型零售商的第 11 章案件的实践动态，这些大型零售商的商店通常是占用租赁的土地。7 个月的期限对于简单的案件足够，但是 134
对于拥有数百个租约的债务人而言则是重大的挑战。

承继之后，合同约定的义务属于破产财产的一部分，债务人必须履行。随后的任何违约将不再属于申请前违约。[第 365(g)条] 损害赔偿享有管理费用优先权（如果在破产期间产生），或者如果在破产程序终止之后违约，遵照一般的损害赔偿规则。相比之下，拒绝履行造成的损害赔偿诉讼（如果有的话），视为申请前债权。但是，债务人不会立即作出承继或者拒绝履行的决定，在大多数案件中，债务人继续享有合同或租约带来的利益。如果债务人最终选择承继，则必须按照合同规定清偿所有债务，并纠正违约。另外，如果债务人最终拒绝履行，后果则不太明确。

第 365(d)条要求在决定承继或者拒绝履行非住宅不动产租约之前持续履行义务，并且也为动产出租人提供了更有限的保护。判例法认为，就待履行合同和其他租约而言，第三人有权享有管理费用优先权，但并非基于租约或合同的条款，而是“根据衡量合同或租约公平合理

㉓ See, e. g., In re Tama Beef Packing, Inc., 277 Bankr. 407 (Bankr. N. D. Iowa 2002).

价值的客观价值标准”。[24]但是，也有反对观点认为，租约的条款就像在破产外一样适用于破产内。[25]

如果债务人获得的收益与其他当事人产生的成本相一致，这一规则似乎就是有意义的。托管人将有机会评估情势，第三人将不会承担拖延的成本。但是，现有的规则并不必然能够完全补偿第三人。一些法院认为，内在于资产使用权的期权价值并不被视为需要补偿的利益。[26]
135 为获得的利益付费，不同于赔偿第三人在破产申请和拒绝履行期间产生的所有成本。最明显的情况发生在第三方提供保险的时候。假设债务人未能支付破产前6个月的火灾保险，随后债务人决定拒绝履行合同。债务人获得的利益是什么？债务人可以主张因为其建筑物没有着火，所以它并没有获得任何利益吗？人们不会这样认为，但是这个问题会在更精妙的伪装之下出现。假设一家软件生产商同意为债务人正在开发的新计算机编写操作系统。这个操作系统需要在7月1日前完成，如果没有这个操作系统，计算机就无法工作。债务人在1月1日提交了破产申请。为了能够按时完成这个程序，软件生产商每月必须花费1万美元。托管人认为新的电脑不值得开发，在6月1日拒绝履行了这个合同。软件生产商要求5万美元的损害赔偿，赔偿其在破产申请和拒绝履行期间为了这个程序的所有花费。托管人将主张，因为债务人从未使用这个程序（确实这个程序还未完成），所以债务人从未获得任何利益，因此不应该承担任何根据第503(b)条享有管理费用优先权的损害赔偿。

对于第三方在承继和拒绝履行前获得的保护，还有第二个更为普遍的限制。许多破产中的企业只有一个担保债权人，享有债务人资产上的担保权益。托管人有权支出费用，并从担保债权人的担保债权中收

---

[24] See, e.g., In re Thompson, 788 F.2d 560, 563 (9th Cir. 1986); In re Patient Education Media, Inc., 221 Bankr. 97 (Bankr. S. D. N. Y. 1998).

[25] In re Sturgis Iron & Metal Co., 420 Bankr. 716 (Bankr. W. D. Mich. 2009).

[26] In re Enron Corp., 279 Bankr. 79 (Bankr. S. D. N. Y. 2002).

取这些费用。但是，第三人不能这么做。[27]因此，处于和软件生产商、保险公司同样情形的第三人，应该在案件一开始就与担保债权人进行协商，以确保能获得偿付。该第三人应该立即要求法院给托管人设立一个截止日期。[第365(d)条]

第365条赋予托管人承继权力的负面影响是，第三人不能基于债务人的违约而终止合同，而通常情况下第三人在破产外是可以这么做的。试图终止合同只是徒劳。第362条禁止任何人实施“任何……对破产财产进行控制的行为”。试图终止合同可能不仅会被视为违约，而且会被视为试图对债务人的财产施加控制（“财产”是债务人获得第三人履 136
行的权利)，并且可能使生产商受到法院制裁。[28] 如果有人有疑问，应当向法院申请确认令（declaratory order)，确认拟进行的行动不违反自动冻结。如果适用了自动冻结，可以要求解除自动冻结，或者可以要求提供**充分保护**。[第362(d)条]

破产中的金融合约

《破产法典》为**金融合约**（financial contracts）提供了一个**安全港**。《破产法典》有详尽的定义，但是在很大程度上使**远期合约**（forward contracts)、**掉期交易**（swaps)、**回购协议**（repos）和类似交易免于破产的**自动冻结**和其他规定。这些例外是为了防止债务人通过破产提供的窗口，利用有利的远期合约，享受所有的好处，同时仍然能够拒绝履行不利的合同，只需支付百分之几的损害赔偿。如果没有这种例外，交易的相对方，其中很多是为了对冲自己的头寸而签订合同的，将面

㉗ See Hartford Underwriters Insurance Co. v. Union Planters Bank, 530 U. S. 1 (2000).

㉘ See Computer Communications v. Codex Corp., 824 F. 2d 725 (9th Cir. 1987)（试图终止合同违反了自动冻结原则，法院判定4,750,000美元的一般损害赔偿和250,000美元的惩罚性损害赔偿)。然而，法院对这一案件的解读较为狭隘。See Benz v. Dtric Insurance Co., 368 Bankr. 861 (B. A. P. 9th Cir. 2007).

临巨大的风险。

乍一看，关于**金融合约安全港**的阐释已经很多了。所有的待履行合同都给了经管债务人利用合同相对方的机会。你允诺年底以 100 美元的价格向债务人出售特定的组件，当该组件的市场价格是 100 美元的时候，债务人申请了破产。一旦给了债务人时间决定承继还是拒绝履行，债务人就有动机拖延。如果价格下跌就选择拒绝履行合同，而你作为卖方将获得损害赔偿债权，但是只能获得百分之几的清偿。如果组件的价格上涨，债务人（及其所有债权人）将获益，因为只用支付 100 美元就能获得价值更高的组件。㉙

137 然而，对于一个普通合同，组件价格的波动通常只是问题的一部分，而且是很小的一部分。债务人之所以拖延作出履行还是违约的决定，不是因为要利用价格波动，而是债务人需要时间来决定是否继续生产需要该组件的产品，或者是否能够从别的地方获得质量更好、更合适的替代品。组件的市场价格变化不会太多。自动冻结给卖方带来的成本很小，但能使债务人获益很多。

相比之下，对于金融合约，波动性的影响要大得多。事实上，对于绝大多数债务人，这是**唯一**重要的特征。从定义上讲，金融合约就是交易对手方进行波动性交易的合约。交易对手方将会承担风险的两面，市场波动将改变某些基础资产、指数或其他价值衡量指标的价格。如果**自动冻结**适用于这些合约，将会通过使债务人能够从有利的价格变动中获利，同时限制不利的价格变动下债务人的责任，从根本上改变交易的条件（“**摘樱桃**”）。㉚

换句话说，自动冻结会带给债务人与基础价格波动相关的期权价

㉙ L. R. S. C. Co. v. Rickel Home Centers, Inc. (In re Rickel Home Centers, Inc.), 209 F. 3d 291, 298 (3d Cir. 2000)（声明托管人和经管债务人有权自由裁量承继有利的待履行合同，以使破产财产价值最大化）.

㉚ Edward R. Morrison & Joerg Riegel, Financial Contracts and the New Bankruptcy Code: Insulating Markets from Bankrupt Debtors and Bankruptcy Judges, 13 Am. Bankr. Inst. L. Rev. 641, 642 (2005).

值。另外，取消金融合约对于不具有系统重要性的企业来说，并不会带来什么问题。在大多数情况下，金融合约并不会产生企业特有的协同效应。[31] 更重要的是，只要市场具有流动性，在危机时期之外，债务人就可以简单地重新达成相同的合约，继续享有旧金融合约提供的益处。

可以肯定的是，重新达成合约的成本很高，那些导致债务人资不抵债的情况也可能会提高签订新的金融合约的价格。但是，任何陷入困境的企业都面临着同样的市场规律，这些企业在正常状态时和陷入困 138
境时所面对的交易条件将有所不同。

然而，对于那些主要资产包括大量金融合约的具有系统重要性的公司来说，问题就出现了。没有自动冻结的保护，这些资产可能会被毁掉。回想一下雷曼兄弟（Lehman Brothers）：当它申请破产时，它与8000多个交易相对方进行了大约150万笔交易。如果破产没有终止这些交易，这些交易将价值数十亿美元。碰巧的是，申请破产之后的两周内，80%的交易被清算（liquidated）完毕。

并不是雷曼兄弟的债权人相比于所有衍生品合同被承继情况下的处境要差这么简单。当雷曼兄弟这样的机构崩溃时，整个市场就会动荡。因为该机构违反了与成千上万的债权人签订的数以百万计的合约，交易对手方和债权人也可能陷入困境并破产［就像雷曼兄弟倒下之后首要储备基金（Reserve Primary Fund）的情形］。[32] 因为成千上万的交易对手方争相出售由于机构的违约取得的担保物和对冲头寸，市场价格将会经历剧烈的波动。正如我们在雷曼兄弟破产和美国国际集团（AIG）获得救助之后的“安全投资转移”（flight to quality）中所看到

---

[31] 当然，也有一些例外。例如，可以在双方之间定制对债务人具有特殊价值但不能轻易复制的专门的场外对冲合同。

[32] See, e. g., The Orderly Liquidation of Lehman Brothers Holdings Inc. under the Dodd-Frank Act, 5 FDIC Quarterly 31, 33 (2011) available at http://www.fdic.gov/bank/analytical/quarterly/2011_vol5_2/FDIC_Quarterly_Vol5No2_entire_v4.pdf（简称 FDIC 报告）（凸显雷曼兄弟破产对首要储备基金的巨大负面影响）.

的那样，这些波动可能严重损害投资者的信心。

在这种情况下，金融合约的一般破产规则（使它们免于自动冻结）可能不再具有吸引力。事实上，正是雷曼兄弟无法保持其衍生品账面价值带来的挑战，推动了《多德－弗兰克法案》(Dodd-Frank Act）第2章中“有序清算机制”（Orderly Liquidation Authority）核心条款的形成。它给了美国联邦存款保险公司（FDIC）一个短窗（short window)，可以将一家陷入困境的具有系统重要性的公司的全部衍生品，打包转移给另一家实体。

我们不想允许“摘樱桃”，但是价值可能存在于各种各样的合约中，而在严重的经济危机时期，这些合约可能无法重新创设。《多德－弗兰克法案》第2章创设了一种制度，允许对金融合约进行中期处理，从而在典型的《破产法典》第11章案件中将其置于一般的待履行合同
139 和金融合约之间。从这个意义上来说，它并没有背弃《破产法典》第11章，而是在现有破产法中已经存在的两种立场之间作出了妥协。那些呼吁在《破产法典》中增加一章来取代《多德－弗兰克法案》第2章的人，其提议中通常也包括类似的金融合约机制。

第七章　欺诈性转移及其相关理论 140

在本章中，我们将考察债权人在破产内和破产外所受到的保护。这些保护体现在**欺诈性转让法**（fraudulent conveyance law）及其相关理论中，对其最好的理解是大多数债权人在提供贷款时都会要求的保护。①在第八章中，我们将探讨**偏颇性清偿**，这一破产特有的政策确保了在即将进入破产的时候，没有债权人采取“抢跑”（gun-jumping）行动。

欺诈性转让法属于州法，托管人可以通过援引第544(b)条使用。大多数州都采纳了《统一欺诈性转移法》(Uniform Fraudulent Transfer Act，UFTA)，有一些州仍然沿用该法的前身——《统一欺诈性转让法》(Uniform Fraudulent Conveyance Act，UFCA)。还有几个州，如纽约州，有其自己版本的欺诈性转让法。《破产法典》也在第548条规定了自己版本的欺诈性转让法。当交易牵涉多个不同的司法辖区时，托管人可以援引破产的欺诈性转让规则，而无须去确定应该适用哪一个州的欺诈性转让法。这些法律的范围大致相同，但有追溯时效上的差异：第548条仅能追溯两年，而州的欺诈性转让法，只要相关的法定时效允许就可以进行追溯。

欺诈性转让理论包括普通法中的欺诈性行为，但是其范围要广得多。欺诈性转让理论是一个着眼于实质而不是形式的灵活原则，保护债权人免受债务人进行的任何损害其权利的交易的侵害，同时确保债务人可以继续从事经营，并向第三人保证其与债务人已完成的公平交易不会受到事后审查。

---

①　See Robert Charles Clark, The Duties of the Corporate Debtor to its Creditors, 90 Harv. L. Rev. 505 (1977).

一些写得很粗心的判决意见给人留下的印象是，除了债务人在资不抵债的情况下进行的低于合理等价的交易外，欺诈性转让法仅适用于那些涉及实际欺诈（actual fraud）的交易。但是，400多年的历史表
141 明，事实并非如此。欺诈性转让法赋予了托管人广泛的权力使欺骗债权人或者只是给他们虚假担保的交易无效。如果交易的进行没有正当的商业目的，仅仅是为了留下事情比实际情况更好的印象，那这样的交易本身就是可疑的。[2]甚至仅仅使债务人资产流动性降低的交易，如果其目的是妨碍债权人，都可能是欺诈性转让。[3] 通过关注实质，而不是形式，欺诈性转让法确保了债务人及其合谋者能够尝到“聪明反被聪明误”的滋味。

第一部欺诈性转让法的成文法出现于1571年。为拖延、妨碍或者欺诈债权人而进行的转移或承担的债务被视为欺诈性的，对债权人无效。该法在颁布仅几年后就进行了急剧的扩张。1600年左右，一个叫作皮尔斯（Pierce）的汉普郡农民将他的羊转让给了一个叫作特温（Twyne）的人。特温允许皮尔斯继续占有这些羊、剪羊毛并将这些羊宣称为他自己的羊。皮尔斯的一个债权人取得了确认债权的判决，并试图让治安官扣押这些仍然在皮尔斯手中的羊，尽管这些羊已经被卖给了特温。

随后发生了一场争讼，女王总检察长爱德华·科克（Edward Coke）在星室法庭（Star Chamber）对羊的购买者特温提起了刑事诉讼。[4]星室法庭是一个主要审理叛国罪（treason）和其他危害国家的刑事犯罪的法庭。* 伊丽莎白一世时代的欺诈性转让法规定，追回资产的一部分归王室。王室一直以来都从被定为叛国罪和刑事重罪的人那里取得可观

② See, e. g., Clow v. Woods, 5 Sergeant & Rawle 275 (Pa. 1819).

③ See, e. g., Empire Lighting Fixture Co. v. Practical Lighting Fixture Co., 20 F. 2d 295, 297 (2d Cir. 1927) (L. Hand, J.).

④ Twyne's Case, 3 Coke 80b, 76 Eng. Rep. 809 (Star Chamber 1601).

* 译者注：星室法庭是15世纪晚期发展起来的一个英国民事和刑事审判法庭，专门审判影响王室利益的案件，以专断暴虐的审判而出名，于1641年被废除。

的收入，欺诈性转让法是防止叛国者和重罪犯将其财产置于王室可及范围之外的有效工具。这可能解释了为什么涉及债权人扣押羊的案件会在这里进行诉讼。⑤

审理 *Twyne* 案的法院认为，对羊的转让是可撤销的，不是因为可以证明**皮尔斯**具有实际的欺诈意图，而是因为与该交易相关的**欺诈表征**（badges of fraud）。在转移所有权的时候不同时转移占有，这本身就是 142
值得怀疑的。随着该理论的发展，欺诈表征不再仅仅是难以证明的欺诈的代名词，而是涵盖了虽然可能不是欺诈但是债权人仍然会反对的交易。⑥“妨碍、拖延或者欺诈的实际意图”仍然是一个专业术语。只要有足够的表征表明债权人的权利被故意侵害，就存在妨碍、拖延或者欺诈的实际意图。

随着欺诈性转让法的发展，两个欺诈表征变得尤为突出：在资不抵债时进行的转移和低于合理等价的转移。法院通常会认定具备这两个特征的转移无效。他们认为，没有必要去寻找其他损害的迹象。很多可疑的交易都具有这两个特征，而非欺诈性的交易则很少有这种情况。“推定的欺诈性转让”（constructive fraudulent conveyance）实质也是具有实际意图的欺诈性转让，只是它有这两个如此重要的欺诈表征，以至于没有必要做进一步调查。很多如今被认为是“推定欺诈性转让”的交易都可以作为“实际意图的欺诈转让”而撤销，这些欺诈还有足够的其他欺诈表征，只不过没有必要停下来识别这些表征。

每个庞氏骗局中，都必然存在具有“实际意图”的欺诈性转让，在这种欺诈中，犯罪分子试图通过使用新募集的资金支付给旧投资者来掩盖欺诈痕迹，从而维持合法性和盈利能力的假象。债务人是否具有实际的欺诈意图并不重要，只要交易的进行是为了在根本没有利润

---

⑤ See Garrard Glenn, Fraudulent Conveyances and Preferences §§61 – 61e (rev. ed. 1940).

⑥ 正如卡多佐（Cardozo）大法官在 *Shapiro* 案件中的解释：“以欺骗让与人的债权人为目的的转让是非法的，但以阻碍和拖延债权人为目的的让与同样也是非法的。” See Shapiro v. Wilgus, 287 U. S. 348, 354 (1932).

的情况下维持有利润的假象，该交易就是可撤销的。与欺诈行为相比，不需要寻找或识别任何的虚假陈述。债权人也无须证明存在“信赖”（reliance），即他们是因转移而实施某个行为（或不实施某个行为），这是欺诈行为所需要的另一条件。这些交易是可撤销的，除非受让人可以证明他们支付了对价*并且*是善意的。

事实上，在没有基础业务的庞氏骗局中，所有的业务支出都是为了维持其合法性的幌子，而没有其他的目的，因为其根本没有进行中的
143 经济活动。从用于邮寄每月的会计报表的钱到向房东支付的租金，就这一点来说，与支付给旧投资者的资金没有什么区别，都被假定为欺诈性转让。

似乎庞氏骗局的受害者很容易证明*善意*（good faith），因此应该能够保留任何他们支付了对价的交易。他并不知道策划了欺诈的人是居心叵测的。但是庞氏骗局往往会提供过于丰厚而不可能是真的回报。某人投资了100美元想要90日之后获得50%的回报，他应当知道有一些反常的事情正在发生。骗子的第一课就是“你无法欺骗老实人”。此外，套现的人更有可能是那个最有理由受到怀疑的人。最天真和最容易轻信别人的人，通常也就是那些被骗空了口袋的人。

商法曾经一度对缺乏“善意”的认定设定了很高的门槛。这一规则就是“纯洁的心灵和空洞的头脑”规则。你可以想怎么愚蠢就怎么愚蠢，但是只要你对欺诈并不是事实上知情，那你就满足了“善意”的标准。最臭名昭著的例子是一个银行家，他在两个行骗高手收拾行囊即将永久消失之前的几分钟才拿到钱。⑦他不知道他们到底在做什么，但是只要他能拿到钱，他就愿意什么都不问。从那时起，这种主观的善意是不是足够的就一直存在争议。

现代的观点依赖于对善意更加客观的判断。不是通过你自己的主观心态来对你进行判断。如果你进行了使人怀疑的交易，你的善意可能就是值得质疑的。即使你对欺诈并不知情，但只要你注意到了某些事

---

⑦ See Swift v. Tyson, 41 U. S. 1 (1842).

情不对劲却没有继续跟进，你就失去了主张你是善意的权利。

一个涉及庞氏骗局的服务提供商的案例就说明了这一点。⑧ 在一次鸡尾酒会上，一个不知情的庞氏骗局投资者对**贝尔斯登公司**（Bear Stearn）的一位高级董事总经理提到，他投资的某只对冲基金上涨了20%。这使这位董事总经理感到很好奇。该对冲基金使用了**贝尔斯登公司**的经纪服务，而且这只基金下跌了非常多以至于风险管理人员已 144
经开始关注这个问题。这位董事总经理回去询问了他的同事并表达了自己的怀疑。**贝尔斯登公司**随后联系了该对冲基金的基金经理。这位基金经理（欺诈的始作俑者）坚称**贝尔斯登公司**只是该基金使用的众多主要经纪机构之一，而且尽管**贝尔斯登公司**的投资表现不佳，其他的经纪机构却表现良好。

贝尔斯登公司没有再做进一步的调查。这种解释虽然是假的，但是并非完全不可能。没有人认为，**贝尔斯登公司**对于欺诈知情，问题是**贝尔斯登公司**是不是对此“睁一只眼闭一只眼”？鸡尾酒会上的对话是否触发了进行更为彻底的调查的义务？巡回法院认为证据不足以从法律上推翻**贝尔斯登公司**的**善意**抗辩，因此要求陪审团审理这一问题。陪审团最终认为贝尔斯登公司是善意的。

正是与在陪审团面前对“善意”进行开放式调查相关的不确定性，导致了法官们在19世纪迫切要求确立“只要求不知情”的善意标准，其中最著名的是斯托里（Story）大法官。但是，现在的法院可能会要求投资者扫除更多障碍。那些获得高得令人难以置信的回报的投资者，不应对自己的善意被质疑而感到惊讶。法院通常会适用一些非固定的、多因素的标准，但是不应过分注重这些标准清单，而应该使用常识。

从某一时刻开始，投资者就必须有所警惕。对善意的调查（主要是事实调查）中，最主要的问题就是确定这一时间点。相关交易的合理标准为此提供了基准。支线基金（feeder fund）被认为是与其他专业投资者相关联的合理标准。比起业余投资者，它应该更敏锐地察觉到

⑧ See In re Manhattan Investment Fund Ltd., 397 Bankr. 1 (S. D. N. Y. 2007).

可疑的模式（如年复一年的稳定收入）。

对于很多现代的庞氏骗局，人们应该小心，不应过快参与。欺诈性计划本质上缺乏实质内容，经不起仔细推敲，但是这并不意味着普通投资者能够看穿这是欺诈。在过去的10年中，极其复杂的投资策略出现了急剧的增长，无论是通过使用衍生品（derivative）还是闪电交易（flash trading），这些策略都处于监管之外，对于外界投资者来说很难理解。对于他们能够持续获得高于市场回报的策略，基金经理只提供一般介绍，拒绝透露更多信息，理由是这样做会让竞争对手进行模仿，从而无法获得高于市场的回报。对于那些决心要欺诈的人，至少在一
145 段时间内以相同的解释愚弄别人是可能的。

当然，事后看，欺诈性计划似乎是很愚蠢的。但如果一个人能够在相当长的一段时间内积累大量资本，并且获得非常不错但又不是过高的回报，那么，人们就很容易相信他的业绩记录而不去深究。对于法院而言，将投资人应该认定为骗局的欺诈计划与合法的投资方案区分开来，是一件危险的事情，尤其是在交易策略变得越来越复杂的情况下。如果一只基金可以在数年之内吸引数亿美元的资金，那么对于法官而言，事后说每个人都本应该了解得更多似乎就是有问题的。

因此，善意问题不应出现在相对较远的和完全被动的投资者身上。相反，人们应该关注具有更紧密联系的人，如代表其他人进行投资的支线基金，他们从未问过为什么有人愿意给他们与那些纯通道提供者不一致的回报。但我们也不应该仅仅停留在这些人身上，任何与应该引起怀疑的基金合作的人，都应面临（被审查的）风险。从理论上讲，托管人应该能够追踪任何应该进行更多调查的顾问、会计师和公司秘书。他们不需要获得了高于市场的回报，他们可以只是按小时计酬。只要他们有义务就他们看到的情况做进一步的调查，只要他们所了解的足以推出他们所看到的并不完全正确，就足以使他们的善意受到质疑，从而使那些基于他们提供服务而转移给他们的资产是可撤销的。

“推定”欺诈性转移

最常见的欺诈行为都涉及“推定”欺诈转让，即债务人在资不抵债时进行财产转移而没有收到任何的回报或者只收到非常少的回报。赠与是典型的例子。一个资不抵债的债务人送给父母生日礼物，根据欺诈性转让法，债权人可以取得现在在债务人父母手中的礼物。这一交易可能是，也可能不是为了欺诈债权人，但是，使这类交易可撤销是有意义的。第一，很多资不抵债的债务人送出某些东西但是却没有获得任何回报或者获得很少回报的交易是欺诈性的，因此最好是将这些交易全部撤销，而不是逐一进行详细调查。第二，即使大多数这类交易都不是欺诈性的，但是其中很多可能是损害债权人权利的转移， 146
因此最好是禁止所有这类转让。

欺诈性转让法既适用于公司也适用于个人。对于公司而言，市场上几乎所有公平交易都会给出“合理等价”，但是与内部人的交易需要进行仔细审查。任何将资产从资不抵债的公司取走并交给股东的交易，都是欺诈性转让。分红、股票回购和公司重组（包括杠杆收购）也具有同样的效果，都是没有为公司带来相应的回报，却减损了可供债权人分配的“资产池”的价值。因此，当公司资不抵债时，这些交易是可撤销的。

《统一欺诈性转移法》(UFTA) 第5(a)条和《破产法典》第548(a)(2)条反映了这样一种观念，即有清偿能力的债务人可以对其资产进行随心所欲的处置，但是资不抵债的债务人（或因转移资产而变得资不抵债的债务人）则不能低于合理等价转让资产或者承担债务。《统一欺诈性转让法》(UFCA) 第4条使用的概念是“公平对价”(fair consideration)，而不是“合理等价”，但两者的内涵是相同的。

对这些术语下定义的方式决定了欺诈性转让法的范围。用一资产交换另一资产，是一种具有公平对价或者合理等价的交换。因此，即使债务人资不抵债，这样的交易也不是欺诈性转让。只要债务人仍然控制着公司，债权人就会受困于债务人所做的商业决策。另外，一旦资产到了支付了对价的善意买受人手中，债权人便无权取得该资产。

陷入财务困境的债务人往往试图清偿一个债权人，而不清偿其他债权人。那个债权人可能是重要的供应商或者就只是一个特别咄咄逼人的贷款人。对该债权人的转移（称为**偏颇性清偿**）使其他债权人的境况更糟，但是这并不意味着它是欺诈性转让。《统一欺诈性转让法》、《统一欺诈性转移法》和《破产法典》第548条通过规定基于先前存在的债务而进行的转移被视为提供了公平对价或者合理等价来确保这一结果。

这一结果也是有意义的。在破产外，所有债权人都必须靠自己的努力来获得清偿。在集体程序不会进行的情况下，获得债务的清偿就是游戏的本质。这类基于先前存在的债务而进行的转移会影响资产在不同的债权人之间分配的方式，但是并不影响用以清偿债权人的“资产池”。当一个债权人获得清偿而其他债权人没有得到清偿时，债权人整
147 体的权利并未受到损害。债权人只有在债务人的清偿具有妨碍、拖延或者欺诈的实际意图时，才能根据欺诈性转让法对债务人向单一债权人的清偿行为提出异议。这种情况最常发生于获得清偿的债权人是内部人的情况下。⑨要想对债务人向债权人的清偿提出异议，通常必须证明这是偏颇性清偿，也就是在破产前夕进行的违反了破产法集体准则的转移。我们将在第八章详细讨论偏颇性清偿。

当债务人用价值确定的资产（如现金）换取价值不确定的资产时，债权人权益往往会受到损害。一台新机器可能能带来足够的收益抵销其成本，也可能不能。债权人必须选择他们相信能够对如何经营业务做出明智决定的债务人。贷款人知道他们的债务人将会面临风险。债务人有可能不会成功，但债权人会就这种风险得到补偿。欺诈性转让

---

⑨ See, e. g., Bullard v. Aluminum Co. of America, 468 F. 2d 11 (7th Cir. 1972).

法仅限于我们相信大多数债权人在可能的情况下都会禁止的行为。例如，所有债权人都会同意，当他们试图收回资产时，债务人不应该向他们隐瞒资产。当债务人已经没有足够的钱来全额清偿债权人的债权时，债务人也不应该把钱给别人。

必须合理解释*合理等价*的概念，以确保欺诈性转让法不会过度扩张。假设一个债权人对财产进行了止赎，该财产在以恰当方式举行的止赎出售中售出。债务人资不抵债，并允许取消其赎回财产的权利。债务人丧失抵押物的赎回权，本身就是《破产法典》第 101 条所定义的“财产转移”。然而，法院并不会审查在这个特定案件中止赎是否产生了“合理的价格”。定期进行的、不存在串通的止赎出售必然会产生合理等价。[10]

确定公司债务人在某一特定时间内是否具有清偿能力，需要回答一个简单的问题：在这一时间，有清偿能力的买家是否愿意支付正价来购买债务人所有的资产和负债？[11] 假设债务人为其母公司担保了 1000 万美元的债务，除此以外没有其他债务。债务人的资产价值 100 万美 148
元。如果你具有清偿能力，你是否会购买债务人的资产和债务取决于你被要求履行担保义务的可能性是大于 1/10 还是小于 1/10。如果有 50% 的可能必须支付 1000 万美元，没有人会同意购买价值 100 万美元的资产。但是如果必须支付 1000 万美元的概率仅仅为 1/20，那买受人可能会购买资产。因此，债务人在第一种情况下是资不抵债的，在第二种情况下是具有清偿能力的。

*资不抵债标准*基于的理念是，当公司的资产大于负债时，股东是剩余索取权人。他们享有公司多赚的每一美元，也将失去公司多损失的每一美元。因为他们是剩余所有权人，他们将正确决策的收益和错误决策的成本内部化。当公司资不抵债时，如果公司的命运有足够的好转，股东能够享受到一些好处，但是股东并不承担进一步恶化的风险。

---

[10] See BFP v. Resolution Trust Corp. , 511 U. S. 531 (1994).

[11] See Covey v. Commercial National Bank, 960 F. 2d 657 (7th Cir. 1992).

通过增加资不抵债的要求，我们确保了债权人只能否定那些股东没有将其决策成本内部化的交易。当股东作出糟糕的决定时，如果他们自己是第一个蒙受损失的人，那么，债权人被假定信赖股东来作决定。如果他们想进一步限制股东，就必须在贷款协议中就这些保护进行谈判。

然而，资不抵债的要求缺乏包容性。公司具有清偿能力，股东仍然可能有动机进行违背债权人利益的交易。假设一家公司欠债权人10美元。其一种资产是10美元现金，另一种资产是一张有1/10的机会中101美元的彩票。如果公司决定用现金支付10美元的分红，那么公司仍然是有清偿能力的。其剩余资产——一张价值略高于10美元的彩票——大于其10美元的负债。但是分红会极大地改变债权人获得清偿的可能性。**资不抵债标准**对于贷款人关切的债务人资产和负债的规模以及二者变化的可能性并不敏感。如果债权人想要基于债务人的资产价值存在变化而提出异议，则其必须要求获得这一权利。欺诈性转让法现成的保护无法精准地适合于每个债务人。

149 公司在某个给定的时刻是否资不抵债，取决于当时已知的情况，而非事后才知道的情况。考虑一下这个案例，一家公司唯一的资产是一个石油开采项目。其唯一的债权人债权金额为100美元。公司宣布分红时，其正在钻十口井，有90%的可能其中至少有一口井能够开采出石油。如果任何一口井成功找到石油，公司将至少价值1000美元。但是，有10%的可能所有的井都开采不出石油，这种情况下，公司将一文不值。一年过去了，所有的油井都被证明是枯油井。债权人可以基于公司在分红时是资不抵债的来对分红提出异议吗？不可以。是否是资不抵债，必须与分红时已知的情况相结合。在分红的时候，一个有清偿能力的买受人将会支付“正价”来购买油井，这就足够了。为了能够有效发挥作用，欺诈性转让法必须关注初始交易时双方的地位。[12]

---

[12] See Lippe v. Bairnco Corp., 249 F. Supp. 2d 357 (S. D. N. Y. 2003).

当争议的交易涉及一家上市公司时，人们通常可以从市场中得出推论。如果企业能够在公开市场中募集股本，并且其债券以票面价格进行交易，那么应该得出该企业是有清偿能力的结论，即使其产品最终被证明在市场上是完全失败的。⑬但是，依靠市场数据，无论是为了证明是否具有清偿能力或者是否具有合理等价，相关信息能够进入市场是至关重要的。管理层不能隐瞒企业的财务状况，不能在坏消息到来之前分红，然后声称根据市场数据判断，企业是具有清偿能力的。⑭如果公司的市值（其债券和股票的总值）少于未清偿的债务，我们同样应该假定为资不抵债。⑮

正如第五章所述，欺诈性转让法与《破产法典》第544(b)条以及 *Moore v. Bay* 案的原则共同发挥作用，在某一方面显然是有缺陷的。现有法律可能无法充分区分现在的和未来的债权人。假设一家公司向其 150
股东进行了高额分红，并且分红使公司资不抵债。分红时的债权人当然应该对股东提起欺诈性转让诉讼。但是那些分红之后出现的债权人呢？除非他们提供贷款是由于被公司过去健康的财务状态所误导，否则他们和那些借钱给由于市场逆转而资不抵债的公司的债权人没有区别。通常，那些向资本薄弱的公司提供贷款的人无权在公司破产时触及公司的股东，这种权利通常只有在公司形式被滥用时才存在。如果债权人想让股东对公司的债务承担责任，他们必须要求股东提供保证，就像事实上很多债权人会做的那样。

---

⑬ Statutory Committee of Unsecured Creditors v. Motorola, Inc. (In re Iridium Operating LLC), 373 Bankr. 283 (Bankr. S. D. N. Y. 2007).

⑭ 关于因未能披露而妨碍使用市场偿付能力指标的案例，参见 Tronox Inc. v. Kerr McGee Corp., 503 Bankr. 239 (Bankr. S. D. N. Y. 2013), and VFB LLC v. Campbell Soup Co., 482 F. 3d 624 (3d Cir. 2007)。

⑮ In re TOUSA, Inc., 680 F. 3d 1298 (11th Cir. 2012).

股东与第546(e)条

从债权人的角度看，当价值从公司到了股东手中时，公司并未获得任何回报。无论是分红、股票回购或者其他什么，公司从来没有从其股东那里取得任何有价值的东西给债权人。因此，如果交易使公司资不抵债或者资本少得不合理，就存在欺诈性转让。

《破产法典》在处理简单的双方当事人案件时很容易而且毫不含糊。第548(a)(1)(B)条规定，如果公司在进行资产转移时已资不抵债，并且分红发生在破产申请前的2年内，托管人可以撤销公司对股东的分红。第544(b)条允许托管人在2年的期限外利用州的欺诈性转让法撤销任何州的相关时效期间内的分红。第550条允许托管人在资产转移被撤销的情况下，“基于破产财产的利益，追回被转移的财产，或者，在法院下令的情况下向该转移的初始受让人追回被转移资产的价值”。股东是“初始受让人”，因此，托管人可以向股东追回转移给其的现金或其价值。

所有这些都不困难，也没有争议。债权人有权首先获得清偿，当公司资不抵债时，向股东的支付除了将资产转移给无权获得该资产的人之外，没有其他目的。但是，有几个障碍阻止托管人向股东提起欺诈
151 性转让诉讼。除了难以查到他们以外，第546(e)条禁止托管人撤销作为“结算支付”（settlement payment）的转移。在杠杆收购过程中向股东进行的转移，通常形式上是股票回购和其他属于“结算支付”范畴的交易。[16]因此，普通的公众股东在其股权在杠杆收购中被收购的情况下通常不会面临风险。

但是，当重要参与者在杠杆收购期间被收购时，事情就变得更加复杂。如果交易不涉及公开交易的证券，尤其是如果交易本身不符合证

[16] Enron Creditors Recovery Corp. v. Alfa, S. A. B. de C. V., 651 F. 3d 329 (2d Cir. 2011).

券法，那么该转移行为可能不能算作“结算支付”。[17] 即使属于“结算支付”，如果利益足够大，还有两种潜在的可以使用的追回途径。

第一，第546(e)条的例外并不扩展到第548(a)(1)(A)条规定的具有拖延、妨碍或者欺诈的“实际意图”的转移。很多通常被作为“推定欺诈”的转移也可以被认定为具有“实际意图”的欺诈性转移，因为其他的欺诈表征通常很容易找到。此外，具有“实际意图”的欺诈性转让只要求其他额外的表征，而不是实际的欺诈。当明显资不抵债并且缺乏合理等价时，通常没有必要再考虑其他表征。第546(e)条对通常的追回途径施加的障碍改变了这一情况。

第二，可能更重要的是，第546(e)条仅仅阻止**托管人**提起欺诈性转让诉讼。欺诈性转让诉讼存在于破产之外，在州法之中。即使破产中止了债权人提起这些诉讼的能力，他们也可以主张破产结束之后重新提起诉讼。第546(e)条只适用于托管人，不适用于债权人，它不会消灭债权人所拥有的任何权利。即使他们的州法诉讼在破产期间被冻结，但是仍然可以在破产结束之后进行。

那些被起诉进行欺诈性转让的人认为，第546(e)条不仅仅是中止了债权人的个人权利，更是为了保护证券市场的诚信（integrity），并且只有在使破产期间的托管人和破产结束之后的债权人都不得使用欺诈性转让法来动摇此类交易时，才能达到这一目的。 152

审理了两个最大的失败杠杆收购案件（*Lyondell* 和 *Tribune*）的破产法院已经允许债权人在破产结束之后继续诉讼。[18] 争论的关键可能最终会转向在多大程度上债权人能够成功主张他们是基于其自身的权利提起诉讼，而不仅仅是戴了一顶不同帽子的托管人。

---

⑰ In re Grafton Partners, 321 Bankr. 527 (B. A. P. 9th Cir. 2005).

⑱ See Weisfelner v. Fund 1 (In re Lyondell Chemical Company), 503 Bankr. 348 (Bankr. S. D. N. Y. 2014); In re Tribune Company Fraudulent Conveyance Litigation, 499 Bankr. 310 (S. D. N. Y. 2013).

欺诈性转让链条

实践中，欺诈性转让理论的许多复杂性都是由于涉及多个当事人而产生的。虽然结果往往很清楚，但很难用法律的针把欺诈性转让这根线串起来。为了理解这些动态，我们有必要把关于第546(e)条的问题放在一边，再回到简单的例子中，即公司无可救药地资不抵债并且试图向股东分配价值。

这种对股东的价值分配当然是可撤销的。此外，股东不能指望通过让公司向股东的债权人之一——“旧出借人”（Old Lender）进行清偿来逃避欺诈性转让责任。该转移是第548(a)条所指的欺诈性转让。无论公司是转移给股东还是旧出借人，公司都没有获得任何回报。公司的托管人可以起诉股东。第550条对此进行了明确的规定，因为该条允许托管人向“基于其利益而进行转让的实体”追回财产。当诸如“旧出借人”之类的债权人获得清偿，一笔旧有债务得以消灭时，其债务人（在这个案例中为股东）就是“基于其利益而进行转让的实体”。

对于“基于其利益的实体”的表述，并没有太多的立法历史，这一表述是在最后一刻才增加的。《1898年破产法》在欺诈性转让法部分中也没有使用这一表述。但是，这一表述确实出现在了旧破产法的偏颇性清偿条款中，并且最高法院依据这一表述推翻了一个具有旨在
153 逃避法规约束的形式结构的交易。[19]如果你清偿了某个人的债权人，那

---

[19] See National Bank of Newport v. National Herkimer County Bank, 225 U. S. 178, 184 (1912)［著名的观点是，“安排的迂回”（circuity of arrangement）将无法挽救一笔原本可撤销的交易］，对第550条中“基于其利益”（for whose benefit）一词的出色分析，参见 Larry Chek & Vernon O. Teofan, The Identity and Liability of the Entity for Whose Benefit a Transfer is Made Under Section 550(a): An Alternative to the Rorschach Test, 4 J. Bankr. L. & Prac. 145 (1995)。

么你就是基于该人的利益进行了转移。[20]

基于这些事实，公司的托管人也可以对“旧出借人”提起诉讼。“旧出借人”是第550条所指的“初始受让人”。在接受付款时，“旧出借人”通过消除债务的方式向股东提供了对价，这一点是无关紧要的。“旧出借人”没有向**公司**提供任何价值。这个结果并不会令人不安。“旧出借人”从其债务人以外的某个人那里获得了清偿。它所处的位置与其他收到礼物的人没有什么不同。从本质上来看，当赠与人资不抵债时，这种赠与就是**欺诈性转让**。当赠与来自身无分文的人时，你不能期望还能保留所获得的东西。

接下来这种变形只是稍微复杂一点。公司向股东进行了分红，而不是直接清偿“旧出借人”。考虑了其想法和债务之后，股东决定将钱给“旧出借人”。这种情况下，“旧出借人”不再是“初始受让人”，而是第550(a)(2)条所指的“初始受让人的受让人”。第550条通过禁止托管人在“初始受让人的受让人”“支付了对价，包括对先前债务的清偿，是善意的，并且对被撤销的转移的可撤销性不知情”的情况下向其追回资产，限制了托管人触及“初始受让人的受让人”的能力。

与第548(c)条规定的安全港不同。第548(c)条的安全港仅限于给予**债务人**的价值，而第550(b)(1)条的安全港允许“旧出借人”主张其给予了出让人（这个案例中的股东）的价值。债务人（这个案例中的公司）并没有得到任何价值，这一点并不重要。使第550(b)(1)条具有生命力的原则贯穿于商法之中。通常，支付了对价的善意买受人具有优先权。如果你从一个拥有可撤销所有权（voidable title）的人 154
（如用空头支票购买的人）那里购买商品，你享有比你的出让人更优的权利。你的卖方无权保留商品，但你只要是善意的并且支付了对价，

⑳ Bonded Financial Services, Inc. v. European American Bank, 838 F. 2d 890, 895 (7th Cir. 1988)［“如果（公司）向银行寄去一张支票，指示减少（股东的）贷款，银行将是初始受让人，(股东）将是‘基于其利益的实体’”］; In re Columbia Data Products, Inc., 892 F. 2d 26, 29 (4th Cir. 1989).

就可以保留商品。[21]

成为善意买受人并不是万能的。如果在你的所有权链条中有一个小偷，那对你没有好处。但是这样的保护通常是有意义的，在上面“旧出借人”的例子中也是有意义的。任何其他的规则都会使善意受让人在其所有权链条的某处面临欺诈性转让的风险。相较于后续的善意买受人，债权人（欺诈性转让法基于其利益存在）更能够确保他们的债务人没有送出资产，更能够防止这种损害。后续的受让人很难了解到他们的出让人是如何取得这些资产的。例外的目的，还决定了其天然的局限。一旦某人对其出让人取得资产的方式足够了解，足以引起怀疑，他就应当进行调查，不再受到第550(b)(1)条的保护。

法院面临着一个问题，即托管人是否可以基于以下理由对“旧出借人”提起诉讼：尽管“旧出借人”作为初始受让人的受让人不能被追偿，但是“旧出借人”是“基于其利益而进行转移的实体”。例如，假设只是由于“旧出借人”施加压力要求股东清偿所以才分红。“旧出借人”对公司或者股东从中提取分红一无所知，但是如果不是这样，股东绝不会进行分红。有人会说分红是为了“旧出借人”的利益进行的。如果这一观点行得通，那么就可以对“旧出借人”提起欺诈性转让诉讼，而不用顾及其主观善意，以及对公司给股东的转移的可撤销情形并不知情。

法院在很大程度上反对这一观点。债权人有权要求得到清偿。要求他们去调查债务人是如何取得用以清偿他们的财产，这与破产之外“每一个债权人如果想要得到清偿就必须照看好自己的利益”这一理念不一致。允许“基于其利益”这一表述具有如此宽泛的范围，将会损害第550(b)(1)条为支付了对价的善意买受人提供合理保护的能力。股东的债权人，就像任何其他支付了对价、善意地进行交易，并且对
155 欺诈性转让毫不知情的人一样，应该能够高枕无忧。

确保“基于其利益”这一表述不会损害保护那些善意并且不知情

㉑ U. C. C. 2-403(1).

的人的政策的最简单方法是，无论“基于其利益”意味着什么，都不适用于后续的受让人。[22] 如果托管人想要向后续的受让人追回财产，则必须关注第550(b)(1)条，并证明后续受让人不是善意的，或者知晓转移的可撤销情形。采取这种方式本身并没有任何错误，但是不应认为其完全解决了问题。在某些情况下，很难确定某人是否为受让人。

另外一种类型的三方交易发生在债务人需要借款来进行分红的时候。假设公司以担保的方式从“新出借人”（New Lender）处借了100美元，然后给了股东100美元的分红，导致其自身资不抵债。正如我们已经看到的，对股东的分红是一个简单的欺诈性转让。公司是如何获得现金的，并不会改变从公司拿走现金是欺诈性转移的事实。

如果公司给予“新出借人”担保权益并要求其直接向股东支付现金，一切都不会有任何改变。无论“新出借人”是直接将钱给股东，还是先给公司然后公司再给股东，都毫无区别。无论是直接的还是间接的，股东都从公司那里获得了转移。这两种情况下，一旦尘埃落定，资产就离开了公司。当法院认为股东应承担责任时，通常会忽略这笔钱的走向。[23] 交易前后的情况对比表明资产从公司流向了股东，这就足够了。

法院关注实质。[24] 它们通常会打破各种步骤，并且将已发生的事情看作实质上是从公司到股东的转移。打破各种交易的情形通常会在**杠** 156
杆收购的情况下出现，[25]但是，使这些观点具有生命力的原则适用于任

㉒ *Bonded Financial Services* 案确立了这一主张。See Bonded Financial Services, Inc. v. European American Bank, 838 F. 2d 890, 895 (7th Cir. 1988). 其他案例也纷纷效仿。See, e. g. , Danning v. Miller (In re Bullion Reserve of North America), 922 F. 2d 544, 548 (9th Cir. 1991).

㉓ Nordberg v. Sanchez (In re Chase & Sanborn Corp.), 813 F. 2d 1177, 1181 – 82 (11th Cir. 1987) (“法院必须超越所涉的特定转让，看到交易的整个情况”).

㉔ See, e. g. , Wiebolt Stores, Inc. v. Schottenstein, 94 Bankr. 488, 502 (N. D. Ill. 1988) (“法院不应关注交易的形式结构，而应聚焦交易当事人知晓情况和主观意图”).

㉕ See, e. g. , Rosener v. Majestic Management, Inc. (In re OODC, LLC), 321 Bankr. 128, 138 (Bankr. D. Del. 2005).

何股东精心安排的使价值从公司流向其自身的交易。㉖

如果公司以其资产上的担保权益为股东从“新出借人”那里获得的贷款提供了担保，而不是直接借款，情况会变得稍微复杂一点。分析这一交易最简单的方式是认定公司为股东提供的担保和支持该担保的担保权益是基于股东的利益转移给了“新出借人”。托管人可以根据第550条向股东追回。但是也可以将该交易定性为公司直接向股东提供担保的交易。（当公司成为股东转移给“新出借人”的可转让票据的票据融通人时，会出现这种情况。）被转移的资产的价值仍然需要明确，但是只要债务人在担保的重压下资不抵债，欺诈性转让的存在就很容易证明。

一旦断言事实成立，为了确保处于股东地位的人承担责任而打破交易就是家常便饭。这种假设的难点在于“新出借人”是否获得了欺诈性转让。使“新出借人”承担责任的关键在于，从他的角度来看，交易是分两步进行，还是只有一步。如果“新出借人”给了公司100美元，并且没有理由认为公司将会把这些钱给股东，那么就不应该对“新出借人”提起诉讼。一切都取决于“新出借人”是否能够成功主张交易的两个步骤——贷款从其自身到公司，以及贷款分配到股东手中——是区分开来的。这里没有清晰的分界线，但是极端的情况是很容易分辨的。如果“新出借人”知道公司会用借款进行分红，那么这个
157 交易就与“新出借人”直接将钱转给股东的交易是一样的。“新出借人”可以被起诉欺诈性转让，因为它从“公司”那里获得了清偿的允诺，并且取得了公司资产上的担保权益，但是实质上并未向**公司**提供任何回报。

实践中，当托管人能够证明整个交易具有足够的“**欺诈表征**”时，“新出借人”的风险是最大的。例如，在向其他债权人隐瞒了分红，并

㉖ See Boyer v. Crown Stock Distribution, Inc., 587 F. 3d 787, 793 (7th Cir. 2009). [“现在，人们是否称之为杠杆收购并不重要……如果分红是导致新皇冠公司（new Crown）资产严重损耗的交易的重要组成部分，那么它就是欺诈性转让的重要组成部分。”]

且公司无可救药地资不抵债的情况下，证明这一点并不难。在这些案件中，收集足够的证据记录似乎并不容易。那些参与大型公司交易的人应该是明白事理的，不至于在电子邮件中写明“新出借人”提供的贷款就是为了阻碍、拖延和欺骗公司现有的债权人，但人们可能会是想象不到的口风不严。

尽管解决这一问题很困难，但这并不涉及第550条。一旦“新出借人”的担保权益被撤销，托管人就没有必要试图从“新出借人”那里追回任何东西，担保权益和债务也就都消失了。

将这两种涉及三个当事人的情况结合起来，基本不会再有什么新的问题。公司找到“新出借人”，并给予“新出借人”其资产上的担保权益，同时承诺向其支付100美元，作为交换，“新出借人”同意给股东100美元。然后股东给了“旧出借人”100美元。“旧出借人”的出现可能会给托管人增加额外的证明责任，但是基本原则是相同的。假设公司的托管人可以证明当股东向“旧出借人”付款时，“旧出借人”对交易的所有细节完全知情，并且实际上对发起交易负有责任。“旧出借人”既知道交易是在公司资不抵债的情况下进行的或者导致公司资不抵债，也知道公司允诺清偿“新出借人”并提供资产上的担保并未获得任何回报。

根据这些事实，“旧出借人”可能应承担责任。“旧出借人”对交易的密切参与使法院认为公司的承诺是第550(a)(1)条所指的“基于其利益”。或者，有人可能认为“旧出借人”是从公司流向股东的资金的后续受让人，对交易细节的知情使它无法援引第550(b)(1)条的保护。

当法院认定“旧出借人”是后续受让人时，法院需要评估“旧出借人”的善意和对基础交易的了解。“善意”取决于是否有足够的事实使“旧出借人”认为应当进行调查，以及“旧出借人”是否进行了充分的调查。这一对善意的检验缺乏硬性的标准，既取决于“旧出借人”自身的老练，也取决于交易的规模。另外，相关的知情并不是指对交 158

易的可撤销性（voidability），而是对交易背后的关键事实。[27]

"基于其利益"的调查不同于第550(b)(1)条的规定，但是在实践中通常是一回事。要认定公司对"新出借人"的允诺以及担保权益的提供是基于"旧出借人"的利益，法院必须评估"旧出借人"对整个交易的参与程度。法院必须确定区分"旧出借人"和明知将要陷入财务困境仍然要求顾客付款的干洗店这二者的要素。从欺诈性转让法的角度来看，即使清偿并不在正常范围内，追讨欠款也没有错。但是你参与股东使用公司资产来清偿债务这一计划越多，越容易认定公司的行为是为了你的利益。

"旧出借人"的善意和不知情，可能对证明交易并非"基于其利益"至关重要。如果"旧出借人"不知情并且没有进一步调查的义务，那么法院不太可能认定交易是基于处于"旧出借人"这一地位的债权人的利益。相应地，如果不能证明初始交易是基于"旧出借人"的利益，托管人也不太可能将"旧出借人"作为非善意的后续受让人起诉。

"旧出借人"的知情程度足够使其无法获得第550(b)(1)条的保护，但又不足以帮助促成交易以使法院认为该交易是"基于其利益"的情况很少发生。当"旧出借人"知道股东清偿巨额债务的新能力的来源时，它最不可能是无辜的旁观者。知情和参与是相辅相成的。"基于其利益"的表述和第550(b)(1)条中的善意及知情标准都推动了同一个政策目标，即在不损害保护善意受让人政策的基础上，给处于"旧出借人"位置的人施加一些监督责任。

欺诈性转让法是一种**对物权**（*in rem*）救济。从本质上讲，欺诈性
159 转让法仅允许申请扣押的债权人将转移视为从未发生过。[28] 即使其他人现在声称自己是羊的所有者，债权人仍然可以自由地扣押债务人的羊。即使有很多可用的救济途径，托管人也只能根据其中的一种途径来追回财产。第550(d)条限制托管人只能选择一种。例如，一旦托管人消

---

[27] Brown v. Third Nat'l Bank (In re Sherman), 67 F. 3d 1348 (8th Cir. 1995).

[28] See 13 Eliz. ch. 5 (1570).

除了对“新出借人”的债务及相应的担保权，托管人就不再享有诉因。[29]

当涉及多个当事人时，了解欺诈性转让法还远远不够。很多基本问题都可能出现很多变形。例如，考虑一个公司集团中存在多个层级时可能出现的问题。股东（Shareholder）享有母公司（ParentCorp）百分之百的股权，母公司资不抵债，其唯一的资产就是持有的子公司（SubsidiaryCo）的股票，并且子公司没有债权人，只有一项单一的资产（机器），价值100美元。

为了避开母公司的债权人，股东要求子公司将机器以1美元的价格直接出售给他。子公司同意了。6个月之后，母公司申请破产。托管人可以从股东那里追回机器吗？股东声称母公司的债权人不能有异议，他们的债务人（母公司）从未拥有过机器。更重要的是，进行转移的一方（子公司）从未有过任何债权人。可以肯定的是，交易并没有支付合理等价，但是没有债权人的人可以对他们的财产进行随心所欲的处置，他们可以将财产赠与他人。该交易也不是旨在妨碍、拖延或者欺诈**子公司**债权人的交易，因为子公司没有债权人。

面对此类情况，有些人的第一反应是考虑**刺破面纱**和**实质合并**，这也是我们会讨论到的主题。如果面纱可以在母公司和子公司之间刺破，那么交易可以被撤销。[30] 但是可能会出现每个公司实体的独立性都得到了完全的尊重这种情况。在这一情况下，欺诈性转让的存在就是打破这两个实体关系的唯一理由。我们必须再次聚焦于欺诈性转让法是如 160
何看待实质而非形式的。法院应该能够将交易定性为包含两个而不是一个步骤。从子公司到股东的转移，实质上和子公司将机器转移给母

㉙ See Schnittjer v. Linn Area Credit Union（In re Sickels），392 Bankr. 423（Bankr. N. D. Iowa 2008）.（“对担保权的撤销构成了一种对破产财产的完全追偿。对于可以撤销的转让，或者将该不动产恢复到债务人在转让前享有的财务状况，不允许也不需要进行进一步的追偿。”）

㉚ 法院在以下案件中使用了这样的推理：Asarco LLC v. Ams. Mining Corp.，396 Bankr. 278，316（S. D. Tex. 2008）。

公司并且母公司将其转移给股东是相同的。这里的第二个转移是资不抵债的债务人进行的分红，是可撤销的。

当受影响的债权人是在母公司层面，而转移完全发生在子公司时，会出现最为棘手的情况。股东拥有母公司的股权，母公司无可救药地资不抵债。母公司唯一的资产是子公司百分之百的股权，子公司没有债务。股东找到一朋友，请朋友帮助他取得资产，以使母公司的债权人无法获得这些资产。朋友同意了，借了100美元给子公司，并且取得了其所有资产上的担保权益。子公司向母公司进行了100美元的分红，母公司随之向股东进行了100美元的分红。股东用这笔钱买了一张机票然后就消失了。母公司和子公司申请破产。尽管朋友的行为还不足以达到需要对他提起诉讼，指控他协助并教唆股东进行事实上的普通法欺诈，[31] 但是如果朋友直接将钱借给了母公司并且母公司有义务清偿，那么子公司承担的债务将是针对母公司债权人的具有“实际意图”的欺诈性转让。

托管人认为，子公司对朋友的债务和提供的担保权益应该被撤销。审理 *Tribune* 重整案的法院认为，债务和担保权益都不是可撤销的，至少在没有实质合并的情况下是如此。[32]母公司给股东的分红，正如人们所希望的那样，很显然是一种欺诈性转让，但是赋予朋友担保权益完全是另外一回事。子公司没有任何的债权人。给朋友的转移损害了母公司债权人的利益，减少了母公司在子公司中拥有的股权的价值。但
161 是，欺诈性转让法规定只有在“他们的债务人”的资产被转移的情况下才有权提出异议。他们可以对母公司给股东的分红提出异议，但是不能对子公司将担保权益转移给朋友的行为提出异议。

尽管这种逻辑似乎是无可挑剔的，但是显然很奇怪的是，某人故意参与旨在妨碍、拖延以及欺诈债权人的交易，却可以因为公司的结构

---

[31] 在缺乏真正的、旧式普通法欺诈的情况下，仅仅协助和教唆欺诈性转让，即使是具有“实际意图”的欺诈性转让，也不应产生侵权责任。See Freeman v. First Union Nat. Bank, 865 So. 2d 1272 (Fla. 2004).

[32] See In re Tribune Co., 464 Bankr. 126, 172 (Bankr. D. Del. 2011).

而免于欺诈性转让诉讼。鉴于几个世纪以来，法院一直使用欺诈性转让法来抵制那种使债务人妨害债权人的形式操纵，我们不应对法院在这里使用欺诈性转让法感到惊讶，至少在面对一系列和涉及股东与朋友的情况同样惊人的事实时是如此。

衡平居次

有时，债权人可能取得对债务人的高度控制权，并可能利用这种控制权以牺牲其他债权人的利益为代价而使自己获益。某种情况下，该债权人可能做得太过分，因此丧失了相对于其他人的优先权（如果其是有担保的），甚至失去按比例分配的能力。当债务人所有的资产都归一个担保债权人所有时，普通债权人唯一获得清偿的机会就是找到担保债权人债权的一些瑕疵。如果担保债权人的权益已经进行了恰当的完善，无法根据强臂权被撤销，托管人有时会审查债权人行为，以确定是否可以提出衡平居次（Equitable Subordination）的主张。

衡平居次理论起源于 *Pepper v. Litton* 案：

> 破产法院在行使其衡平管辖权的时候，有权根据实际情况审查与任何债权相关的情况，以确保在破产财产的管理中不会出现不公正或不公平。[33]

在 *Pepper v. Litton* 案中，公司的控股股东在破产前，使公司承认了其对公司享有的长期搁置的劳动债权的判决。威廉·道格拉斯（William O. Douglas）大法官指出，控股股东操纵了公司事务，使无担保债权人无法获得任何清偿。因此，他认为债务人的行为不满足这样 162

[33] 308 U. S. 295, 307－08 (1939).

的标准，即“交易是否在任何情况下都具有公平磋商的特征”。[34]

法院在适用第510(c)(1)条中的衡平居次原则时有一定的余地，但是不能做得太过，以至于实际上改变国会规定的不同种类债权的顺位。[35]针对非内部人的衡平居次主张经常被提出，但是很少能够成功。在贷款协议赋予的权力（power）范围内行事的债权人是安全的。[36]

诉因与欺诈性转让诉讼的联系十分紧密。那些为数不多的成功案例通常是针对可能引起“欺诈表征”控诉的行为，通常会涉及那些知道自己的贷款能够使内部人将财产从陷入困境的公司中转移出去的债权人。[37]

内部人或者股东也是公司的债权人，这本身并没有什么不对。实际上，他们是最有可能愿意向公司提供信贷的人，尤其是当公司陷入困境的时候。但是如果他们想要享有债权人或者担保债权人的地位，就必须按规矩行事。[38] 享有内部担保利益的或者有能力对债务人施加控制的债权人也面临风险。

法院通常会从 ***In re Mobile Steel Co.*** 案中确定的“三部分标准”入手，即劣后债权人必须从事了不公正的行为，该不法行为必须损害了其他债权人利益或者给劣后债权人带来了不公平的优势，并且衡平居次不违反《破产法典》的其他规定。[39] 与法律中的其他多重标准一样，这一标准也不是特别富有启发性。最重要的工作往往是由法官赋予“不公正”（inequitable）和“不公平”（unfair）的含义来完成的，在解释这些术语时，有自由裁量的空间。这些案例给债权人的基本教训很简

---

[34] 308 U. S. 295, 306 - 07 (1939).

[35] United States v. Noland, 517 U. S. 535 (1996).

[36] Smith v. Associates Commercial Corporation, 893 F. 2d 693, 702 (5th Cir. 1990).

[37] Official Committee of Unsecured Creditors v. American Tower Corp. (In re Verestar, Inc.), 343 Bankr. 444 (Bankr. S. D. N. Y. 2006); Credit Suisse v. Official Committee of Unsecured Creditors (In re Yellowstone Mountain Club, LLC), 2009 WL 3094930 (Bankr. D. Mont. 2009).

[38] See Stoumbos v. Kilimnik, 988 F. 2d 949 (9th Cir. 1993).

[39] 563 F. 2d 692, 700 (5th Cir. 1977).

单：出借人对内部人的不当行为熟视无睹，或者超出了原始贷款协议 163
的授权范围行事，都是自讨苦吃。

虽然债权人过早关闭债务人会面临风险，但同样的债权人也面临采取相反做法的风险。债权人可能对债务人行使高度控制权，实际上是在强撑着债务人，以至于其他债权人的处境会比施加控制的债权人只是简单停止债务人经营这种情况下的处境更为糟糕。但是，法院驳回了这种行为单独就构成侵权的观点。[40] 向失败的企业提供信贷或者未行使违约权利的银行，可能会表明其判断错误，但仅凭这一点并不构成能够引发侵权诉讼的义务违反。[41]

实质合并

当债务人是大型公司集团的一部分时，托管人可能还有一个能够增加破产财产的途径。托管人也许能够将债务人和其他关联公司的资产和债务进行合并。例如，母公司与子公司相比，可能债务更少而资产更多，如果将两家公司的资产和债务进行合并，子公司的债权人就能够获得更多的分配。将两家关联公司的资产和负债放入同一个“池”中，这就是**实质合并**（substantive consolidation）。实质合并必须与那些**共同管理**（jointly administered）的案件区分开来。关联公司经常会同时提交破产申请，不同的破产案件可以一起管理。假设没有利益冲突，这些独立的公司可以聘请同样的专业人员来将他们的资源放在一起管理。

实质合并则完全是另一回事。如果一家公司的债权人从实质合并中受益，那么另一家公司的债权人就会相应的遭受损失。为了证明实质

[40] See Seitz v. Detweiler, Hershey & Associates (In re CitX Corp.), 448 F. 3d 672, 681 (3d Cir. 2006) (Ambro, J.)（加深资不抵债不是一个有效的单独的过失损害赔偿理论）.

[41] See Trenwick American Litigation Trust v. Ernst & Young LLP, 906 A. 2d 168 (Del. Ch. 2006).

合并的正当性，不仅必须证明一部分债权人获得的利益是正当的，还
164 需要证明其他债权人因此而遭受损失是正当的。但是，当一个公司集团申请破产时，实质合并极大地简化了问题。债权人相互间可能愿意通过不同实体合并的计划。但是当有一些债权人反对时，就会出现棘手的问题。

下面的假设反映了普遍的模式。优质油漆（Premium Paint）是中西部地区最大的油漆及相关商品的生产商、分销商和零售商之一。[42] 优质油漆由6家独立的公司组成。优质油漆股份有限公司（Premium Paint Co.，Inc.）是特拉华州的一家上市公司。该公司唯一的功能就是充当各个子公司的控股公司。其余公司按照下面的分工运营（也有一些重合）：零售公司（RetailCo）经营大多数油漆和油漆相关商品的零售商店；新零售公司（NewRetailCo）经营剩余的零售商店。新零售公司曾经由竞争对手所有，优质油漆几年前收购了新零售公司，并承担了其所有的债务，包括很多长期的无担保票据。如果将公司内部间的债务放在一边（有很多），新零售公司是所有子公司中财务状况最好的。

制造公司（ManufacturerCo）生产油漆和油漆相关商品。分销公司（DistributorCo）是分销制造公司生产的油漆的子公司。不动产公司（RealtyCo）持有或者管理不动产，包括零售公司和新零售公司经营的零售商店等场所。

6家公司作为一个统一的实体经营，子公司和母公司相互依赖，形成了一个功能整体。基于内部目的，各公司有单独的账簿和记录，但是债务人总是统一向证券交易委员会（Securities and Exchange Commission，SEC）提交报告。向任何实体提供贷款的机构债权人通常会得到其他实体的交叉保证。每一个实体的现金每天都进入同一个账户。公司间的账户是保留着的，但没有现金易手，账户也没有被注销。

---

[42] 这些事实大体上是基于以下案件：In re Standard Brands Paint Co.，154 Bankr. 563（Bankr. C. D. Cal. 1993），同时，在一定程度上也基于另外一个案件：in Flora Mir Corp. v. Dickson & Co.，432 F. 2d 1060，1062（2d Cir. 1970）。

电脑软件等资产是共享的，办公空间也是如此。不同实体的员工在一起开发新产品、开展广告活动。不同实体之间根据多年前制定的一个方案分摊整个管理费用。

发票确实以极小的字体标明了不同实体的独立公司状态，但是其他 165
的信函就不是这么清楚了。所有的实体都在他们的信纸、广告和新闻稿上使用**优质油漆**的标志，通常也会写上自己的名称。例如，**零售公司**的信头，在**优质油漆**的标志下方写着“**零售公司，优质油漆**集团的成员”。**分销公司**的信头，在同样的标志下方写着“**分销公司，优质油漆**的一个部门”（division）。但是，**优质油漆**的“部门”（division）并不总是意味着是独立的法律实体。**制造公司**分为几个产品线［如**优质户外**（Premium Outdoor）和**优质金属**（Premium Metallic）］，尽管这些产品线是**制造公司**的一部分而不是独立的法律实体，但是有时候它们也会将自己标为**优质油漆**的“部门”。

每家子公司的董事会都完全由母公司的高级职员组成。但是，债务人一直十分注重公司的形式，如举行会议和保存会议记录。机构债权人知道它们是在跟不同的法律实体打交道，最大的供应商也是如此。在**优质油漆**的10－K表格*中有对公司架构的披露，在10－K表格的正文以及公司财务报表的脚注中有对一些实体的讨论。但是，大多数供应商和公众普遍不知道它们是不同的法律实体。一线员工也并不总是完全清楚这些情况，有时在核算成本和记录内部交易的时候会混淆各个公司之间的界限。

当这样的公司集团申请第11章时，计划通常会合并针对所有实体的债权，但是独立的实体本身仍然保留（通常是出于税务原因）。基于分配目的的合并，避免了梳理公司之间交易余额以及各种债权人针对不同实体享有的权利带来的复杂性。相互竞争的团体通常会在彼此之间达成协议，法院出于现实目的批准协商一致的计划。

---

* 译者注：10－K表格是美国证券交易委员会要求提交的年度报告，主要内容是对公司财务业绩的全面总结。

但是，如果谈判失败会发生什么？即使所提议的只是“视为”合并，即各实体在第11章程序结束之后保留各自独立的身份，该计划还仍然可以获得批准吗？想要主张实质合并在优质油漆这样的案例中是
166 恰当的人，通常都会从 *Auto-Train* 案入手。[43] *Auto-Train* 案本身只在法官的附带意见（dictum）中讨论了实质合并，并且声明遵循第二巡回法院的判例。就像下级法院所做的那样，挑出这个案例作为与第二巡回法院确立的标准不同的实质合并标准，似乎是一个错误。

这个案件认为实质合并需要进行三部分检验，至少下级法院是这么解读的。第一，提议进行实质合并的主体必须证明“要合并的实体之间存在实质上的同一性”。我们在优质油漆中看到的合并的财务报表和各个实体之间的无缝互动可能足以证明这一点。第二，提议进行实质合并的主体需要证明“合并是避免某些损害或者实现某些利益所必要的”。此处同样，理清混乱的内部交易、保护那些认为自己是在与一家企业打交道的绝大多数债权人，可以满足这一标准。

此时，举证责任转移到了反对实质合并的主体身上，这些反对者要证明“其依赖于其中某一个实体独立的信用，并且合并会损害其利益”。根据我们的事实，只有新零售公司的票据持有人能够主张它们依赖于新零售公司独立的公司形式。只要这些债权人同意计划，可能就没有人会反对合并。即使其中一小部分票据持有人反对，他们可能也无法证明给他们造成的损害大于所有人作为整体从合并中获得的利益。

新零售公司的老的票据持有人可能还会反对另外两种主张。现今的典型案例不涉及传统意义上的实质合并。各个实体在重整之后仍然保留各自独立的身份（实际上，如果不这样做会产生纳税义务）。我们现在的实质合并仅仅是基于分配的目的。计划草案按照实体被合并的情形来清偿不同的债权，但是各个实体并不是真的被合并。如果新零售公司被收购之前的票据持有人作为一个组别通过了计划，那么在这一

---

[43] Drabkin v. Midland-Ross Corp.（In re Auto-Train Corp.）, 810 F. 2d 270, 276（D. C. Cir. 1987）.

组别中反对合并的票据可能就不怎么走运了。鉴于该组别中的其他债权人同意了计划规定的分配方案，异议者只能坚持要求获得他们在第7 167
章清算中能够获得的清偿，可能很少或者根本没有。

即使持反对意见的票据持有人作为一个组别拒绝该计划，也还有第二种应对方式可以使用。假设**新零售公司**有100美元的资产，原有票据持有人是其唯一的债权人，其债权为100美元。计划规定每人的债权清偿比例为40%。在没有内部债务情况下，(如果实质合并）票据持有人的处境会更差，因为如果**新零售公司**单独处于第11章程序中，他们将能够获得全额清偿。但是内部债务使问题变得相当复杂。**新零售公司**欠了它从**制造公司**购买油漆的钱，欠了**不动产公司**的租金。**新零售公司**还欠了**分销公司**的广告费和其他费用。关于管理费用的分摊方案是否还有意义也存在争议。由其他部门支付薪水的工人可能在为**新零售公司**工作。如果**新零售公司**和其他实体就内部债务达成和解，其中**新零售公司**的净负债为60美元或者更多，那么异议债权人将不能证明实质合并损害了他们的利益。[44]

按照其他法院的解读，***Auto-Train*** 案的标准已经演变成了一份长长的清单。这样的清单通常过于混乱，不加思考地将混乱的东西放在一起。但是我们可以抽出一些标准和因素，然后主张实质合并在**优质油漆**这样的案例中是合理的。在这类案例中，包括现金在内的所有东西都被集中管理和控制，并且不同法律实体作为一个整体运作，而不仅仅是一家公司旗下独立业务的集合。我们有“实质的同一性”和合并带来的利益，相对而言，几乎没有人可以证明其依赖于公司的独立性。相对于快速高效的重整带来的益处，计划给债权人造成的损失可能是较小的，特别是如果内部转移使他们在非合并情况下的独立计划中的支出不确定的时候更是如此。

当目标是批准一个计划，并希望看到企业迅速走出第11章程序时，

---

[44] See In re Genesis Health Ventures, 266 Bankr. 591 (Bankr. D. Del. 2001).

很自然地，人们会倾向于掩盖涉及关联实体的公司形式的法律细节。[45]
168 *Auto-Train* 案及其后续案例已经发展为了一种理论，既不同于刺破面纱——实质合并在破产外的“堂兄弟”，也不同于第二巡回法院长期以来阐释的理论。

然而，第二巡回法院和第三巡回法院分别在 *Augie/Restivo* 案和 *Owens Corning* 案中提出了非常不同的路径。[46]他们认为，实质合并只有在两种情况下是恰当的。

第一种情况是，各个实体的事务非常紧密地交织在一起，以至于每一个实体实际上都缺乏独立的存在。这种情况下的实质合并只是刺破公司面纱在破产中的类似物，这两种理论并不完全相同。刺破面纱允许子公司的债权人取得母公司的资产，但同时不允许母公司的债权人取得子公司的资产。相比之下，实质合并将所有的资产置于一个资产池中，各实体的债权人按比例分配。但是，当债务人严重无视独立性以至于债权人将不同的公司视为一个法律实体的时候，这两种理论都适用。[47]

第二种情况是，分离各个实体的事务是不切实际的。这里我们需要关注将各关联实体视为一个实体和将其视为多个实体的情况下，梳理这些关联公司事务的成本。即使各公司足够独立，我们在破产外不会刺破面纱，但是可能它们的事务严重纠缠在一起、资产非常少，以至于理清这些混乱的事务是不划算的。当理清各种公司债务的管理成本超过了所有组别的债权人从保持公司独立中所能获得的利益时，合并这些公司符合所有人的利益。[48]

在一个第二巡回法院审理的案件中，法院面临一种情况，即存在多

㊺ See, e. g. , In re Worldcom, Inc. , 2003 WL 23861928 (Bankr. S. D. N. Y. 2003).

㊻ Union Savings Bank v. Augie/Restivo Baking Company, Ltd. , 860 F. 2d 515, 518 – 19 (2d Cir. 1988); In re Owens Corning, 419 F. 3d 195 (3d Cir. 2005) (Ambro, J.).

㊼ 实质合并不限于合并公司实体的资产，也不需要两者都破产。See, e. g. , Alexander v. Compton (In re Bonham), 229 F. 3d 750 (9th Cir. 2000) (合并债务人个人和非债务人公司的资产).

㊽ See In re The Leslie Fay Companies, 207 Bankr. 764 (Bankr. S. D. N. Y. 1997).

个子公司以及“大量的内部交易，其中很多交易没有明显的商业目 169
的”。[49]法院认为，要批准实质合并，仅有这些事实是“严重不足”的，尤其是当反对合并的债权人，如我们例子中**新零售公司**的票据持有人，在债务人成为公司集团的一部分之前就已经存在的情况下。

根据**优质油漆**的案情，遵循 *Augie/Restivo* 案和 *Owens Corning* 案的法院不太可能批准进行实质合并。根据 *Augie/Restivo* 案的标准，诸如共同控制、合并的财务和现代现金管理这些因素，在破产外不足以触发公司法的刺破面纱和“他我”（alter-ego）诉讼。实际上，审理 *Owens Corning* 案的法院曾质疑是否可以有“视为”实质合并这样的概念。两个实体不可能既纠缠在一起，使合并合理化，同时又如此的独立以至于在破产结束之后保留他们的独立性是可能的、可取的。即使存在复杂的内部交易，设法理清这些交易或者在计划中设定一种解决机制都是可能的，而不是走得这么远，将正在做的事情描述为实质合并。[50]

最高法院或上诉法院（如第七巡回法院）甚至可能完全否认实质合并理论。法院下令进行实质合并的权力在法律中并没有充分的依据。[51] 实质合并是通过一系列《破产法》(非《破产法典》) 下的司法判决意见而产生的。在一些人看来，这种实质性权力只有在产生于《破产法典》中的特定条款的情况下才能继续依据《破产法典》得以存续。顾名思义，实质合并是一种实质性权力。法院已经一次又一次地告诉我们，不能从第 105 条获得实质性权力。无论何种权力，都必须来自《破产法典》本身的实质性规定。

还有另外一个理由质疑实质合并能否继续存在。在 *Grupo Mexicano*

---

[49] Flora Mir Corp. v. Dickson & Co. , 432 F. 2d 1060, 1062 (2d Cir. 1970).

[50] In re New Century TRS Holdings, Inc. , 390 Bankr. 140 (Bankr. D. Del. 2008).

[51] 《破产法典》第 1123(a)(5)(C)条显示，一项计划可以规定“将债务人与一个或多个人合并”，但这不能明确地理解为授予权力。例如，它不能赋予债务人自行与它所喜欢的任何第三方合并的能力，无论该第三方是否希望合并。这种权力的源泉必须来自别处。

170 *de Desarrollo v. Alliance Bond Fund, Inc.* 案中，最高法院认为，在没有国会明确授权的情况下，地区法院无权签发初步禁令（preliminary injunctions）来保护普通债权人的权利。[52] *Grupo Mexicano* 案的论证部分超出了其简单的结论部分，认为联邦法院不能像衡平法院一样创设新的权力。法院无权“创设衡平法体系以前没有的救济方式”。衡平权力仅限于那些历史悠久的权力。新的规则可能会“彻底改变通过很多法律发展了几个世纪的债务人权利和债权人权利之间的平衡——包括与破产、欺诈性转让和偏颇性清偿相关的法律”。

实质合并并未经过“几个世纪”的发展，其在20世纪60年代和70年代才作为破产法官独有的权力出现。更早的案例涉及欺诈性转让或者其他非破产原则（如刺破面纱），但在类似于优质油漆案件中，这些原则都不足以解决问题。直到1975年才有汇编判决意见首次使用“实质合并”这一术语，同年 *Grupo Mexicano* 案中的争议救济方式出现。[53]实质合并与1789年就已经存在的偏颇性清偿、欺诈性转让和其他破产权力不同。

但是，实质合并可能比这里的讨论所展示出来的更有吸引力。依据与我们假设案例中十分类似的事实，*WorldCom* 案的法官批准了实质合并，尽管它声称遵循了 *Augie/Restivo* 案。两个因素是决定性的：第一，正如破产实践中经常发生的那样，主要的当事人相互之间达成了一项协议。法院并不面临一致的反对，这种反对会导致对该裁决强烈不满，进而上诉。第二，更重要的是公司之间内部转移的庞大规模和数量。在一个月之内，就有超过60万笔交易。数百万笔交易经过内部账户，总额达1万亿美元。当公司集团作为一个整体运作时，法院可能很快就能发现“实质的同一性”，他们很容易被说服，认为债权人是将债务人视

---

[52] 527 U. S. 308, 330 – 31 (1999). See, e. g. , J. Maxwell Tucker, Grupo Mexicano and the Death of Substantive Consolidation, 8 Am. Bankr. Inst. L. Rev. 427 (2000).

[53] See In re Continental Vending Machine Corp. , 517 F. 2d 997 (2d Cir. 1975).

为一个法律实体。[54]当批准计划能够很快结束破产程序，并且债权人压 171
倒性地支持计划时，这样的推论在 *WorldCom* 这种案件中很难拒绝。因此，谨慎的出借人应该书面记录对于公司独立性的信赖，以此作为每一笔放贷的一部分。

[54] See, e. g. , In re Standard Brands Paint Co. , 154 Bankr. 563, 573 (Bankr. C. D. Cal. 1993).

172 # 第八章 偏颇性清偿

第 547 条的偏颇性清偿：基本原理

一个健康的企业陷入资不抵债，然后进入破产，通常是一个漫长而缓慢的过程。破产法有一系列的规则防止债权人在债务人即将破产时试图抢占财产。《破产法典》第 547 条中的规则防止债权人获得**偏颇性清偿**（preferences）——扭曲了破产法按比例分配规则在破产前夕向债权人进行的转移。

债权人更愿意获得全额清偿，而不是和其他所有人一起解决问题却最终只获得部分清偿。如果我们允许债权人保留他们在知道破产即将来临的情况下获得的清偿，那么破产可能弊大于利。债务人即将进入破产程序可能加速和加剧债权人对资产争夺的竞赛。为了防止这种情况发生，我们需要一个破产规则，使时光倒流，使人们回到即将破产之前的状态。

尽管偏颇性清偿法的规则很复杂，但是其基本目的却十分明确，并且与欺诈性转让法扮演的角色非常不同。回想一下，基于先前存在的债务而向债权人进行的转移，通常不是欺诈性转让。先前存在的债务视为**公平对价**或者**合理等价**。只要不进行集体程序，对债权人的偏颇性清偿本身是无可非议的。每一个人在其获得清偿时都是“被偏袒的”（preferred），清偿某个债权人是商业生活中很普通的一部分。第 547 条只是为了根除那些在破产前夕进行的并因此扰乱了破产法集体准则的偏颇性清偿。

根据第547(b)条的规定，如果资不抵债的债务人在提交破产申请前的90日之内，基于先前存在的债务向某一债权人或者基于某一债权人的利益进行了转移，而且该转移使债权人相对于未进行转移时获益，则该转移被推定为是偏颇性清偿。这种转移被推定为是偏颇性的（因此可被托管人撤销），因为其很可能是“最后时刻的抢夺”。这可能是 173
选择退出行为（opt-out behavior）的后果。由于内部人可能对债务人更了解，能够比其他人更早知晓债务人可能会进入破产，因此债务人在资不抵债的情况下基于先前债务在破产申请前一年内进行的转移都是可疑的，同样，前提还是这一转移使该内部人获益。内部人通常是积极管理公司或者拥有公司股权的人，那些按照公平条款提供贷款的人并不是内部人。但是，施加了过多控制的债权人也可能被认定为内部人，尤其在该债权人导致了对自己有利但是对其他人不利的经营决策的情况下。①

与其他明线规则（bright-line rule）一样，第547(b)条同时存在规制不足与规制过度的问题。一些债权人发现债务人即将破产，并在90日的偏颇期（preference period）之外采取行动，其他人可能在90日之内获得清偿但是并不知道即将破产。第547(c)条通过使某些转移免于被控偏颇性清偿来缩减规则的适用范围，但是并没有采取任何措施来规制发生在90日的偏颇性清偿窗口期之外的故意选择退出行为。因此，第547条容易被人操纵，大债权人可能强迫债务人让其获得清偿或者为其债务提供担保，然后再使债务人支撑90日。对判例法的回顾显示，有大量的破产申请是在向主要债权人进行大规模转移之后的第91日或者第92日提交的，这似乎并不是巧合。

让我们看看第547(b)条如何发挥作用。最明显的偏颇性清偿是债务人在提交破产申请前的几天向债权人支付现金。如果债务人在提交申请之前给予普通债权人其资产上的担保权益，这也是偏颇性清偿。尽管托管人不能使用第544(a)条规定的强臂权来撤销对恰当完善的担

① See Schubert v. Lucent Technologies Inc. (In re Winstar Communications, Inc.), 554 F. 3d 382 (3d Cir. 2009).

保权益“最后时刻的转移”，但是托管人可以根据第547条使这种转移无效。担保权益赋予债权人优先于其他普通债权人的权利，假设债务人资不抵债，能够使该债权人获益。

但是，第547条涵盖的不仅仅是对现金或者担保权益的转移。例如，假设一个制造商从一个供应商那里购买了当季的燃油并预先付款，供应商按照预定时间交付燃油。到了春天，供应商提交了破产申请。
174 供应商的托管人可能提出这是偏颇性清偿。当制造商预先支付燃油的款项时，制造商就成了供应商的债权人。供应商对制造商负有一项义务。供应商每次交付燃油都履行了一部分义务，因此是基于先前存在的欠制造商的债务而进行的转移。只要供应商在发出燃油时是资不抵债的，每次的发货就都是偏颇性清偿。第547(c)条规定了第547(b)条的例外，但是在这里都不适用。第547(c)(2)条中有一个例外是在正常交易过程中的付款，但是，这里的“转移”是发出燃油，而不是“付款”。

除非向债权人或者为了债权人利益进行的转移是基于*先前存在*的债务，否则就不可能是偏颇性清偿。在所有涉及潜在的偏颇性清偿的案例中，我们必须问两个问题：债务是什么时候产生的？转移是什么时候进行的？只有债务的产生发生在转移进行之前，才可能是可撤销的偏颇性清偿。在提交破产申请之前发放贷款，并且同时取得并完善了债务人财产上担保权益的出借人并未获得偏颇性清偿。向债权人转移担保权益是基于一笔债务，但是并不是基于*先前存在的*债务。考虑一下另外一个例子。你将要提交破产申请，找到一个律师让他来处理你的破产事宜。律师要求预付10,000美元的费用。《破产法典》中有规则（如第329条）规定债务人律师的报酬，但是就偏颇性清偿法而言，这一交易会引发争议吗？律师不是在即将破产时抢占资产吗？律师的确是，但是这没关系。在律师同意代理之前，律师并不是你的债权人。当你支付预付费用时，你是在为将来的服务付费。在这笔交易中，你是债权人，而不是债务人。你并不是*基于先前存在的债务*进行转移，而这一点是偏颇性清偿的必要条件。

如果债务人有足够的钱全额清偿所有债权人，通常不会出现对资产的抢夺竞赛。所有的债权人都相信他们将能得到全额清偿。因此，第547(b)条只有在债务人进行转移时是资不抵债的情况下才适用。根据第547(f)条的规定，债务人在提交破产申请前的90日内被推定为是资不抵债的。大多数债务人在提交申请时的处境都非常糟糕，他们在90日期限之前很早就已经资不抵债了。破产申请更多的是提交太晚而不是太早，在偏颇性清偿案件中关于资不抵债很少会有争议。但是，在内部人的案件中，破产申请前1年到90日的这段时间，并不会推定债务人是资不抵债的。这种情况下，托管人有责任证明债务人在进行转 175
移时是资不抵债的，而债务人在提交破产申请前的一整年是否已资不抵债并不总是显而易见的。

第547(b)(5)条要求转移使债权人的境况相比在第7章破产清算中要好。想象一下，你是全额担保债权人，借给了琼斯（Jones）1000美元，并且享有琼斯红色保时捷上的完善的担保权益。琼斯在申请破产前10日对你进行了全额清偿。这一清偿是可撤销的偏颇性清偿吗？琼斯在清偿你的时候是资不抵债的，并且他的清偿是基于先前存在的对你（一个债权人）的债务，是在破产申请前的90日之内。但是，这一清偿并未使你获益。理论上，在破产中，你将能够获得全额清偿，因为你在保时捷上的担保权益使你享有优先权。我们之后会更加仔细地讨论这一点。担保债权人更愿意在申请开始之前获得全额清偿，而不是在破产中享有全额担保债权。但是，对第547(b)(5)条的共识确保了对全额担保债权人的转移不是可撤销的偏颇性清偿。

我们并不十分清楚第547(b)(5)条可以在多大程度上适用于其他交易。如果债务人没有进行转移，债权人可能会有不同的行动。例如，债权人可能不会向债务人提供另一笔贷款或者发出新的物资。我们不知道在多大程度上债权人可能会提出这样的主张，即如果没有进行转移，情况会是怎样的。第547(c)条规定的偏颇性清偿权力的例外在最重要的情况下保护债权人（如在获得一笔清偿之后额外延长贷款期限，事后来看是偏颇性的）。但是，法院可能会将这些例外作为对第547(b)(5)条进行狭义解释的理由。

让我们扼要重述一下第547(b)条。在确定偏颇性清偿是可撤销的之前，必须满足6个条件：(1)进行了转移；(2)基于先前存在的债务；(3)转移给债权人或者基于某一债权人的利益；(4)在债务人资不抵债的情况下；(5)在破产申请前90日之内；(6)相较于没有进行转移以及债权人在第7章破产清算中主张其债权的情况，债权人是获益的。如果转移是偏颇性的，第550条规定托管人可以向初始受让人或者基于其利益进行转移的人追回被转移的金额。

176 第547条只对选择退出行为进行了微弱的威慑。托管人可以追回转移的金额和转移金额的利息，但是利息通常仅从托管人要求出让人退回转移金额之时算起，而不是从转移之时算起。接受转移的人享有从获得偏颇性清偿之时到托管人要求返还这一期间转移的时间价值。如果你发现债务人情况恶化，为什么不在还能够争夺资产的时候去争夺一把呢？债务人可能还能坚持90日，这样的话你就是清白的。就算托管人的确发现了你，你也只需要返还财产。你不会因为获得偏颇性清偿而受到任何惩罚。

牢记这些基本原则，大多数偏颇性清偿的问题都很简单。你借给琼斯1000美元，这笔借款是见索即付的。你出国6个月，回来之后完全不知道琼斯的财务状况已经严重恶化。你要求偿还这笔贷款。琼斯答应了你的要求，尽管他现在已经完全资不抵债了。一周之后，琼斯提交了破产申请。这是偏颇性清偿吗？第547(b)条是一个本身违法原则(per se rule)：尽管该条针对的是选择退出行为，但是并不要求我们去探究选择退出行为发生的特定情形。因此，琼斯对你进行的转移是可撤销的偏颇性清偿，至于你的动机是什么或者你对琼斯的财务困境完全不知情，这些都不重要。

在使意图无关紧要这一点上，《破产法典》与其前身有所不同。根据《1898年破产法》规定，只有在债权人获得了转移，并且知道或者有理由知道债务人是资不抵债的情况下，进行的转移才是偏颇性清偿。这一基于意图的标准导致了大量的诉讼。根据《破产法典》的规定，即使没有选择退出行为，一些债权人也会被指控获得了偏颇性清偿。与其在许多牵涉试图抢夺资产但是事后一脸无辜地对此予以否认的债权人的案件中进行诉讼，不如也不放过那些数量稀少的确实不知情的债权人。

让我们看一下以上事实的一个变形。你旅行回来，要求还钱。琼斯拒绝了。你提起诉讼，获得了确认债权的判决，治安官扣押了保时捷。你拿回了1000美元，但是琼斯一直在大声抱怨。治安官在申请破产前10日扣押并且出售了保时捷。这个案件如何处理呢？过去，偏颇性清偿被认为是会引起异议的，因为债务人在其债权人之中进行了挑选，并且不应该允许债务人偏袒某些债权人。从这个角度来看，这一转移不应该是可撤销的。你只是正大光明地赢得了对资产争夺的竞赛。如 177
果另一个债权人看不惯，它可以加入竞赛或者可以申请债务人破产来阻止这种竞赛。但是，现代的偏颇性清偿法关注债权人的行为，关注债权人是否试图从即将进行的破产中选择退出。财产是从债务人手中非自愿地拿走的并不重要，这仍然是第101条中所指的转移。

让我们关注一下第547(b)条的另一个要求，即要求有对“债务人在财产上的利益”的转移。假设你将你价值1000美元的手表拿到钟表匠那里去维修，你提前为此支付了钟表匠。3周之后，你取回了你的手表。一个月之后钟表匠提交了破产申请。托管人可以主张钟表匠返还手表是可撤销的偏颇性清偿吗？钟表匠在提交申请前的90日之内将手表转移给了你，是在资不抵债的情况下，并且是基于先前产生的债务。但是，该转移只有在手表属于第547(b)条所指的债务人财产时才是偏颇性清偿。很显然，手表并不属于钟表匠，但是我们必须要小心。在占有手表时，钟表匠有权力（power）在正常的交易过程中将其转让给买方。要驳斥手表是钟表匠的观点，我们必须能够解释为什么这一权力不足以使手表成为第547条规定的钟表匠的财产。

答案最终在第541条和第544(a)条规定的托管人的权力中。我们首先要问的是，如果钟表匠在申请破产时仍然占有手表，将会发生什么？根据第541(a)(1)条规定，手表不会成为破产财产，因为钟表匠无权在你主张权利的情况下保留这块手表。此外，托管人不能根据第544(a)条将手表纳入破产财产，因为当手表在钟表匠手中时，拟制的司法担保债权人不能扣押手表。钟表匠可以在正常的交易过程中将手表的完整所有权转让给买方，这一点并不会产生什么影响。托管人只有在转移使资产超出债权人控制范围的情况下才能撤销转移。

可能会有其他答案并不是那么直观的情况，但一般原则是很简单的。*In re Bullion Reserve of North America* 案明确指出了这一原则："如果债务人的转移从破产财产中剥夺了某些财产，而这些财产原本可以
178 用来清偿债权人的债权，那么基于第 547 条的目的，财产属于债务人。"② 如果争议的财产是债权人可以要求从中偿付的账户中的资金，那么这就是债务人的财产。例如，资金是在一个并非由债务人持有而是由关联实体持有的账户中，这并没有关系。③

但是如果债务人以推定信托的方式持有动产，那么其债权人不能取得该动产。④ 因此，在偏颇性清偿期限内追回了最初投资的庞氏骗局中的投资人，如果可以证明他们是以其最初投入骗局中的那些资产获得了清偿，就不能被提起撤销诉讼。债务人只是以推定信托的方式持有这些资产。这些资产从来就不能被债权人取得。这笔付款并未减少他们能够用来分配的资产池。联邦最高法院在查尔斯·庞奇（Charles Ponzi）本人破产之后的诉讼中明确裁决了这一问题。⑤

让我们再来看一个涉及"债务人在财产上的利益"含义的案例。母公司欠出借人钱。母公司资不抵债，其资产之一是一家子公司的股票，而这家子公司是具有清偿能力的。出借人要求母公司清偿债务。母公司让子公司来清偿出借人，而不是用其自己的资金偿债。子公司并不欠出借人什么，所以子公司对出借人的转移是缺乏公平对价的。但是，子公司是具有清偿能力的，能够全额清偿它的所有债权人。因此，对子公司的债权人而言，该转移不是欺诈性转让。此外，该转移

---

② 836 F. 2d 1214, 1217 (9th Cir. 1988).

③ See Southmark Corp. v. Grosz, 49 F. 3d 1111 (5th Cir. 1995).

④ See In re Mississippi Valley Livestock, Inc., 745 F. 3d 299 (7th Cir. 2014).

⑤ See Cunningham v. Brown, 265 U. S. 1 (1924). 追溯能力至关重要。关于推定信托与司法担保债权人权利之间相互作用的讨论，参见 pp. 108 – 11 supra。

对于母公司的债权人而言也不是欺诈性转让。该转移是基于先前存在的债务，因此，从母公司的角度来看，是提供了公平对价的。

该转移可能是偏颇性清偿。该转移是对出借人的转移，基于先前存在的债务，在母公司资不抵债的情况下进行，在提交破产申请前的90日之内，并且转移使出借人获益极大。母公司其他债权人的权益受到了损害。如果转移没有发生，子公司就会有更多资产，母公司在子公司的股权价值将更高。但是，提出偏颇性清偿指控并且从出借人那里 179
追回资金，并不容易。托管人只有在证明母公司在要求子公司进行转移时是转移了**它自身**的财产之后，才可以主张子公司对出借人的转移是可撤销的，并且该被转移的资产应当被纳入**母公司**的破产财产。如果只看形式，**母公司**没有进行转移，母公司的债权人受到损害，只是因为他们的资产（母公司在子公司中的股权）价值下跌。然而，实际上并没有资产从母公司手中转移出去。

如果关注实质而不是形式，该笔交易的确相当于是财产的转移。假设母公司将其在子公司的部分股份给了出借人。股份的转移是第547条所指的债务人财产的转移。如果子公司现在向出借人回购了股份，那么一切都没有改变。这种情况（毫无疑问存在偏颇性清偿）实质上与子公司直接向出借人支付现金的情况是一样的，虽然形式上并不一样。就我们可以将交易重新定性，并且将其视为经济上实质相同但形式不同的交易而言，从子公司到出借人的转移是偏颇性清偿。⑥

担保债权人和可撤销的偏颇性清偿

你借给琼斯1000美元。琼斯时运不济。你找到琼斯，要求在琼斯申请破产之前，先于其他所有人获得清偿。琼斯没有钱因而拒绝了你

⑥ See Harry M. Flechtner, Preferences, Postpetition Transfers, and Transactions Involving a Debtor's Downstream Affiliate, 5 Bankr. Devs. J. 1 (1987).

的要求。此外，如果琼斯同意了你的要求然后进入破产程序，你获得的所有现金都将是基于先前存在的债务，因此属于可撤销的偏颇性清偿。假设琼斯提出给你担保权益，你可以接受他的提议而不用担心即将到来的破产吗？

并非如此。当破产即将来临时，你的地位由普通债权人变为担保债权人，这本身就是**选择退出行为**的一种形式。有人可能会辩称，取得担保权益和赤裸裸地夺取资产不应该被同样对待，因为取得担保权益只是影响蛋糕如何在债权人之间进行分配，它并不会像夺取资产那样
180 实际上减少价值。然而，现有法律是同等对待二者的。你在预见到破产后以与获得清偿的情况下相同的方式（尽管程度不同）改善了你的处境。在这两种情况下，你都在90日的期限内，在琼斯资不抵债的情况下基于先前存在的债务获得了财产上的利益。通过获得转移，你确保了你将获得全额清偿，相较于没有试图改善处境的情况，这将使你处于一个更加有利的位置。这一交易当然是可撤销的偏颇性清偿。你们两个不能使用担保权益来规避破产的按比例分配规则。

假设琼斯需要更多的钱来维持其非法人企业的生存。但是，琼斯的现有债权人不想“赔了夫人又折兵”。琼斯找到了你，你同意借钱给他，但前提是琼斯必须同意给你他机器上的担保权益，这是他的企业拥有的唯一设备。这是偏颇性清偿吗？当然不是。这里并没有出现“抢跑”的情况。琼斯将机器上的权益转移给了你，但这并不是基于**先前存在的**债务进行的转移。琼斯这样做是为了获得资金。你在获得担保权益的时候并没有选择退出；你选择了**加入**。琼斯放弃了某些东西（机器上的权益），但是同时得到了一些东西作为回报（现金）。琼斯的债权人不能有异议。如果他们认为琼斯已经做得过多了，应该由他们来控制，那他们就应该申请琼斯破产。在他们这样做之前，琼斯都可以自由地通过公平交易借款，以及以那些将由普通债权人取得的资产作担保。

担保债权人通过确保第547(e)条所指的担保权益在其向债务人提供借款的同时转移给了它自己来避免被指控为偏颇性清偿。请记住我们对于第544(a)条的讨论。如果你是担保债权人，但是还没有完善你

的担保权益，那么你将面临风险。你所做的一切都是在争取不用诉诸法庭就能收回财产的能力，前提是你可以在不破坏和平的情况下收回财产。与其他债权人相比，你并不比普通债权人更优先。你仍然处于取得优先权的竞赛中。重要的时间点不是你和债务人达成担保协议的时间，而是你完善担保权益（通常是通过公开进行融资登记）并且取得优先于司法担保债权人优先权的时间。就其他债权人而言，一个预先存在但未完善担保权益的债权人，在破产前夕完善其担保权益，就是在抢夺资产，和一个在破产前夕取得并完善其担保权益的无担保债权人抢走的资产一样多。关键因素不是担保权益存在与否，而是优先 181
权的存在与否。如果我们将你的权利与其他债权人的权利相比较，那么从你获得优先权的时间起算转移的时间是有意义的。你只有在很久之前就取得了优先权或者在提供贷款的同时就取得了优先权的情况下，才能享有担保权益。

醒悟过来并发现其担保权益没有完善的担保债权人面临困境是非常普遍的。银行提供贷款，每个人都会握手并分发雪茄。贷款文件会被归档然后忘在一边。只有当交易出了问题时，所有人才会再去看这些文件。实际上，律师可能直到事情变得更糟之后才会介入交易。这时，他们的首要工作就是检查文书。他们可以纠正文书而不用担心被控是可撤销的偏颇性清偿吗？当然不行。聘请律师是因为债务人情况迅速恶化，破产迫在眉睫。他们之所以介入，是因为对资产争夺的竞赛已经开始，他们试图赢得这场竞赛。这正是第 547 条试图阻止的**选择退出行为**。

第 547 条的确允许有一段短暂的完善担保权益的宽限期。假设**琼斯**遇到了大麻烦，向你借了 1000 美元。**琼斯**给了你他机器上的担保权益，但是你花了 5 天时间来提交**融资声明**。你并不打算选择退出，只是花了一点时间准备各种文书。《破产法典》在第 547(e)条中试图区分两种情况：一种是你醒悟过来，发现没有恰当完善你的担保权益；另一种是担保权益定着（attachment）以后，正常的材料提交花费了一些时间。第 547(e)条规定了 30 日的宽限期。转移进行的时间是其在双方当事人之间产生效力的时间，前提是你在30日之内进行了完善。宽限期影响的是完善的时间和定着（attachment）的时间。你仍然需要弄清楚债务是什么时候产生的。如果债务在担保权益定着之前产生，那么就推定是偏颇性清偿，而无论担保权益的完善是否是同时进行的。

假设琼斯在1月1日向你借了1000美元。在那一天，你取得了他机器上的担保权益，琼斯签了一份书面的担保协议。5日后，你提交了融资声明。6周之后，琼斯提交了破产申请。这种情况下并不存在偏颇
182 性清偿。债务产生于1月1日，因为融资声明的提交是在30日之内，根据第547(e)条的规定，琼斯向你进行的担保权益的转移也发生在那一天，即1月1日。如果你等到2月5日才提交，那么就是偏颇性清偿，因为使转移能够对抗司法担保债权人的行为发生在30日的宽限期之外。如果你在1月1日借出钱，同时在1月1日提交声明，但是琼斯直到1月5日才签署担保协议，也会出现问题。基于第547(e)条的目的，在其对双方当事人产生效力之前，转移不会发生；根据《统一商法典》第9编的规定，只有债务人签署了书面的担保协议之后，担保权益才会在当事人之间产生效力。这个案例中担保权益的转移发生于1月5日，在债务产生之后。为了免于被控是偏颇性清偿，你必须证明你符合托管人偏颇性清偿权力的某一例外情形。这些内容规定在第547(c)条，也是我们现在要讨论的部分。

第547(c)条的安全港

最终结果规则（Net Result Rule）。第547(c)(4)条保护在旧贷款清偿之后又发放了新贷款的出借人。典型的情况是循环贷款安排。假设你借给琼斯1000美元，期限为30日，琼斯在30日结束的时候清偿了这笔借款。你又借给琼斯1000美元，期限还是30日，以此类推。到琼斯提交破产申请的时候，你已经在提交申请前的90日里3次获得了1000美元的清偿。根据第547(b)条的规定，每一次转移都是偏颇性清

偿。每一次清偿都是基于先前存在的债务，并且每次清偿都使你相较于没有被清偿及其他维持不变的情况获益。但是，允许追回全部三次的 1000 美元清偿是没有意义的。贷款安排的目的是将你在任何时候的风险都限制在 1000 美元以内。你只有在琼斯清偿了前一笔贷款的情况下才会继续提供贷款。“转移”仅仅使你在 1000 美元的程度上获益，也就是如果任意一次转移没有进行，你最多会损失的财产。

你可能会认为，基于第 547(b)(5)条，其中两次 1000 美元的转移不是偏颇性的。这两次清偿并没有使你相对于没有获得清偿时更受益。如果没有进行清偿，你就不会提供新的贷款。换言之，第 547(b)(5)条迫使我们去追问，如果琼斯没有进行转移，情况会是怎样的。这种情况下，其他一切看起来并不一定都是一样的。如果琼斯没有清偿旧
的贷款，你就不会提供新的贷款。因此，你获得的 3000 美元中的 2000 183
美元并没有使你受益，因为这些清偿使你提供了新的 2000 美元的贷款。

但是，此处你不需要依赖第 547(b)(5)条。这种情况已经明确包含在了第 547(c)(4)条中。该条关注最终结果（net result）——你被偏袒的程度，考虑你在获得了对旧债务的清偿之后提供给琼斯的新贷款。

第 547(c)(2)条。第 547(c)(2)条将对债权人的常规付款作为偏颇性清偿的例外。常规付款是在正常交易过程中进行的，对在正常交易过程中或者根据一般交易规则产生的债务的清偿。如果没有第 547(c)(2)条，托管人将有权撤销很多常规交易。你在每个月的第 5 日收到电话账单，通常会在每个月的第 20 日支付。如果没有第 547(c)(2)条，可能会有针对电话公司的偏颇性清偿诉讼。转移发生在你支付账单的那一日。但是，债务发生在你使用电话通信服务的时候，也就是之前的那个月。这一转移是基于先前存在的债务，但是并没有选择退出行为。这就是你通常支付账单的方式。第 547(c)(2)条旨在将这种类型的付款作为托管人撤销权的例外。但是，第 547(c)(2)条针对的仅仅是“付款”，并不适用于对财产的转移。

第 547(c)(2)条的例外规定，旨在将托管人根据偏颇性清偿条款

享有的撤销权限定在，至少是推定的，由故意选择退出行为所致的行为。第547(c)(2)条取代了《1898年破产法》规定的“有理由知道债务人资不抵债”标准，并且可以更好地发挥作用，因为其使用了客观的标准，不要求探究受让人的心理状态。债务是否是在正常的交易过程中产生，付款是否在正常交易过程中进行，这些问题都必然涉及许多事实，而且很容易找到分别属于这两种情况的案例。在我们前面的例子中，按照与债务人和正常交易中的其他人相同的方式，在相同的时间进行支付的电话账单确实属于第547(c)(2)条的范围。在几次催缴费电话之后，通过保付支票（certified check）进行的逾期付款则不属于在正常交易过程中进行的。

然而，判断一笔贷款是否是在正常交易过程中进行的并不总是如此简单。试想一下，对于一家拥有高额长期经营贷款的公司，这一贷款
184 是在正常的交易过程中进行的吗？我们知道，不能仅仅因为是长期贷款就将其排除在第547(c)(2)条的范围以外。[7] 但是，有人可能认为，当公司在其存续期间内仅产生一次这样的贷款时，这笔贷款就不是在正常的交易过程中产生的。这一对“正常的交易过程”的解释——关注取得此类贷款是否属于债务人的日常活动——与第364条对这一术语的解读方式一致。该条款要求法院批准不是在正常交易过程中进行的申请后贷款，没有人认为托管人可以在没有事先获得法院批准的情况下进行这样的贷款。但是，有一种完全不同的解释第547(c)(2)条的方式。我们可以主张第547条文本中的“正常的交易过程”（与第364条形成对比），要求我们去识别使交易可疑的特定交易特征。只要类似的公司通常都有这样的贷款，第547(c)(2)条就应该适用。

一旦确定债务本身是在正常交易过程中产生的，债权人必须证明付款是在正常交易过程中进行的，或者是根据一般交易规则进行的。满足第二个标准通常可能比满足第一个标准更容易。当企业陷入困境时，几乎没有决策是在正常交易过程中作出的。例如，如果在作出及时清

---

⑦ See Union Bank v. Wolas, 502 U. S. 151 (1991).

偿企业最大和最重要的债权人的决策的同时，也作出了不清偿其他人的暗中决策，尤其是如果债务人的董事长为这笔贷款提供了保证，债务人违约他就要自掏腰包清偿，那么，及时清偿企业最大和最重要的债权人的决策就不是在正常交易过程中作出的。

同时交换新价值（The Contemporaneous Exchange for New Value）。《破产法典》在第547(c)(1)条中规定了另外一个宽限期。假设你向一家供应商购买物资并通过支票支付。你将物资带回了你的商店，供应商在同一天存了支票，支票在第二天进行了结算。你在两个月之后提交了破产申请。托管人可以收回你给供应商的付款吗？根据第547(b)条的规定，直到银行承兑了你的支票，供应商才算向你进行了“转移”。[8] 资产也只有在这时才开始不能被其他债权人取得。这一转移是基于几天之前供应商给你货物时产生的债务。那时，你已经使用了一天物资。在你取得货物的时间与支票结算的时间之间的间隔期内，供应商是你的债权人。但是，供应商并未实施选择退出行为。债务产生的时间和转移发生的时间之间的间隔期太短，因而不可能存在选择退 185
出行为。我们将实质上是同时进行的交换从偏颇性清偿情形中豁免出来。

提供借款以使债务人取得担保物的担保债权人，享有第547(c)(3)条下属于他们自己的安全港。他们也可以充分利用第547(c)(1)条中的同时交换例外。考虑一下这种情况。在琼斯有清偿能力的时候，你借给琼斯钱并且取得了其机器上的担保权益。随后，当琼斯资不抵债并试图扭转这一局面时，琼斯要求你同意用你享有担保权益的那台机器换一台新机器。你同意放弃你在琼斯旧机器上的担保权益来换取新机器上的担保权益。这是实质上的同时交换新价值吗？你提供了新的价值，因为你放弃了属于你的东西。你在旧机器上的担保权益是有价值的。该担保权益不受出售的影响，如果你不放弃这一权益，你仍然可以取得旧机器，即使该机器已经到了新的买受人手中。这样考虑这

⑧ Barnhill v. Johnson, 503 U. S. 393 (1992).

个问题：如果琼斯全额清偿了债务，你就不是获得了偏颇性清偿。假设琼斯出售了机器，将收益给了你，然后琼斯要求你提供新的贷款来购买一台新的机器。你提供了借款，条件是你还要取得这台新机器上的担保权，琼斯对此表示同意。尽管琼斯已经资不抵债，再有几周就要申请破产，但是这种情况下新机器上的担保权益的转移不是偏颇性的。因为这一交易不是可撤销的偏颇性清偿，为什么我们不能允许替换担保物呢？你放弃的是担保权益而不是现金，但是经济后果是相同的。关于这一问题的处理，判例法并不是很明确。担保债权人越少参与用一台机器替换另一台机器的细节，法院认定例外情况适用的可能性就越小。

浮动担保（The Floating Lien）。债权人经常会取得债务人存货或账款上的担保权益，而这些都是在不断周转的。债务人这个月存储的物资和下个月的是不一样的。什么时候债务人新存货上的担保权益基于第547条的目的而被转移给担保债权人？你可以说担保权益就像一条“赫拉克利斯坦河”，并没有新的转移。即使存货本身是不断变化的，担保债权人也享有存货上的持续性权益，但是存在操作的可能性。债
186 务人可以通过在破产前取得新的库存来偏袒不足额担保的债权人。《破产法典》在第547(c)(5)条和第547(e)(3)条中面临这一问题。第547(e)(3)条规定在债务人取得财产之后才能进行转移，但是第547(c)(5)条继续保护担保债权人，只要担保债权人在偏颇性清偿的期限内没有提高其地位。我们截取两个时间点，一个是90日期限开始时(如果贷款是在90日期限内发放的，则为贷款的时间)；另一个是提交破产申请时。只要担保债权人没有在这两个时间点之间增加其在存货或者账款上的权益，其担保权益就能够获得保护。

思考下面这个问题。一家花店每天都从批发市场的不同商贩那里购买鲜花。这家花店将其所有存货上的担保权益（包括现有的和之后将要取得的）都提供给了银行，以此担保12,000美元的贷款。1月1日，银行发放了贷款，花店签署了担保协议，银行提交了融资声明。2月1日，存货价值5000美元。刚好90日之后，花店提交了破产申请。在这

90 日中，存货完全进行了周转，存货的数量增加了。当破产申请提交时，存货价值 15,000 美元，花店仍然欠银行 12,000 美元。银行能够在多大程度上享有能经受住托管人质疑的担保权益？

如果第 547 条不存在，银行将会享有破产申请提交时花店所有的鲜花上的完善担保权益。《统一商法典》第 9 编热情地接受了浮动担保的概念。尽管资产池中的资产是不断变化的，银行仍可以取得资产池上的担保权益，优先权起始时间可追溯到银行提交融资声明的时间。只要银行的融资登记是恰当的，那就向全世界公示了银行可以主张鲜花上的担保权益。但是根据第 547 条会发生什么呢？我们需要判断是否存在基于先前存在的债务而进行的转移，在看第 547(c)条之前我们必须仔细阅读第 547(b)条。债务是在什么时候产生的？债务产生于 1 月 1 日。担保权益从花店到银行的转移是什么时候发生的？我们必须来看第 547(e)(3)条的表述。该条告诉我们，只有花店享有担保物的所有权的情况下转移才能发生。这是什么时候发生的？我们不知道花店什么时候取得了某一朵特定的花，但是我们知道从 2 月 1 日到申请提交的时间，存货完全变化了。因此，花店必然是在 2 月 1 日之后才获得了其现在所有的花的所有权。 187

因此，我们现在有一个债务产生（1 月 1 日）之后发生的转移，并且是在提交申请之前的 90 日之内。只要满足第 547(b)条中的其他条件，并且第 547(c)条没有相反规定，该转移就是偏颇性清偿。这里银行进行了选择退出行为吗？很有可能是的。银行的处境在相关期限内得到了改善。在 90 日期限开始时，鲜花只价值 5000 美元。银行为不足额担保，差额为 7000 美元。但是，到了提交申请时，银行已经是超额担保了。很有可能存在某种形式的私下交易。存货价值增加可能并不只是偶然的。花店在商店里装满鲜花，因为银行威胁如果不这么做就更快地让它完蛋。或者花店可能由于某些无辜的原因导致手头上有更多的鲜花。也许花店 5 月份通常就会比 2 月份准备更多的存货。在不了解更多事实的情况下，我们无法判断银行是否进行了选择退出行为。

然而，《破产法典》并没有进行这种个案的探究，相反，它只为存货或者账款及其收益上的浮动担保规定了有限的例外。第547(b)条以排除所有在偏颇性清偿可撤销期内新取得的存货为开始，但是随后第547(c)(5)条规定了部分的安全港。债权人的担保权益在破产中是被承认的，但是仅限于债权人在申请破产前的90日之内没有改善其处境的情况。在我们的例子中，银行在偏颇性清偿期限开始时的不足额担保差额为7000美元。第547(c)(5)条告诉我们，即使存货的价值恰好在90日的期限内增加，银行也将就担保差额部分作为无担保债权人。因此，银行在破产程序中享有的担保债权仅为5000美元。银行的处境不应该比其知道债务人即将破产之前的处境更好，而且这个日期被武断地设定为破产申请前的90日（如果贷款是在90日之内发放的，则为贷款的时间）。第547(c)(5)条包含了所谓的**两个时间点的净提高标准**（two-point net improvement test）。

为了适用“两个时间点的净提高标准”，我们要看在申请提交前90日，或者进行贷款的时间，银行不足额担保的程度，以较晚者为准。(该表述关注债权人不足额担保的程度而不是债权人的债权金额，因为
188 债务人可以通过增加存货的数量或者减少债务的金额来选择退出。）如果银行在债务人申请破产时的处境并没有比90日之前的处境有所改善，第547(c)(5)条将会保护银行在存货或者账款上的浮动担保，甚至允许银行改善其处境，只要这种改善不“损害其他无担保债权人的利益”。然而，这一表述通常被狭义地解释，并且只有在存货的增加是由于影响整个行业而不仅仅是债务人的变化（如收获周期）时才能适用。

这一基本原则对于解决所有第547条相关的问题必不可少。考虑一下下面的例子。一家汽车经销商有50辆外国汽车。1月1日，银行借给经销商50万美元，同时取得了这些汽车上的担保权益。银行按照《统一商法典》第9编的规定进行了恰当的融资登记。经销商只售出5辆汽车，并且没有进回新的。在破产前90日，经销商的外国汽车存货价值45万美元。此后，经销商没有再入手新车，但是那些现有的汽车刚好供不应求，价格意外上涨。结果是，存货在破产申请提交日的价

值为 50 万美元，银行担保物的价值在破产申请前的 90 日内增加了 5 万美元。在破产申请前的 90 日内，银行在破产中的地位通过增加的 5 万美元而得到了改善，这种情况下存在可撤销的偏颇性清偿吗？

我们应该从偏颇性清偿分析的两个基本问题开始。债务是什么时候产生的？1 月 1 日。转移是什么时候发生的？争议中的所有存货在 1 月 1 日都在债务人手中，债务人的担保权益也是在那一天定着并且完善的。因此，根据第 547(e)(2) 条的规定，转移发生于 1 月 1 日。转移是基于一笔债务，但是并不是*先前存在*的债务。根据*转移*的一般定义，仅仅由于市场力量导致的物品价值的增加不属于转移。这样的定义也符合可撤销的偏颇性清偿背后的目的——毕竟，如果价值的增加仅仅是由于市场原因，那么就不存在*选择退出行为*。因此，托管人无权根据第 547(b) 条撤销银行的担保权益。银行是否可以主张第 547(c) 条规定的例外也因此变得无关紧要。第 547(c)(5) 条只有在存货发生了周转的情况下才能适用。

正如下面这个例子所示，第 547(c)(5) 条在实际适用中是很简单的，但代价是忽略了一些可能是*选择退出行为*的活动。假设一家银行在 1 月 1 日借给债务人 2 万美元，并取得和完善了债务人存货上的担保权益。那时，存货价值 1.5 万美元。整个 1 月份，尽管周转了好几次，存货价值都保持在这个水平。但是到了 2 月中旬，存货的价值骤降到 189
8000 美元。债务人在 4 月 1 日提交了破产申请，也就是获得贷款的 90 日之后。这个时候，存货价值回升，价值 14,000 美元。由于存货的周转，银行 4 月 1 日在存货上的利益是在申请破产前的 90 日之内转移给它的。根据第 547(e)(3) 条可以得出这一结论。接下来，我们要根据“两个时间点的净提高标准”来判断银行是否符合第 547(c)(5) 条规定的例外。该条款要求我们关注对银行的转移是否改善了银行的处境。这些转移是否减少了银行债权的无担保部分即无法获得全额清偿的部分？在这个例子中，银行债权中的 5000 美元在提交申请的 90 日之前是无担保的。但是，银行的处境在申请破产时甚至更加糟糕。在申请破产之日，其债权有 6000 美元是无担保的。银行的处境在 2 月中旬到 4

月1日提交申请之时急剧改善，因为银行无担保的债权由1.2万美元降到了仅仅6000美元。但是，这与存货在2月份的价值是不相干的。根据“两个时间点”标准，我们只关注两个时间点，而不看这两个时间点之间发生了什么。我们牺牲了对偏颇性清偿这种类型的行为的实际调查，换取了一个粗糙但是低成本的正义规则。

浮动担保不再像根据以前的法律那样经常引起诉讼。第547(c)(5)条删除了一些《1898年破产法》中导致诉讼的条款。谨慎的存货融资者可以通过确保债务人的存货和出售存货的收益总是高于他们享有的债权金额，来避免被控偏颇性清偿的风险。此外，存货和账款融资不再像曾经一度那样在担保贷款中占有大部分比例。

第547条对之后取得的财产上的担保权益的限制，对于那些对不属于第547(c)(5)条范围的担保物（如设备）主张利益的人有很大意义。担保债权人就任何债务人在提交申请前90日期间内取得的设备面临偏颇性清偿指控，除非担保债权人提供了新的价值或者符合第547(c)(1)条或第547(c)(3)条规定的例外情形中的**实质同时交换**和**购买价金担保权益**。

190

第547条的范围

与欺诈性转让的情况一样，当情境中有三方当事人出现时，就会产生最为棘手的偏颇性清偿问题。思考以下情形。债务人和一家银行有着长期的关系，并且有着可以使用的信用额度。债务人欠银行的所有债务都由债务人所有资产上的利益担保。债务人从某供应商处获得其大部分原材料。1月1日，债务人欠了供应商10万美元。供应商意识到债务人可能会申请破产，想要从中抽身。供应商没有选择要求债务人清偿，这可能会导致被控偏颇性清偿，而是劝说债务人去银行，让银行开立备用信用证，将供应商作为受益人。供应商可以在3月1日就债务人欠其的所有债务兑现信用证。银行对供应商和债务人的关系一无所知。然而，银行愿意开立备用信用证，因为根据信用证原则，债务人有义务在信用证被兑现之后偿还，并且这一债务和债务人欠银行的其他债务一样，是足额担保的。到了3月1日，供应商兑现了信用证。3月2日，债务人提交了破产申请。托管人发现了这一交易，寻求从供应商那里追回10万美元或者减少同样金额的银行担保权益。

这里托管人的任务并不容易。供应商会主张其和银行之间的信用证关系独立于其和债务人的关系。兑现信用证之后，银行资金10万美元的转移并不影响债务人的普通债权人。当信用证被开立之后，债务人转移给了银行担保权益来担保对银行信用证下的或有债务，但是这一转移是基于债务人和银行之间的关系发生的，独立于供应商和银行之间的关系。

对于银行而言，其会主张担保其信用证下的或有债务的担保权益的转移是作为开立信用证的回报，而不是基于先前欠供应商的债务。简言之，供应商认为它从来都没有从债务人那里获得什么东西，而银行认为它从来没有获得基于先前存在的债务而进行的转移。

但是，直觉告诉我们有地方不太对劲，我们不应该允许银行和供应
商将这一交易分为几部分。当我们将各种交易组合在一起，可以认定 191
有基于先前欠供应商的债务而进行的交易，而这种交易会损害普通债权人的利益的时候，我们不应该认定为没有偏颇性清偿。

在这种情况下，法院已经允许对供应商提起偏颇性清偿诉讼。[9] 这些法院的理由是，对银行进行的担保权益的转移是基于先前存在的欠供应商的债务。该转移并不是直接对供应商的转移，但是根据第547(b)条的规定，如果转移是向债权人进行或者基于债权人的利益而进行，并且是基于先前存在的债务，则允许提起偏颇性清偿诉讼。第550条允许托管人向供应商追回为了其利益而进行转移的金额。

---

⑨ See Kellogg v. Blue Quail Energy, Inc. (In re Compton), 831 F. 2d 586 (1987), rehearing granted, 835 F. 2d 584 (5th Cir. 1988); American Bank v. Leasing Services Corp. (In re Air Conditioning, Inc. of Stuart), 845 F. 2d 293 (11th Cir. 1988).

当付款给优先的、足额担保的债权人，间接使后顺位的不足额担保债权人受益时，会出现另一种类型的间接偏颇性清偿情况。假设“银行”和“出借人”分别借给“债务人”100 美元，都取得了价值 150 美元的机器上的担保权益。“银行”优先于“出借人”。如果“债务人”在破产申请前的 90 日之内支付给银行 50 美元，就银行来说没有偏颇性清偿。这笔付款并没有使银行获益，因为担保物的价值总是超过了其所担保的 100 美元的债务。但这是对“出借人”的一种间接偏颇性清偿。在进行转移之前，“出借人”是不足额担保的，差额为 50 美元。“债务人”支付给“银行”之后，“出借人”就是足额担保了。机器能够以 150 美元的价格售出，50 美元给“银行”，剩余的部分足够全额清偿“出借人”。⑩

然而，这些情况导致我们进行更多的探究。即使转移并不是偏颇性清偿，托管人可以向受让人追回财产吗？在银行和供应商的例子中，银行本身并没有基于先前欠其的债务获得转移，但是它是初始受让人，第 550 条允许托管人向受让人追回，即使他们本身并不是获得偏袒的债权人。⑪ 第 547(i)条和第 550(c)条限制了托管人向初始受让人追回财产的权力，但是仅限于一种三方当事人的情形。假设某一公司债务
192 人清偿了有内部人提供保证的普通债权人，如债务人的主要股东。债务人在转移之后 90 日到一年之间申请了破产。该转移是偏颇性清偿，因为它在破产申请前的一年内免除了内部人的保证责任。在这种三方当事人的情况下，托管人唯一的追索权是针对内部人。但是，鉴于第 550(a)条的明确表述，托管人享有不受限的权利来追索在其他类型的交易中并非本身获得偏袒的初始受让人。

这一例子展示了偏颇性清偿法是如何通过将分散的交易放在一起，以允许进行偏颇性清偿的追回来确保实质重于形式。我们第二个要探

---

⑩ See Gladstone v. Bank of America (In re Vassau), 499 Bankr. 864 (Bankr. S. D. Cal. 2013).

⑪ See Levit v. Ingersoll Rand Financial Corp. (In re DePrizio), 874 F. 2d 1186 (7th Cir. 1989).

究的问题是，是否反过来也成立。当交易整体并非偏颇性的情况下，我们可以将交易放在一起来阻止被认定是偏颇性清偿吗？在某些情况下，新贷款会直接支付给现有债权人。有时，债务人可以自由决定新贷款的使用，要求新出借人直接将其支付给现有债权人。还有一些情况，是新出借人坚持要求将新贷款用于清偿之前的债务。出借人的理由各不相同。例如，新出借人可能希望确保之前的债权人释放债务人已抵押给新债权人的担保物。无论是何种情况，当新出借人直接清偿一笔先前存在的债务，或者债务人有义务用新贷款来清偿此类债务时，新的借款就被称为**专项贷款**（earmarked loan）。这一交易是一个出借人离场，另一个进场并取代前一个出借人位置的交易，就好像旧出借人将其对债务人的债权交易给新出借人一样。

托管人可能想要主张，没有规定要求将两笔交易组合在一起。新出借人决定提供借款是一个交易，清偿旧出借人是另外一个交易。新贷款的目的在于或者说专用于清偿旧出借人，这并不重要。尽管将专项贷款作为可撤销的偏颇性清偿规则的例外没有明确的法律依据，但是法院已经确立了这样的一种例外，被称为**专项原则**（earmarking doctrine）。这一原则适用于新借款的数额不高于要偿还的借款，也不具有更高优先顺位的情况。第一，有人可能会认为专项贷款不构成债务人在财产上的利益，因此不受第547(b)条偏颇性清偿规则的约束。第二，专用借款并不会损害未获清偿的债权人。当一个债权人取代了另一个，整个交易看起来并不像偏颇性清偿法想要禁止的“最后时刻的抢夺”。因此，法院认为，要求专项贷款的接受人返还达不到任何目 193
的。但是，即使第一个债权人是有担保的，如果第二个债权人未能及时完善其担保权益，其本身也可能会被控获得了偏颇性清偿。[12]

然而，交易联系在一起的方式并不总是很明显。思考下面这个案例。一个零售商请供应商帮它从国外购买衣服。为了确保能够获得付

---

⑫ See Shapiro v. Homecomings Financial Network (In re Davis), 319 Bankr. 532 (Bankr. E. D. Mich. 2005).

款，供应商要求零售商让它的银行以供应商为受益人开具信用证。只要供应商有感到不安的合理理由，就有权兑现信用证，最多100万美元。第一银行开立了信用证，零售商向第一银行承诺会在信用证被兑现的同一天偿还兑现的所有金额。零售商可以做出这样的承诺，因为它在第二银行有100万美元的信用额度。

供应商在有理由担心零售商会陷入困境的情况下，在8月1日兑现了信用证。这时，供应商还没有代表零售商购买任何货物，对零售商不享有债权。第一银行在8月1日承兑了信用证，支付了供应商100万美元。几分钟之内，零售商从第二银行转了100万美元到第一银行。两个月之后，在供应商向零售商提供任何货物之前，零售商提交了第11章申请。零售商继续营业。在接下来的两个月，供应商交付了价值100万美元的货物。供应商用其兑现信用证获得的100万美元冲抵了所有货物的花费。

次年3月，该案转为了第7章程序，任命了托管人。托管人对第一银行提起了**偏颇性清偿**诉讼，来追回其8月1日获得的100万美元。托管人认为，这笔款项的支付是基于零售商在第一银行不得不支付信用证的情况下对第一银行负有债务。第一银行会主张，其收到的100万美元的转移应该与几分钟前其支付给供应商的100万美元联系起来。如果将这两个交易联系起来，就不存在偏颇性清偿。在兑现信用证之前，零售商在第二银行有100万美元的信用额度。5分钟之后，零售商有权从供应商那里获得100万美元的货物。零售商将银行的信用额度
194 转化为第三方对其负有的交付同样价值货物的义务。这样的交易并没有使债权人受损。

如果零售商只是从第二银行直接将资金转移给供应商，将不存在偏颇性清偿。可以说这一交易（与上述交易）没有什么不同。只有在一笔交易减少了破产财产的情况下，偏颇性清偿才会存在。[13] 但是，是否能够取得支持第一银行的裁决，取决于法院是否愿意将交易组合在一

[13] See Kapela v. Newman, 649 F. 2d 887 (1st Cir. 1981) (Breyer, J.).

起。信用证原则坚持供应商兑现其信用证的权利独立于任何第一银行对零售商可能享有的权利。[14] 但是是否应将多个交易放在一起来确定是否发生了偏颇性清偿，这是破产法的问题，而不是信用证法律的问题。[15]

⑭ See Sabratek Corp. v. LaSalle Bank, 257 Bankr. 732 (Bankr. D. Del. 2000).

⑮ 关于这些案件事实下法院拒绝将多个交易组合在一起的案例，参见 P. A. Bergner & Co. v. Bank One, 140 F. 3d 1111 (7th Cir. 1998)。

195 # 第九章　自动冻结

自动冻结的范围

在一个完美的世界中，公司破产程序能够迅速结束（假设在完美的世界中你仍然会破产）。但是，我们生活的世界并非如此简单。即使是直接出售事业，变现也需要时间。我们需要一个机制，使在处理债务人事务的时候维持现状。这就是第362条和**自动冻结**（automatic stay）的目的。第362条阻止个别债权人采取阻碍重整的行动，同时允许债务人继续以正常条件经营。

资不抵债的债务人，其普通债权人必须等到整个程序结束。他们只能获得部分债务的清偿，直到破产程序结束我们才能知道这一部分是多少。允许债权人在破产程序期间采取行动将会破坏破产的按比例分配规则。但是，对担保债权人也适用持续的自动冻结的理由，不同于普通债权人。享有胜过债务人和托管人的财产利益的人最终能够获得全额清偿。但是，我们仍然需要冻结担保债权人的行动。即使我们知道担保债权人能够获得多少清偿，但是允许担保债权人在程序结束之前行使其权利很可能会妨碍债务人重整的尝试。但是，如果担保债权人无论如何都会获得财产，并且该财产不是重整所必需的，法院将批准解除冻结的**动议**（motion）。

自动冻结延伸到债权人的行动之外，以确保破产法院保持对破产财产的控制。例如，寄托人（bailor）不能从债务人那里取回（retrieve）财产，但是在这种情况下，冻结是暂时的。回到我们在第五章中讨论过的案例，在你将你的衣服送去干洗之后，干洗店提交了第 7 章申请。在这样的情况下，自动冻结应该维持现状，但是自动冻结的时长应该仅限于理清是否存在真正的寄托（bailment）所需要的时间。我们需要确认， 196
根据第 541(a)条的规定，衣服确实是你的而不是干洗店的。此外，我们还必须确认，按照第 544(a)条的规定，普通债权人在破产外不能扣押这些衣服。一旦我们确认了这些情况，你就应该能够取回你的衣服。

但是，法官有时候会反对寄托人应该能够完全自由地取回其财产这一观点。在 *Plastech Engineered Products* 案中，[①] 债务人是一级汽车零部件供应商，生产汽车的塑料零件，向主要汽车制造商提供零部件，年销售额超过 12 亿美元。债务人的许多产品都是使用汽车制造商拥有的定制模具来生产的。根据他们的合同，汽车制造商有权终止合同并取回他们的模具。其中一家汽车制造商，对模具进行了很多调整之后，决定最好还是取走他们的模具，找其他人来供应零部件。该制造商终止了协议，但是在其取回模具之前，供应商提交了破产申请。汽车制造商在申请提交后的第二天要求破产法官解除自动冻结。

该汽车制造商并不是试图追讨债务，并且它在申请提交之前已经终止了合同。理论上，债务人占有的汽车制造商的财产与你放在干洗店的衣服没有区别。债务人享有占有权，但是仅此而已。然而，在实践中，这两种情形是不同的。模具是债务人运营的重要基础部分，但是你的衣服对于干洗店并不是这样的。如果债务人能够继续占有模具，汽车制造商将不得不继续与债务人做生意。只有汽车制造商继续与债务人做生意，债务人才能作为营运事业得以存续。

债务人无权要求第三方来救助它，但是债务人并不是偶然地或者无意中占有了模具。如果汽车制造商是将模具从一个工厂运送到另一个工厂，在破产申请提交时运送这些模具的卡车刚好在债务人的工厂里送其他的用品，那将是完全不同的情况。在这两种情况下，债务人对于模具都仅享有占有权，但是在破产申请前与债务人有关联似乎会产生

① In re Plastech Engineered Products, Inc. , 382 Bankr. 90 (Bankr. E. D. Mich. 2008).

197 影响。当采取坚定的立场会搞垮债务人的经营时，破产法官并不愿意在一开始就严格坚持硬性原则。因此，他们可能试图把裁决推迟一段时间，希望通过谈判和妥协来解决问题。

当第三方在债务人提交破产申请之后试图终止现有关系时，会出现一个更为复杂的问题。如果终止的权利仅仅因为债务人提交了破产申请或者变得资不抵债而存在，那么终止将违反自动冻结。第363(l)条类似于《破产法典》的其他条款（如第541条、第545条和第365条），这些条款都禁止**破产约定条款**。破产并不会尊重在破产内有效但在破产外无效的权利。

当第三方享有一般性的终止权利，但是只是因为（债务人）提交了破产申请才行使这一权利时，会出现更困难的情况。考虑一下，保险公司一旦发现其债务人提交了破产申请，是否可以取消能够任意取消的预付款火灾保险单。② 终止和破产申请并非独立的事件。保险公司取消保险单可能就只是因为破产申请使其意识到债务人的不佳状况和发生火灾的高风险。

法院有时不愿意让第三方利用破产传递的信息信号。尽管债务人无权续签合同，但是第三人不能仅仅因为破产申请就终止合同。③ 然而，当双方当事人能够证明即使没有申请破产他们也会行使终止的权利时，法院倾向于允许他们终止合同。④

当然，在任何情况下，当事人都必须首先获得自动冻结的解除。终止的第三方是在采取第362(a)(3)条所指的“取得对破产财产中的财产的占有”的行动。自动冻结需要持续足够长的时间，以确定鉴于第三方有权终止，债务人对该财产不享有所有权。虽然他们任意取消的能力是使第362(d)条规定的冻结解除合理化的“原因”，但是当第三
198 人单方面采取行动时，其后果自负。

---

② Holland American Insurance Co. v. Sportservice, Inc. (In re Cahokia Downs, Inc.), 5 Bankr. 529 (Bankr. S. D. Ill. 1980).

③ In re Ernie Haire Ford, Inc., 403 Bankr. 750 (Bankr. M. D. Fla. 2009).

④ See In re M. J. & K. Co., 161 Bankr. 586 (Bankr. S. D. N. Y. 1993).

第362条在很大程度上有效确保了申请前债权人的权利被冻结，同时与其他人的正在进行中的关系不受影响。你永远都不可能看到一旦破产开始普通债权人就主张扣押其债务人财产的**汇编判决**（reported decision）。所有人都知道这一行为是禁止的。很多其他简单的案例也是如此。当我们研究较难的案件时，不要忘记第362条的大部分内容都不会引起很大的争议。

首先，第362(a)条禁止申请前的普通债权人强制执行债权。自动冻结也适用于其他推动追索申请前债权的行为。即使一个人没有触及破产财产，第362条也禁止他在另一个平台上继续追索申请前的债权。破产程序旨在为债务人的资产提供一个安全港。托管人应该有一些时间对事态进行评估。此外，托管人（或者，更常见的情况，经管债务人）应该能够在一个单一的平台中处理所有债权人的问题。破产法院负责裁决债权的金额和合法性。自动冻结使破产法院得以控制在何处对债权进行审理——在非破产的平台，或者根据破产中第502(b)条的通知和听证，或第502(c)条的（债权）估值听证（estimation hearing）。此外，第362(a)(4)条确保了试图完善或者设立财产担保的行为也违反自动冻结。

第362条并不冻结所有的债务追索。对申请后债务的追索不会被冻结。例如，你可以在破产外起诉债务人在申请破产后实施了侵权。但是，自动冻结禁止你真的扣押债务人的财产。破产法院必须控制破产财产以确保秩序，这一区别反映在第362(a)(4)条和第362(a)(6)条的差异中。自动冻结不禁止申请前的债权人针对第三人追索或者控制第三人的资产。申请前债权人可以向保证人或者共同被告追索。一些法院认为，在特殊情况下，自动冻结将适用于对第三人的诉讼。只有当针对第三人被告的判决将会对破产财产产生不利影响，如该判决将会产生（债务人承担的）赔偿债务的情况下，法院才会走出这特别的一步。[5] 当同一保险

⑤ See, e. g., Calpine Corp. v. Nevada Power Co., 354 Bankr. 45 (Bankr. S. D. N. Y. 2006).

199 单同时涵盖了债务人和共同被告时，也会产生类似的问题。针对共同被告的诉讼将会减少保险公司根据保险单承担的总的责任。[6] 允许此类诉讼也会影响破产财产。在有些案件中，法院根据第105条冻结了针对债务人高级职员的诉讼，理由是他们需要专注于债务人的事务。[7] 但是，以此作为唯一理由来冻结针对第三方的行为的情形很少见。[8]

关于第362(a)条还有更为重要的一点要记住，即这只是一种推定(presumption)。即使冻结明确适用，你也可以要求解除冻结。例如，如果对于政府而言在另一个平台中对债务人提起环境侵权诉讼是有意义的，因为在该平台的诉讼正在进行中，则政府可以到法院要求解除冻结。反之亦然。当包含在《破产法典》某些条款中的政策要求冻结某一行为时，即使该诉讼根据第362(a)条不会自动冻结，法院也有权根据第105条下令冻结。如果我们发现一个应该被冻结的行为不属于第362(a)条的范围，并不必然意味着第362(a)条的表述有什么错误。相反，自动冻结旨在涵盖那些非常常见并且易于描述的行为，以至于它们可以被自动冻结而无须要求法院审查具体的细节。

政府法规和第362(b)(4)条

破产并非要使债务人免于受实质性非破产法实施的规制。试想一下生产硅芯片的债务人。让我们假设如果债务人的资产用来制造这些硅芯片将价值200万美元。换句话说，买受人将为无破产前债务的资产支付200万美元。以特定价格购买资产的买受人，只有在确定该项目
200 的净收入足够提供200万美元回报的情况下才愿意支付这一价格。在计算净收入的时候，买受人会考虑到很多情形，尤其是各种法规将会

⑥ See A. H. Robins Co. v. Piccinin, 788 F. 2d 994 (4th Cir. 1986).

⑦ See, e. g., Lazarus Burman Associates v. National Westminster Bank, 161 Bankr. 891 (Bankr. E. D. N. Y. 1993).

⑧ In re Mid-Atlantic Handling Systems, LLC, 304 Bankr. 111 (Bankr. D. N. J. 2003).

带来的成本。例如，一项法律可能要求安装成本为 50 万美元的环保设备。在得出 200 万美元的价值时，买受人已经考虑到了这一成本。

如果这些资产能够被用来生产硅芯片，而无须遵守这一规定（并且假设污染受害人没有其他追索权），买受人将会为这些资产支付 250 万美元，而不是 200 万美元。因此，免除当事人遵守这样一项法规的义务将会增加资产的价值。同样，没有一项破产政策表明经管债务人能够获得这种免除。将个人从过去的债务负担中解脱出来的需要，或赋予企业新的资本结构的需要，都不能成为允许债务人按照一套不同规则行事的理由。我们在《美国法典》第 28 卷（司法机关与司法程序）第 959(b)条中也发现了相同的观点：

> 托管人……以任何理由任命的……包括经管债务人，应该管理和经营其所占有的财产……遵守财产所在州生效法律的要求，以与所有人或者占有人在占有这些财产的情况下应该做到的相同方式。

这一原则包含在第 362(b)(4)条中，该条规定自动冻结不适用于“政府部门启动的或进行中的，以实施该政府部门治安或者监管权力的行动或程序”。破产中的债务人必须遵守和其他人一样的规则。例如，他们不能污染环境。如果债务人违反州或联邦法律进行经营，无论其是否处于破产中，政府都应该能够责令其停止。花钱以遵守政府的命令，并不属于企业仅仅因为其处于集体性的程序中就能够避免的事情之一。第 362(b)(4)条确保了即使有自动冻结，政府也能保留其权力。即使诉讼将会对债务人的财产产生不可逆转的后果，如某个城市在债务人被定罪之后拆除了债务人的建筑，这一权力也仍然保留。[9]

第 362(b)(4)条要求我们划清政府部门行使其治安或监管权力而采取的行动和作为普通的申请前债权人采取的行动之间的界限。[10] 某一 201

---

[9] Javens v. City of Hazel Park, 107 F. 3d 359 (6th Cir. 1997).

[10] In re McMullen, 386 F. 3d 320 (1st Cir. 2004).

行为不会仅仅因为迫使债务人花钱就不是监管性的。但是，由于政府总是会主张其采取的所有行动都是为了促进治安或者监管目的，所以划清界限并不容易。例如，政府可能会辩称，债务人清理其在提交破产申请时并不拥有的财产的义务具有监管目的，即使该义务早于破产申请并且即使履行这一义务只需要向政府机构付钱即可。[11]

设想一个极端的情况，政府机构拍卖执照但是借给了符合条件的买受人部分购买资金。该机构认为，拍卖的目的是找到最看重执照的人，并且它可以确保只有在全额清偿了其贷款的情况下才能实现这一目的。一位买受人在正在偿付政府机构贷款的情况下申请破产。债务人认为，基于追讨钱款的目的，政府机构是申请前债权人而不是监管者。债务人在进入破产后就停止了向政府机构付款。政府机构可以取消执照然后将执照卖给其他人吗？[12] 答案是不应该这样做。第362(b)(4)条并不意图允许政府在其只是作为债权人维护权利的情况下行动。即使政府不是作为债权人而行动，第525条仍禁止政府采取行动（如取消执照）作为对破产申请的回应。[13]

当监管者是联邦政府时，破产法院的权力可能会以另外一种方式受到限制。政府机构可能会声称，即使其行为违反了自动冻结，但是破产法院仍然不能采取任何措施，因为破产法院对联邦行政机关的行为没有**事项管辖权**（matter jurisdiction）。[14] 审查必须由行政法法官和上诉法院进行。

202 当政府作为破产申请后的监管者采取行动时，其行为就不属于第362(a)条自动冻结所禁止的任何情形，至少只要其不主张控制债务人的财产。有人可能会认为，第362(b)条中规定的政府行为的例外超出

⑪ See Torwico Electronics, Inc. v. New Jersey Department of Environmental Protection, 8 F. 3d 146 (3d Cir. 1993).

⑫ See In re Kansas Personal Communications Services, Ltd., 252 Bankr. 179 (Bankr. D. Kan. 2000).

⑬ F. C. C. v. NextWave Personal Communications, Inc., 537 U. S. 293 (2003).

⑭ See In re Federal Communications Commission, 217 F. 3d 125 (2d Cir. 2000).

了那些政府作为申请后监管者采取的行为。根据这一观点，第362(b)条的目的在很大程度上是司法性质的。如果争议是由于政府行使其治安或者监管权力而产生的，那么政府没有义务在破产程序中解决其针对债务人的破产前纠纷。以这种身份行事的政府被推定有权在他自己选择的纠纷解决平台中来对债务人进行追索。在没有任何根据第105条下达的命令的情况下，政府可以在非破产平台中进行追索。[15]

最高法院在 *Board of Governors v. MCorp Financial* 案中也遇到了类似的问题。[16] 在申请破产之前，MCorp（一家银行控股公司）使其两家分行向一个分支机构提供了贷款，并且进行了其他可能违反联邦银行法的交易。美国联邦储备委员会在破产开始之前启动了一个行政处理程序（administrative proceeding），并且在MCorp进入破产后又发起了另一个行政处理程序。最高法院驳回了MCorp认为委员会试图行使申请前债权因而违反了自动冻结的观点，法院认为，委员会的行为应归入第362(b)(4)条规定的情形。委员会的程序可能会以一份最终裁定而告终，该裁定将妨碍《美国法典》第28卷（司法机关与司法程序）第1334(d)条规定的破产法院对破产财产的专属管辖权，但是在那之前，委员会的行动并未违反自动冻结。法院并没有被说服认同“《破产法典》的自动冻结条款适用于正在进行中的、非最终的行政程序”。[17]

MCorp 案和类似案例表明，就政府法规而言，某些政策与破产在一个单一平台中解决对债务人的所有债权这一目标相冲突。也许还有人认为，第362条以及非破产联邦法律都赋予了政府在债务人的债权人 203
之中的优先地位。例如，第362(b)条中的一个条款，使美国住房和城市发展部的止赎诉讼免于自动冻结。

[15] See United States v. Nicolet, Inc., 857 F. 2d 202 (3d Cir. 1988). 以下文章陈述了这一观点：Robert K. Rasmussen, Bankruptcy and the Administrative State, 42 Hastings L. J. 1567 (1991)。

[16] 502 U. S. 32 (1991).

[17] Id. at 41.

自动冻结和担保债权人

破产为担保债权人提供其担保债权的价值，但是不允许担保债权人行使其在非破产法下享有的默认权利。担保债权人不能实际占有其担保物，要采取这种行动，担保债权人必须要求解除冻结。什么时候批准解除？当不批准解除时，托管人必须采取什么措施来保护担保债权人的担保物？与破产的其他方面一样，有一些基本准则可以解决我们可能遇到的很多情况。

如果其担保物面临风险，担保债权人有权请求解除冻结。第362(d)条规定冻结能够基于一定理由解除。如果债务人损坏担保物或者停止为担保物投保，债权人将能够解除冻结。如果担保物并不面临风险，在担保物价值超过债权金额时，担保债权人无权解除冻结。当财产被出售的时候，债务人是获益或受损的人。担保债权人不是进行出售的恰当人选。担保债权人不能从超过其债权金额的出售款中获得任何利益，因此，它不可能以最大化其价值的方式出售担保物。我们确实有要求担保债权人合理行事的规则，但是如果进行出售的人有动力卖出最优价格，我们将能够从中获益。《破产法典》在第362(d)(2)条中认可了这一观点。

如果债务人享有担保财产的所有者权益（equity），那么担保债权人不能在没有合理理由的情况下解除冻结。有时，担保债权人担保物的价值高于其担保的债权金额，但是其他债权人也享有这一财产上的担保权益，所有这些担保债权金额加起来超过了财产的价值。我们需要弄清楚此时债务人是否不享有第362(d)(2)条所指的财产的所有者权益。大多数法院认定这种情况下债务人不享有财产上的所有者权益。⑱ 这似乎

---

⑱ Nantucket Investors II v. California Federal Bank (In re Indian Palms Associates, Ltd.), 61 F. 3d 197 (3d Cir. 1995); Viper Mining Co. v. Diversified Energy Venture, 311 Bankr. 712 (Bankr. W. D. Pa. 2004).

是对《破产法典》表述的一种合理解释，但从第一性原理层面来看，
这似乎没有什么意义。如果财产的价值超出了担保债权人的债权金额， 204
担保债权人可能没有直接的动机来卖出最佳价格。

当债务人不享有担保财产的净值时，债务人只有在担保物是有效重整所必需的情况下才能保留担保物。当不存在“合理时间内成功重整的合理可能性”时，担保债权人有权解除冻结。[19] 解除冻结的动议迫使债务人制定一个时间表。为了说服法院否决解除冻结的动议，债务人必须表明它将如何进行重整，以及为什么重整将要花费的时长是合理的。然后法院可以使用债务人自己的时间表，使其在案件的下一个关键时刻发挥作用，这可能是另一项解除冻结的动议、延长提交重整计划专属期的要求，或者是将案件转入第7章程序的动议。与其他类似案件一样，当法院必须决定是继续营业还是停止营业时，解除冻结的动议就是案件的*离散点*（discrete points）。正如风险资本家告诉企业家的，只有样机能够在特定日期之前成功运作，才能确保新一轮的投资，破产法官也会要求债务人出示企业前景的客观标志。

当自动冻结生效时，债权人以多种方式受到保护。通常，担保债权人不仅对不动产等资产主张利益，也会对该资产产生的收入流（revenue stream）主张利益。第552条免除了担保债权人证明其在租金上的利益根据非破产法进行了完善的责任。与之后取得的动产上的担保权益不同，州法有时候不允许租金（以及来自酒店的类似收入流）担保权益的自动完善。第552条反映了这样一种看法，即破产程序规定的通知使不再需要同时遵守州法的（担保权益的）完善要求。

更为普遍地，我们要求托管人确保担保债权人权利的价值在破产程序中得到*充分保护*（adequate protection）。根据第362(d)(1)条规定，未能提供充分保护本身就是要求解除自动冻结的理由。充分保护的含义在第361条规定中进行了说明（虽然没有明确地下定义）。首先，债

---

[19] United Savings Association v. Timbers of Inwood Forest Associates, 484 U. S. 365, 376 (1988).

205 务人可以在冻结减少了担保债权人财产利益的价值范围内，定期向债权人支付现金。其次，在同样的情况下，债务人也可以提供额外的或者替代的担保。最后，债务人可以提供一些能够相当于担保债权人所主张权利的**确实等价物**的其他类型的保护（除了提供管理费用优先权之外）。[20]

即使充分保护不能以管理费用优先权的形式提供，但是，如果债务人提供的作为充分保护的措施变得不充分，那么担保债权人有权享有优先于其他债权人的管理费用债权。假设担保债权人在破产程序的最后有权获得100美元，但是该担保债权人取得的某一资产上的担保权益被证明在那一时间仅价值80美元。担保债权人有权在其他任何管理费用（包括托管人和债务人律师的报酬）被清偿之前获得20美元的差额。[第507(b)条] 这一超级管理优先权（super-administrative priority）的价值很大程度上在于激励那些管理该案的人确保对担保债权人的保护是充分的，因为他们直到担保债权人获得充分保护的权利实现之后才能获得报酬。

担保债权人在单一资产的不动产案件中享有更多保护。在这些案件中（少于四个单元的住宅物业除外），某一不动产实质上产生了债务人的全部收入，在这一不动产上，债务人没有进行除经营不动产之外的其他实质性业务。甚至是大型的写字楼也属于这种快速程序（expedited procedures）。根据第362(d)(3)条的规定，在这种情况下，债务人应当在90日之内提交“有在合理时间内得到批准的合理可能性”的重整计划。如果债务人没有做到，则必须按非违约合同利率就担保债权人享有的不动产上利益的价值每月向其支付利息。尽管银行享有的是不足额担保权（甲土地作为抵押物担保了一笔100美元的贷款，但是该土地仅值60美元），债务人必须付款以保护银行担保债权的时间价值

---

⑳ 《破产法典》第1129条重复了**确实等价物**（indubitable equivalent）的概念，这一概念来自勒尼德·汉德（Learned Hand）法官在以下案件中的意见：In re Murel Holding Corp., 75 F. 2d 941 (2d Cir. 1935)。

（也就是说，就60美元支付利息）。在单一资产的不动产案件中对债务人施加这一要求是合理的。这种情况下没有失业风险，也没有营运价值需要保护。

其他担保债权人无权就其债权的时间价值获得充分保护。[21] 假设一家银行放贷100美元，取得了某一机器上的担保权益，该机器在破产申请提交时价值60美元。破产将耗时数年。银行只有权要求就其60美元的担保债权获得足以确保两年之后其能够获得60名义美元（nominal dollars）的保护。在两年之后获得60美元和今天获得60美元是不一样的。以这种方式解释充分保护的后果其实是要求银行在破产期间提供强制的无息贷款。 206

这一规则带来了很多不一致。如前所述，单一资产的不动产案件中，出借人确实享有对其担保债权时间价值的保护。这一规则对不同的担保债权人也有不同的对待，取决于担保物如何被使用。如果债务人拥有一台使用寿命很长的机器，并且将其租了出去，只要担保债权人根据适用的法律或者其合同能够获得租金，它就可以根据第552条获得租金。如果债务人拥有一台机器并且在其经营中使用它，由于债务人对财产的使用，担保债权人无法基于债务人对财产的使用得到任何东西。固定资产产生的收入流在经济上是相同的。

有时，担保债权人在破产申请提交之前取走了担保物。假设具有清偿能力的债务人贷款购买钻床，但是拖欠了对银行的付款。银行收走了钻床并且在债务人申请破产之前将其出售。在这种情况下，债务人只是运气不好。债务人不能对银行提起可撤销的偏颇性清偿诉讼，因为偏颇性清偿诉讼不能针对取走担保物或者获得了清偿的足额担保债权人。［回想一下，“转移”并没有使银行出现第547(b)(5)条所指的获益，这是破产案例中时间价值处理的另一个反常之处。］债务人也不能向第三人买受人追回财产。因为该买受人是支付了对价的善意买受

---

[21] United Savings Association v. Timbers of Inwood Forest Association, 484 U. S. 365 (1988).

人，托管人不能追回机器。债务人不再享有钻床上的任何可识别的利益，所有债权人也都不再有此种利益。现在拥有钻床的人与破产程序没有任何关系。

如果银行取走了钻床但是没有在债务人提交申请之前将其出售，又会如何呢？在这种情况下，不存在支付了对价的善意买受人。让我们首先看一下在破产外如何处理这一情况。通常，债务人能够取回机器，前提是它清偿了全部债务，而不只是机器的价值。债务人继续享有机器上的财产利益，但是其唯一的利益就是清偿债务之后赎回财产的权
207 利，而不是对机器本身的权利。现在让我们检视一下这一情况在破产中如何处理。第542条要求那些持有托管人可以使用、出售或者出租财产的人向托管人移交该财产。根据第363条的规定，托管人可以使用、出售或者出租破产财产，这在第541条中被定义为债务人的财产利益。第542条似乎不适用于担保债权人在申请前已经取回财产的情况，因为取走财产之后，债务人在机器上的利益就只是清偿完欠银行的所有债务之后赎回财产的权利。托管人可以使用、出售或者出租赎回的权利，而不是担保物本身。但是，最高法院在 *United States v. Whiting Pools, Inc.* 案中对这一问题作了更为宽泛的解释：

> 虽然这些法规可以被理解为将破产财产限制为提交申请时"债务人的财产上的利益"，但是我们将这些法规视为破产财产范围的定义，而不是一种限制。[22]

虽然这一解释有一些武断，但从第一性原理来看还是有意义的。只有在银行无权根据第362(d)条解除自动冻结的情况下，托管人才可以在机器被移交之后保留机器。因此，只有在被收回的财产对于有效重整至关重要的情况下，这一问题才是重要的。如果允许银行保留担保物，即使银行享有的是不足额担保的债权，债务人也将被迫清偿欠银

[22] 462 U. S. 198, 203 (1983).

行的所有债务。但是，银行不应该有权获得不足额担保部分的清偿。只要托管人能确保银行权利的价值得到充分保护，那么，银行的处境也不会因为债务人拿回财产、普通债权人获益而变得更差。允许债务人拿回财产和纠正待履行合同的违约并无太大区别。

自动冻结与特殊目的实体 208

对担保债权人的保护并不能使担保债权人对破产程序的启动漠不关心。因此，投资人发展出了很多策略，使他们免受破产程序影响。这些策略通常会涉及一个**特殊目的实体**（special purpose entity，SPE）。投资人将现金投入一个专门设立的实体（如一个有限责任公司），并且取得其资产上的担保权益。然后这一实体用这些资金来向债务人“购买”诸如应收账款等资产。只要向特殊目的实体进行的资产转移被视为“真实出售”（true sale），债务人的破产就不会对特殊目的实体的投资人产生影响。特殊目的实体只不过是从债务人那里购买了资产而已。债务人的第11章申请对它的影响，不会超过一个烤箱制造商的第11章程序对在其破产前向其购买了烤箱的消费者产生的影响。

在简单的案例中，特殊目的实体的结构确保了投资人享有类似于担保债权人权利的权利，但是可以免于参与破产程序带来的负担。这种情况下，存在债务人直接出售应收账款的真实出售，即使追收到的金额出乎意料的多，购买了应收账款的特殊目的实体也没有义务付钱给债务人；即使追收到的金额出乎意料的少，该实体也没有追索的权利。债务人的破产对特殊目的实体及其债权人完全没有影响。

人们越容易主张该交易并非两个不同实体之间的完全完成的转移，就越容易对投资人是否与破产程序相隔离产生怀疑。例如，在 *LTV Steel* 案中，法院拒绝了为特殊目的实体投资人紧急解除自动冻结，该特殊目的实体的资产包括仍然在债务人工厂加工的钢水。[23]

非破产法最终决定是否发生了真实出售，[24] 而一些州法试图使这些出售更容易。[25] 原则上，破产应尊重州法。但是，有几点需要注意。首先，破产法院会适用 *Chicago Board of Trade v. Johnson* 案的原则，关注
209 交易的属性，而不是州法院适用的标签。此外，正如在第七章中所讨论的，这类交易必须经受住欺诈性转让法的检验。某一真实出售相关的法规仅能优先于其司法辖区的欺诈性转让法。这样的法律不能优先于《破产法典》中包含的欺诈性转让原则，也不能优先于其他司法辖区的欺诈性转让原则。

特殊目的实体通常以自己不会进入破产程序的方式来设计。这说起来容易做起来难，因为经常会基于债务人（及其债权人）的权益而将特殊目的实体一并纳入破产程序。一般来说，债务人不能放弃申请破产的权利。这一规则不仅适用于个人债务人（对个人债务人来说，放弃这一权利将会丧失**全新开始**的机会），也适用于公司债务人。[26] 法院赞成对债务人申请破产的能力进行更狭窄的限制，尤其是在这些限制属于破产外重组（workout）的一部分的时候。[27] 例如，在破产外的重组中，债务人可能会同意一个“截止条款”（drop-deadclause），债务人在该条款中承诺，在申请破产的情况下，不会就债权人解除自动冻结的动议提出异议。但是，在破产外重组的语境之外，法院往往以相当怀疑的眼光来看待限制债务人申请破产能力方面的努力（如要求支持债权人的独立董事同意）。[28]

---

[23] See In re LTV Steel Co. , 274 Bankr. 278 (Bankr. N. D. Ohio 2001).

[24] See Duke Energy Royal, LLC v. Pillowtex Corp. (In re Pillowtex, Inc.), 349 F. 3d 711, 716 (3d Cir. 2003).

[25] See, e. g. , Delaware Asset-Backed Securities Facilitation Act, 6 Del. C. § §2701A – 2703A.

[26] See United States v. Royal Business Funds Corp. , 724 F. 2d 12 (2d Cir. 1983).

[27] See In re Colonial Ford, 24 Bankr. 1014 (Bankr. D. Utah 1982).

[28] See, e. g. , In re Kingston Square Associates, 214 Bankr. 713 (Bankr. S. D. N. Y. 1997).

人们可以尝试使特殊目的实体成为一个不具备破产资格的实体，但是法院可以将不符合破产资格的普通信托重新定性为符合“公司”的定义，并因此具有破产资格的“商业信托”。虽然可以安排那些不太可能提出申请的人，但债务人可能会换掉他们。[29]

投资人可以采取一系列措施，其中每一步都使申请破产更加不可能，而不只是准备一颗灵丹妙药来使特定的实体免予破产。例如，可以要求最有可能控制申请破产决定的负责人签署一份个人保证担保，该个人保证担保只有在实体将要申请破产的时候才会触发。该担保之所以有价值，不是因为银行想要这样的担保，而是因为潜在的保证责 210
任能够使负责人不让该实体破产。这一动态可以通过通常用来形容它的名称来理解：“坏男孩”保证。只有在负责人是“坏男孩”的情况下，他才承担保证责任。

[29] In re General Growth Properties, Inc. , 409 Bankr. 43 (Bankr. S. D. N. Y. 2009).

211 第十章 《破产法典》第 11 章动态

我们在下一章中讨论公司重整机制之前，将在本章首先探讨申请第 11 章程序的公司类型以及等待它们的问题。在美国，每年有成千上万的企业倒闭，还有更多的企业遭遇财务困境，但是只有不到 5% 的企业申请第 11 章程序。在本书的大部分章节中，我们已经讨论了破产的原则，但或多或少远离了典型债务人的情况和特征。要理解第 11 章在实践中是如何运作的，了解哪些企业会进行第 11 章程序及其进入程序的原因是十分有用的。

碰巧的是，第 11 章包含两个截然不同的世界。绝大多数的第 11 章申请都是由小型企业提交的。大多数破产法官备审案件目录 (docket) 中都是这些案件。只有极少数的第 11 章案件涉及大型企业，这些案件往往是在特拉华州、纽约南区和其他几个司法辖区提起的。大多数破产法官从未审理过此类大型企业的案件。由于这些案件的复杂性及其资产规模，这些案件产生了绝大多数的法律工作，以至于很多破产律师都没接触过其他类型的破产案件。我们依次来看每种类型的案件。

第 11 章中的小型企业

典型的第 11 章案件会涉及小型企业。[①] 这些企业的资产价值通常不到 100, 000 美元。这种企业除了业主经理 (owner-manager) 以外，

① See Edward R. Morrison, Bankruptcy Decisionmaking: An Empirical Study of Continuation Bias in Small Business Bankruptcies, 50 J. L. & Econ. 381 (2007).

只雇用一个或两个全职职员。一名计算机顾问刚好在以公司形式开展业务。除了她自己之外没有雇用任何人，并且她就在家中经营企业。企业的资产包括一部电话和一台个人计算机。这种情况下，该企业与公司实体并没有什么关系，这些关系属于个人。如果作为客户，你对 212
该顾问去年的工作很满意，并且想要再次使用她的服务，那你并不会在意是否具有公司形式。你可能会再次聘请她做顾问，却不知道她是在以公司的形式开展业务，还是她今年使用的公司形式与去年使用的不同。该企业的无形资产在于该顾问的专业知识。债权人无法取得这一无形资产。

旅行和保险代理、律师、脊椎治疗师、殡仪员、专职司机和其他个体经营者经营着大量第 11 章中的企业。这些企业只需要一辆汽车、一张桌子和一部手机。另一种大规模的群体是建筑承包商。清水墙承包商、水管工、油漆工和电工通常就是在外面干活。除了少量办公室职员外，他们没有固定的员工。他们雇用的人仅从事特定的工作。他们工作所需要的资产仅值几千美元。

在这些情况下，第 11 章与其说是要挽救企业，不如说是要让经营自己企业的人理清他们的财务状况。业主经理可能为机构出借人发放的贷款提供了保证担保，或者对未缴税款承担个人责任。所有这些债务都使业主经理在开始新事业之前无法脱离旧的事业。即使案件最终被驳回，第 11 章也赢得了时间。业主经理得到了 2 个或 3 个月的时间，在此期间他可以维持现状，同时找寻其他的选择。更重要的是，第 11 章创造了一种环境，在这种环境下，债权人（尤其是国家税务局和其他税务机关）愿意冻结他们的债权追收行动。

提供这种好处的成本主要落在了贸易债权人和小房东身上。提交破产申请使贸易债权人无法获得企业的收入流，自动冻结阻止了房东重新占有房屋。与税务机关以及机构出借人不同，他们缺乏针对业主经理个人的追索权，所以他们在谈判中所处的地位很不利。在典型的第 11 章案件中，普通债权人两手空空，因为在担保债权人和税收债权人得到清偿之后，什么也没有留下。

当我们关注小型企业的第11章案件时，几乎看不到符合我们对第11章的刻板印象的地方，即第11章是使有生存能力的企业作为独立实体继续存续的一个过程。绝大多数都是个体经营者设立并作为开展业务工具的公司，这些个人本质上就是连续创业者（serial entrepreneur）。
213 你自己创业的时间越长，你就越不可能接受一份普通的工作。实际上，在你自己创业超过10年之后，你就不太可能再为别人工作了——永远不会。开办一家企业，然后关门，再开始另外一家，这就是你生活的一部分，就像其他人接受一份工作，离职，再去找另外一份工作一样。

连续创业是小型企业破产最常见、最显著的特征。这些案例中，第11章的益处似乎不是很大，但是成本也可能不高。在几个月之内，破产法官就能够挑选出那些能够成功重整的债务人和无法重整成功的债务人。经验证据表明，超过一半无法成功重整的债务人在提交破产申请后的3个月之内就会被认定（无法成功重整）并且驳回申请；超过3/4的会在5个月之内被驳回或者转换程序。处于绝望境地的小型企业主不能利用第11章将不可避免的结局拖得太久。除非债务人能够证明法院很可能会在合理的时间内批准计划，否则《破产法典》要求债务人在提交申请之后的300日内提出计划。[第1121(e)条] 但是，这些截止日期对有能力的法官几乎没有什么影响。大多数能进行到300日之后的案例，债务人都有可能成功重整。

这些破产法官似乎依赖一些经验法则：

1. **13点钟规则**（The 13 O'Clock Rule）。当一个时钟敲了13下，你会知道钟坏了，同时还会怀疑这个钟之前传达给你的信息。如果债务人向法院作了虚假陈述或者违反了法院命令（特别是在现金担保物方面），法官很可能会驳回或者转换程序。法院这么做既是对违法本身的回应，也是对其他不法行为未被发现这一可能性的回应。

2. **现金流规则**（The Cash-Flow Rule）。法官会定期收到报表，其中会显示有多少现金流入企业，以及多少现金流出企业。一个现金流量持续数月保持负值的企业不太可能成功。

3. **两振出局规则**（The Two-Strikes-and-You're-Out Rule）。破产中

的债务人必须按规矩行事。如果未能提交时间表、未参加第 341 条会议或者是未支付费用，联邦托管人将要求转换程序或者驳回。如果债务人的业主经理迅速出庭并且认真悔改，法官会原谅其一次过失。但 214
是第二次不遵守规则将导致对案件的驳回。

4. 达成自身目标规则（The Meet-Your-Own-Goals Rule）。债务人在进度讨论会（status conferences）及其第 308 条报告中声称将会在特定日期之前达成一定目标（如提高收入或者找到新的投资人）。如果这些目标没有实现，并且主要参与者反对债务人延长期限，则破产法官会看到危险信号，表明公司并没有走在有效重整的道路上。

5. 你的同伴规则（The Company-You-Keep Rule）。破产法官可能从债务人律师的身份中得到一些信息。当律师频繁出现在同一个法院时，他们就会获得声誉，而有些人则可能更倾向于接一些不太容易成功的案子。

现代破产法官是“分诊员”（triage officers）。他们无意帮助那些只是为了拖延不可避免的结果的债务人。那些不能成功重整的公司只会短暂地出现在程序中。债务人可以轻率地提交第 11 章申请，但是只要债权人或者联邦托管人需要查明情况、提交动议、恰当通知当事人并且出庭，该案就会一直处于程序中。如果没有紧急情况，这一个过程要花费数周时间，但是如果联邦托管人或者各种债权人什么都不做，可能花费更长时间。破产法官和其他法官一样，通常不会主动采取行动，只有在律师提请注意的时候才采取行动。

大型公司重整

（破产的）大多数资产（以及大多数律师）都出现在最大型的案件中。现在我们来看大型公司的重整。第 11 章案件中的很多日常操作，内部人是知情的，但其他人却无法知晓。很多行动在于法庭之外的博弈，很少会产生汇编判决。举个常见的例子，有经验的律师不愿花费任何精力去争论契约受托人（indenture trustee）的费用问题，尽管第503(b)(5)条规定只有在契约受托人对案件做出“实质性贡献”的情况下才允许他们收取费用。但是这些费用通常会包含在计划中，而不会去调查契约受托人的贡献是否真的是“实质性”的。初级律师会在
215 一种类似于法国餐馆的新学徒被派去取回借给竞争对手的用舒芙蕾做的砝码的情形中，发现现代破产实践的这一特点。②* 信心满满的青年破产律师被指示去进行重整计划的谈判时，在对契约受托人收取费用的问题上毫不让步，只有在他们没有认真对待这一问题时，才会让人感到惊讶。

今天的第11章大型企业破产案件的动态与仅仅几年前的情况就已经有所不同，有很多更复杂的问题被隐藏在视线之外。管理者不再享有他们曾经拥有的控制权。当一个大型企业陷入财务困境，出借人通常会任命**首席重组官**（chief restructuring officer，CRO）。面对经验丰富的董事会，出借人可能只需要表明如果引入他们曾一起工作的首席重组官，他们将会更友善地看待未来对贷款契约的放弃。[通过隐晦的方式，他们将破产外出借人责任诉讼和衡平居次的风险降到最低，对于对**《萨班斯－奥克斯利法案》**（Sarbanes-Oxley）以及潜在的董事和高级职员责任保险缺失比较敏感的董事会，通常暗示就足够了。] 当然，名义上是董事会任命首席重组官，债权人也不会坚持某一个具体的人选。在**世通公司**（WorldCom）申请破产之前，其债权人以任命首席重组官作为在破产中进一步融资的条件，并且给了董事会自由去选择其满意的人，只要这个人是债权人提供的名单上的三个人之一就可以。

---

② See, e. g. , Jacques Pepin, The Apprentice: My Life in the Kitchen (2003). 当然，实际上并没有用舒芙蕾做的砝码这种东西。

* 译者注：舒芙蕾是用蛋白做的非常轻的甜品，用舒芙蕾做砝码是非常荒谬可笑的，所以根本没有这种东西。只有那些对烹饪一窍不通的门外汉才会认为真的存在用舒芙蕾做的砝码。作者通过这一比喻及契约受托人费用的例子来说明破产实践与书本理论存在差异，因此应当了解实践，避免纸上谈兵。

首席重组官的任命改变了公司治理的格局。首席重组官并不是管理团队的典型成员。与公司的其他高级职员不同，首席重组官直接向董事会报告。首席重组官通常被期望可以确定团队中的哪些成员能够带来价值，哪些成员（包括 CEO）需要被换掉。实际上，只有在首席重组官有机会调查经营问题并且决定行动计划之后，第 11 章程序才能继续推进。该计划通常会包括清理并出售企业。即刻出售一般是不可能的。抛开其他先不说，如果一家企业的账簿一团糟，没有人会愿意购买这个企业。

此外，利益相关者也与 10 多年前的情况有所不同。数十个不断变化的投资者占据着资本结构的每一层级，每一个投资者都在追求自己的目标。一些投资者寻求对企业的长期控制，而另一些投资者则是被 216
动的和短期的。其他人可能在多个等级和涉及其他企业的复杂对冲中享有“一揽子”的多头和空头头寸。

过去，当事人之间达成的交易遵循一些熟悉的模式。尽管有很多可能的交易，但是当事人天然地倾向其中少数几个。在新的环境中，不同的参与者享有不同的利益，旧的模式不再适用，而新的模式尚未形成。不再有组织的团体（如出借人代表，甚至是债权人委员会），取而代之的是投资者和债务人实体之间“一次性”的关系（如个别回购或掉期交易的对手方）。机构的类型各不相同，从银行和经纪交易商到对冲基金和私募股权公司。当前的大环境是，债权人之间没有天然的领导者（或者追随者）来进行达成共识所需的穿梭外交（shuttle diplomacy）。没有熟悉的标准，就没有制定计划应达成的共识，联盟的形成也就更加困难。

思考一下阿德非亚（Adelphia）重整。阿德非亚是美国第五大有线电视运营商。正如在大型企业重整中非常常见的那样，债务人决定根据第 363 条将其资产作为营运事业出售。在 2005 年 4 月，债务人找到了一个愿意支付 176 亿美元的买家，在其独立价值上大量溢价。购买协议要求交易在 15 个月内完成，但是没有债权人组对出售的金额或者形式提出严重反对。

按照传统的观点，迅速结束这个案件似乎没有什么障碍。唯一的债权人是债权金额固定的机构投资者；唯一的资产是买方（时代华纳有线电视公司）的现金或者股票。但是事情并不是这么简单。阿德非亚并不是单一的公司，而是有着230个关联实体的集团。每一个债权人团体均可对其债权的估值提出异议。虽然只有少数几个大的债权人团体，但是没有简单的方法来为每一笔债权进行估值，也没有明确的可以达成一致意见的焦点。因此，没有办法“在不冷落一个债权人团体
217 的情况下缓解另一个债权人团体的担忧……这实际上冻结了重整计划批准的程序，同时这一僵局越来越威胁到……出售”。③

债权交易

在过去的20年中，债权交易的增加极大地改变了大型第11章重整的动态。针对第11章债务人的债权进行交易的能力在20世纪80年代开始确定下来。但是，那时，一些法院对《联邦破产程序规则》进行了解释以使其能够审查债权交易并且确保那些出售债权的人得到充分的披露。然而，规则委员会在1991年决定解除对债权交易的管制，因为目前的司法监督被认为损害了债权的流动性。这一决定的影响是建立了一个大型债务人债权的市场。

债权交易的基本原理很简单。对于那些没有能力驾驭重整的人来说，债权交易可以让他们很容易地退出重整程序。债权交易之所以繁荣，是因为它对买卖双方都具有吸引力。不良债权投资者可以从他们对破产程序的了解这一能力中获利。他们能够更好地评估债务人最终能够清偿多少债务。与贸易债权人或者小的债券持有人相比，对一家公司进行全面审查的对冲基金更有可能对企业的整体价值有一个更准确的判断。此外，投资者能够发现债务人发行的票据上被忽略的价值。

③ In re Adelphia Communications Corp., 368 Bankr. 140, 159 (Bankr. S. D. N. Y. 2007).

无论哪种方式，新的投资者都可以利用其对重整程序的了解，来获得比债务人申请破产时拥有债权的当事人更高的回报。

另外，在某些情况下，能够收购债权使战略投资人可以取得对企业的控制。债权交易与破产外传统的接管争夺发挥着同样的作用，不同之处仅在于外部购买人收购的是债务而非股权。的确，我们很容易发现，在一些破产案例中，控制权之争是最重要的。

有关债权交易的法律仍然很不完善。很多基本问题（包括债权是否是证券法所指的“证券”）仍未解决。④ 此外，它使尚未解决的基本 218
矛盾浮出了水面。

思考一下 *Washington Mutual* 案中出现的问题。⑤ 一些不良债权投资人取得了非常重要的地位，并开始与债务人进行谈判。他们同意暂时停止交易，但是前提是他们不会永远受到限制。如果谈判失败，债务人将会向公众发布在谈判过程中披露的所有机密信息。谈判被证明是不成功的，正如承诺的那样，债务人披露了在谈判中给出的信息。投资人开始再次交易。一些投资人收购了额外的债权，而另一些则出售了债权。

几个月过去了，最终主要参与方达成了交易。但是一群心怀不满的投资人（旧股东）认为，继续交易的对冲基金的债权应该被“衡平禁止”（equitably disallowed）。那些参与谈判的人得到了整个市场所没有的信息，债务人随后公布信息不足以使公众投资人处于同等地位。谈判本身揭示了很多债务人重整的前景，尤其是其他人解决诉讼的潜在意愿。这一信息是不公开的，也从未公开过。当对冲基金回到市场进行交易时，他们对重整的前景有所了解，而外部投资人则不了解。一些对冲基金买入而其他投资人卖出，这些并不重要，重要的是他们是在了解内幕消息的情况下这么做的。

---

④ See Robert D. Drain & Elizabeth J. Schwartz, Are Bankruptcy Claims Subject to the Federal Securities Laws?, 10 Am. Bank. Inst. L. Rev. 569 (2002).

⑤ See *In re Washington Mutual*, *Inc.*, 461 Bankr. 200 (Bankr. D. Del. 2011), vacated in part, 2012 WL 1563880 (Bankr. D. Del. 2012).

他们观点的逻辑乍一看似乎是很有说服力的。内部人对保密信息的使用是20世纪30年代改革的核心内容。正如道格拉斯（Douglas）大法官在 *Pepper v. Litton* 案中所指出的：

> ［投资者］不能利用其内幕消息和战略地位满足自己的意愿……他不能利用自己的权力谋取个人利益，损害股东和债权人的
> 219 利益，无论这一权力是多么的绝对，也无论他在满足技术要求方面是多么的小心谨慎。⑥

《破产法典》没有正式禁止获得了债务人和内部人信息的投资人进行交易，但也没有必要这样做，破产法官的衡平权力已经足够了。

破产法官有权将那些违反重整程序规范的人的债权劣后甚至是不予确认。诉因背后的一些事实（如信息是否重要）可能是存疑的，但是股东们说服法院相信债权是似是而非的。几个月之后，作为案件和解的一部分，法官同意撤销这部分意见，但是意见仍然保留在破产案例汇编（Bankruptcy Reporter）中，其基本逻辑得以保留。

Washington Mutual 案的逻辑似乎表明，所有参与者进行的债权交易和谈判无法共存，但是现代大型公司重整实践却恰恰相反。每当你与某人谈判时，谈判本身就会向你提供其他人不知道的信息。如果此类信息构成了重大非公开信息，违反了对内幕交易的禁令，那么所有同意谈判的人都将丧失其交易能力。也许有人会认为，既然 *Washington Mutual* 案已经被撤销，那么所有的一切都可以被抛诸脑后，但是实际上事情并非这么简单。支持这一决定的理由依然存在，导致这一问题的紧张局势仍然没有解决。

当相关主体很可能获得整个市场没有掌握的信息时，出现了一些促进交易的手段，但没有一个既有效又能够广泛使用的手段。

掌握内幕信息的人可以试图在自己和公司其他人之间设置屏障。这

---

⑥ 308 U. S. 295, 311 (1939).

些屏障一旦恰当设置，将使没有参与谈判的公司内部人员能够继续交易，而其他人则由于他们所获得的保密信息而被限制交易。但是，这些屏障并非“万能药”。首先，其物质成本很高，需要诸如单独的电脑、单独的加锁文件和隔音室等东西。还需要制定一个协议，确保交易的人不会接触到机密信息，并且需要有人负责合规。[7] 220

对于具有完善的管理组织结构的大型金融机构而言，建立这样的合规机制并不难，但是对冲基金通常规模很小。尽管其控制着数十亿美元的资产，但其实体仅由几个交易柜台组成。将大型组织机构的程序强加给他们并不是一件容易的事。如果人们不在乎这样的交易者是否存在（或者肯定地希望他们不存在），这似乎就不成问题，但是如果人们认为债权交易是并且应当是重整实践的重要组成部分，那么就不能假装信息屏障可以解决所有问题。

朝这个方向推进太多改革可能会产生巩固现状的结果。老牌银行不会介意，但是对冲基金介意。我们应该对任何有利于那些已经存在了一个世纪的主体，而牺牲了刚刚涉足这一领域的主体的监管措施持怀疑态度。

总之，对于典型的对冲基金来说，信息屏障的主要问题不是物质成本，而是需要拥有足够的规模，以便在谈判和交易两边都能配备人员。屏障的两边都既需要交易员也需要分析师。如果需要活跃的投资人来监督债务人，需要敏锐的交易员以提供一个运行良好的市场，那么两边都需要专业知识。对于大型机构来说，这通常也不是问题，但是典型的对冲基金不具备这种深度的专业知识。

对冲基金有时候通过派律师代表他们谈判来解决这个问题。当问题涉及有争议的诉讼如何解决时，律师可能具备必要的技能，但是如果问题涉及商业竞争计划时，可能就超出了他们的能力范围。当要权衡两个不同商业交易并迅速做出价值亿万美元的决定时，可能会有一些

---

⑦ See In re Van D. Greenfield & Blue River Capital LLC, Release No. 34 – 52744, 86 S. E. C. Docket 1623, 2005 WL 2978438 (2005).

律师能够做得很出色，但是如果真的有这样的律师，那他们可能是选错了工作行当。派其他的代表也存在问题。有时可以聘请并派遣另一个交易员，但是如果谈判持续很长一段时间，那么这种方式也会有问
221 题。成功的交易员的一个重要优点是能够随着形势的变化而调整策略。

除了信息屏障外，债权交易者过去还依赖于“大男孩信”（Big Boy letters）。*⑧《美国证券交易委员会规则》第10b－5条责任的控诉要旨是欺骗（deception）。控告的实质是卖方未能披露与买方有关的信息。债权交易者可以要求彼此签署一封信，承认对方可能掌握了重大非公开信息并且不会披露。一旦买方承认他是“大男孩”，他就不能控告没有收到之前坚持说不需要的信息。通过签署“大男孩信”，交易者表明他不会依赖于对方的沉默。根据证券法，诉因不能被放弃，但是通过签署“大男孩信”，当事人放弃了基本要素——信赖（reliance）——这是诉因的一部分。

但是，证券交易委员会具有执行证券法的独立权力，并且不受交易者相互之间陈述的约束。似乎这里证券交易委员会不应该介入。债权交易者都签署了“大男孩信”的交易，不具有证券法针对的不法性。所有参与的人都是成年人，而且对应该享有公平竞争环境的无辜投资人没有任何伤害。

然而，问题并非如此简单。首先是对处于链条底部的交易的担忧。证券交易委员会担心的可能不是签署“大男孩信”之后买入的人，而是这一买方买入后出售的对象。签署了“大男孩信”的人知道，他所拥有的证券可能并不是看上去的那样，但是他的买家并不知道。

《美国证券交易委员会规则》第10b－5条责任的范围随着时间的推移而扩大。这一责任扩大到了那些利用某些信息的人，而这些信息

---

* 译者注：“大男孩信”是证券买卖双方在交易前达成的协议，确认买方不会因卖方未披露重要的非公开信息而提起诉讼。

⑧ See Edwin D. Eshmoili, Big Boy Letters: Trading on Inside Information, 94 Cornell L. Rev. 133 (2008).

披露给他们是以他们不利用这些信息为条件的。⑨ 你可以自由地利用其他人不知道的某一信息进行交易，但是那些你曾私下告知了该信息的人不能，如帮助你策划敌意收购的律师。他们利用这一信息是在对你犯错误。受到损害的不是与律师交易的人，因此这些人的豁免是不相 222
干的。⑩

证券交易委员会依据这一基本原理对那些以“大男孩信”交易的人采取行动，这一基本原理并不容易与 *Washington Mutual* 案的事实吻合。⑪ 在谈判后与债务人交易的对冲基金没有滥用信息。债务人本身支持他们的交易。他们所拥有的任何信息都是他们有权使用的信息，至少从债务人的角度来看是如此。他们所处的位置，与以利用别人私下告诉他的信息进行交易的债权人委员会成员完全不同。

但是这一观点完全离题了。买方信赖的缺失并不能阻止证券交易委员会采取执法行动，也不能保证仅仅因为该行动的逻辑在概念上存在缺陷，证券交易委员会就会自我约束。如果一个掌握了重大公开信息的投资人没有披露这些信息就进行了出售，即使所有的买方都签署了“大男孩信”，他也很容易受到证券交易委员会执法行动的影响。

对于对冲基金而言，被证券交易委员会指控内幕交易的成本很高。他们需要新的投资人，而审慎的投资人并不希望和因为内幕交易而被证券交易委员会调查的基金有所联系。对冲基金渴望安全港，如果涉及证券，“大男孩信”已经不再被认为是足够的。“大男孩信”可能基

---

⑨ United States v. O'Hagan, 521 U. S. 642, 652 (1997).

⑩ Ted Kamman & Rory T. Hood, With the Spotlight on the Financial Crisis, Regulatory Loopholes, and Hedge Funds, How should Hedge Funds Comply with the Insider Trading Laws?, 2009 Colum. Bus. L. Rev. 357, 435 – 38 (2009).

⑪ 这并不是说华盛顿互惠银行（Washington Mutual）的股东们没有尝试。他们辩称债务人透露的一些信息是由债务人自己保密的，他们声称，对冲基金知道债务人对这些信息保密。这就足够了。根据《美国证券交易委员会规则》第 10b – 5 条规定，某人从其知道滥用了信息的人那里获得了提示，就应承担责任。换句话说，债务人的处境就像一个背叛了即将进行敌意收购的客户的律师，而对冲基金的处境就像一个从该律师那里得到了信息的一个朋友。考虑到对冲基金与债务人之间的距离，以及它们与债务人之间通常存在的不利关系，给对冲基金贴上“利用内部消息在股市获利的人”的标签似乎有些奇怪。

于其他原因还会有用。如果债务不是证券，那么则无须担心证券交易委员会的行动。“大男孩信”既确保了不会有私人诉因（private cause
223 of action），更重要的是，还给那些反复参与的买方施加压力，让其不要在事情进展不顺利的时候控诉。

如果能够得到的话，一种较新的更有可能起作用的手段是破产法院认定谈判的内容不是重大非公开信息的命令。至少曾经有过一个这样的命令。[12] 当事人在试图与对方进行谈判之前，坚持要求获得法院的明确同意，这似乎是很奇怪的，对破产专业人员而言却像呼吸一样自然。但是这是 *Washington Mutual* 案为我们指明的道路。

司法命令远不是包治百病的灵丹妙药。法院认定和解方案不构成重大非公开信息，但这并不必然会约束包括证券交易委员会在内的非谈判参与方。此外，很多谈判是在债务人进入破产之前进行的。最后，问题不仅仅在于和解谈判。破产程序本质上涉及参与者之间的广泛联系，精明的交易者可以从这些互动中推断出信息。他们不可避免地掌握其他人所没有的信息，甚至在他们没有获得债务人信任的情况下，基于债务人认为，他们不会以机密信息为基础进行交易，也会获得机密信息。

新债权人和新资本结构

除了债权交易外，在陷入财务困境的企业中持有债务的人的身份也发生了变化。长期以来，银行一直实行银团贷款，但是贷款银团的组成发生了变化，其成员不再限于银行和养老基金，对冲基金也可以参与银团。此外，银团贷款的二级市场正在急速发展。

---

[12] See, e. g. , In re Vitro, S. A. B. de C. V. , Case No. 11 – 33335 – hdh – 15, Order in Aid of Settlement Discussions（Jan. 26, 2012）（规定：除其他外，“和解提议不应该构成重大非公开信息”）。

与银行早期所处地位相同的对冲基金并不以相同的方式看待事情。虽然他们拥有着相同的工具，但他们的业务模式却截然不同。银行是重复参与者。一家银行可以与某一企业保持数十年的关系。银行提供一整套服务而不仅仅是提供贷款。除此之外，商业规范及其声誉限制 224
了银行在任何特定关系中的行为。例如，尽管银行享有法定权利收回违约贷款，对其他借款人那里其声誉的担忧可能导致其放弃这种条款。相比之下，对冲基金存续周期有限，不提供任何服务，也没有声誉带来的限制。

此外，为银行工作的人和为对冲基金工作的人具有不同的技能体系。为银行工作的人擅长监督债务人和确保其担保物的安全。对冲基金聘请具有行业专长的专家，他们具备在公司事务中发挥更积极作用所需要的技能。当贷款契约被违反时，银行可能坚持要求额外的担保物，而对冲基金可能会要求换一个新的 CEO。最后，还有监管上的不同。对冲基金可以买入陷入困境的债务人的股份，以期在企业重整之后能够多年持有该企业的股份。相比之下，银行的持股能力有限。

资本结构也发生了变化。第一层级的担保债务通常不会耗尽企业的融资能力。需要更多资金的借款人从将取得后顺位地位的出借人那里借款（以更高的利率作为回报）。在过去的几年中，债务人通过无担保的**夹层融资**（mezzanine financing）获得这一额外价值。20 世纪 80 年代，这种融资由储蓄贷款协会和保险公司提供。这些机构是相对被动的投资人，几乎没有能力影响公司的经营。如果说有监督债务人的投资人，它就是贷款银团的牵头银行。

如今，债务人经常通过二次担保贷款来获得优先贷款和企业全部价值之间的差额。二次担保贷款的出借人取得与提供给第一个出借人相同资产上的担保权益。其获得清偿的权利，总的来说不会劣后于优先债务。到期时间表会制定出来以便于要求借款人清偿这两笔贷款。二次担保贷款的出借人可以要求与优先出借人同时获得清偿。此外，与**次级债务**（subordinated debt）不同，它不必将其追收到的任何资金用来支付优先债务。更确切地说，它只是在对担保物的权利方面排第二顺位而已。只有当担保物以现金形式出售时，优先出借人才享有优先权。二次担保市场在过去的几年中激增。与银团一级担保贷款一样，
225 二次担保贷款也有强大的二级市场。对冲基金是二次担保债务的主要购买者。

一次和二次担保权人在债权协议（intercreditor agreement）中对各自的权利进行梳理。该协议规定了两个出借人之间的关系，详细说明了借款人申请破产时他们各自的权利。例如，债权协议通常赋予优先出借人不经二次担保出借人同意即可出售担保物的权利。债权协议通常还会赋予优先出借人在破产申请后为债务人提供融资的权利，并且规定这种融资优先于二次担保出借人的贷款。

《破产法典》被证明有足够的灵活性（法官和律师也有足够的创造力）来克服迄今为止出现的问题。人们对这些新资本结构的特点仍然存在疑问，尤其是在破产程序中束缚二次担保权人手脚的债权协议条款的可执行性问题。法院坚持任何对权利的放弃都必须清楚地阐明，尤其是在二次担保权人能够获得清偿或者快能获得清偿的情况下。⑬ 他们已表现出愿意执行协议、以避免任命审查员，反对使用现金担保物，或者反对重整计划等这些情况。⑭ 但是，与此同时，即使法院承认后顺位投资人有保持沉默的义务，他们也倾向于正视现实。在典型的案例中，法院认定当事人不具备反对的能力，而且反对也没有根据。

法院似乎不太愿意承认破坏重整程序本身的协议。当当事人被动支持并允许其他人代其行事时，人们可能会担心有更多的事情正在进行中，而不只是理清双方之间对债务人资产享有相同份额的权利。当一
226 方能够代替其他人投票时，重整计划程序本身的公平性可能受到损害，

---

⑬ In re Boston Generating, LLC, 440 Bankr. 302, 320 (Bankr. S. D. N. Y. 2010).

⑭ See In re Erickson Retirement Communities, LLC, 425 Bankr. 309, 316 (Bankr. N. D. Tex. 2010)(必须避免去找审查人); Aurelius Capital Master, Ltd. v. TOUSA Inc., 2009 WL 6453077 (S. D. Fla. 2009)(不反对使用现金担保物); Ion Media Networks, Inc. v. Cyrus Select OpportunitiesMaster Fund, Ltd., 419 Bankr. 585, 597 (Bankr. S. D. N. Y. 2009)(同意不反对计划).

也会影响第三人的权利。[15]

信用违约掉期（credit default swaps）使大型企业的重组变得更加复杂，尤其是在破产之前。信用违约掉期是一种双方合同，根据该合同，一方（违约风险保护卖方）从交易相对方（**违约风险保护**买方）取得贷款的信用风险以换取一定费用。如果出现了贷款违约或者其他贷款的“信用事件”（credit event）（如破产），违约风险保护的买方将获得等于贷款面值的现金。

信用违约掉期是在没有债务人参与的情况下创设的。有些甚至是由目前对公司完全没有利益的投资人创设的。它们通常是附随的赌注，各方只关心“信用事件”，即触发信用违约掉期下结算义务的事件。在这种情况下，信用违约掉期的卖方将积极抗争以阻止破产申请的发生（至少在信用违约掉期到期之前），买方则将肯定地鼓励破产，而不管申请破产对公司是否有意义。未能处理这些新的投资和破产程序之间的相互作用，将会给目前解决财务危机的制度带来前所未有的压力。

在控制权方面，购买信用违约掉期与银团贷款不同。当牵头银行出售部分贷款时，它会将这部分贷款与任何可适用的控制权捆绑在一起。银团需要同意任何对信用事件的豁免（waiver）。经纪人也许能够哄骗银团成员遵循其建议，但仍然是那些拥有贷款的人必须作出决定。如果对冲基金在二级市场上出售其贷款，它就不能参与银团任何必要的决策。即使资产包易手多次，经济风险和伴随的控制权仍然是捆绑在一起的。

但是，当出借人购买了信用违约掉期，它仍然保留有贷款附随的控制权。现在违约风险保护卖方承担着贷款的经济风险，但是信贷协议下的权利仍然保留在违约风险保护买方手中。如果需要放弃某一信用
事件，贷款持有人可以自由按照其想法投票，但是现在它的经济利益 227

[15] In re 203 N. LaSalle Street Partnership, 246 Bankr. 325 (Bankr. N. D. Ill. 2000); In re SW Boston Hotel Venture, LLC, 460 Bankr. 38 (Bankr. D. Mass. 2011), vacated on other grounds, 2012 WL 4513869 (B. A. P. 1st Cir. 2012). 并不是所有的法院都同意这一观点。See, e. g., Rosenfeld v. Coastal Broadcasting System, 2013 WL 3285936 (D. N. J. 2013).

发生了改变。

信用违约掉期从根本上转移了破产外谈判的重心。可能因为持有标的资产而在谈判桌上占有一席之地的掉期合约持有者，可能更关心的是是否存在属于“信用事件”的行动，而不是其是否会增加公司的价值。在极端情况下，如果出借人购买的信用违约掉期多于其根据贷款本身会面临风险的金额，那么如果贷款发生违约，可能会对其财务有利。把公司搞垮可能比挽救它产生更高的回报。

利安德（Lyondell）是一家跨国公司，在美国和荷兰都有资产，**利安德公司**将其在美国的公司推入了第11章程序。但是，荷兰的公司没有进入任何破产程序。这一情况引发了一场争论，即美国破产法院是否应该禁止荷兰实体发行的债券的持有人宣布违约。如果债权持有人宣布违约，荷兰的公司将被迫进入荷兰的破产程序，结果极有可能是一场价值毁灭式的清算，让所有人都陷入更糟糕的境地。为什么要禁止债券持有人采取似乎与他们自身利益背道而驰的行动？一些人认为，这是因为他们同时持有大量的信用违约掉期，如果荷兰公司违约，这些信用违约掉期将提供丰厚的回报。

信用违约掉期在第11章开始之前以及随即的直接后果中产生了道德风险问题。第11章案件是一个终止掉期的“信用事件”。账款被结清，对债权的控制很快又回落在了对其拥有经济利益的人手中。信用违约掉期可能会使破产之前进行的筹划严重复杂化（甚至可能扭曲），并且可能在案件开始时也很重要，因为很多行动都会在那时进行。许多问题——从经管债务人（DIP）融资的批准到债权人委员会的组成——都在第一个月内解决。

总收益掉期（total return swaps）产生的问题延伸到了破产案件之内，因为它们不一定能在“信用事件”发生之后得到解决。在总收益掉期中，贷款的所有者（总收益支付人）以贷款的收入和所有增值换
228 取有担保的收入流以及对抗资本贬值的保护。所有者在减轻了与贷款相关的经济风险的同时，保留了贷款和所有相关的控制权。总收益掉期允许投资人（总收益接受人）享有贷款上的经济权利，但是没有相

关的控制权，因此，存在作出的决定没有将价值最大化的风险。

随着时间流逝，这些新的金融工具带来的困难应该能够自我纠正。潜在的买受人可能是不良债权专业人士，他们既有专业知识也有动力积极参与案件。当然，他们也必须依赖于**在册股东**（record owner）愿意按照他们所希望的行事，但是在通常情况下，在册股东会遵循他们的意愿。在存在紧张关系的情况下，各方将试图重组控制权和正式所有权，以克服所有权和控制权分离时存在的代理问题。但是，解决这一问题可能会耗费一些时间，当问题被解决时才可能出现赢家和输家。

在第11章中继续营业

托管人（以及据此推断，经管债务人）必须实现破产财产价值的最大化，而不是促进任何特定群体的利益。[16] 第11章并不完全依赖于经管债务人来确保这一结果。在重整程序中，债权人通过债权人委员会派出他们自己的代表。此外，法院可以通过看是否增进了破产财产整体利益这一方式，评估提出收费要求的专业人士的表现。

《破产法典》建立了监督机制以确保公司管理者关注所有人的利益，而不仅是他们自身的利益。这些程序规定在第363条，始于很多日常经营决策都是没有争议的这一观点。托管人（以及经管债务人）享有使用、出售或者出租破产财产的一般权限。[17] 要求零售商在每次有顾客进店购买东西时都要到法院，那就太疯狂了。经管债务人必须能 229
够购买原材料以及出售成品。如果现有的管理者连这些事情都做不到，就应该任命托管人。如果某一交易不属于正常的业务范围，将受到司

---

⑯ In re Central Ice Cream, 836 F. 2d 1068 (7th Cir. 1987). 这与非破产法是一致的。See, e. g., Production Resources Group, LLC v. NCT Group, Inc., 863 A. 2d 772, 790 – 92 (Chancery Del. 2004).

⑰ 只有在托管人有权经营企业的情况下，托管人才有这种权力，但是在第11章案件中，这种权力是推定的。

法审查。债务人只有在进行了通知和听证之后才能采取行动。[18]

在破产程序中，法院必须注意确保不存在“自我交易”（self-dealing），确保一个可能“为破产财产获得可能的最高价格或者最佳总体效益”的过程。[19] 起初要求进入破产程序的各种利益也要求法院确保他们即将做出的决定没有受到不利的影响。同时，破产法官必须利用可用的市场机制。[20] 因此，当债务人的行为规避市场时，破产法院不太可能接受诸如商业判断规则等理论也就不足为奇了。[21]

如果参与者寻求除企业零碎清算之外的任何其他选择，必须找到一种方式来维持企业的经营，哪怕只是一段时间。破产申请之后产生的债务必须在普通债权人获得任何清偿之前获得偿付。这些是“管理费用”，即“维护破产财产产生的实际的、必要的成本和费用”。根据第507(a)(1)条规定，这些费用优先于债务人欠的无担保债权。此外，重整计划必须规定以现金支付管理费用。

这一规则背后的逻辑很简单。为增加破产财产价值而花费的资金应该由破产财产承担。这一规则对于支付统筹重整的专业人士的费用，以及确保人们与债务人进行交易而言，都是十分必要的，但是其范围更广。例如，这一规则确保了在破产申请提交后取得侵权债权的人优先于申请前的普通债权人获得清偿。[22] 产生侵权责任的风险是花费时间
230 理清债务人事务的必要成本之一。我们可以通过赋予申请后侵权债权对无担保债权的优先权，确保那些从破产程序中受益的人将这一成本内部化。

债务人在破产申请之前的20日内收到货物的，第503(b)(9)条依

---

[18] 要求《破产法典》所指的通知和听证当然与要求听证（requiring a hearing）是不同的。See §102.

[19] Cello Bag Co. v. Champion International Corp., 99 Bankr. 124, 130 (Bankr. N. D. Ga. 1988).

[20] See Bank of America v. 203 North LaSalle Street Partnership, 526 U. S. 434 (1999).

[21] See, e. g., In re Bidermann Industries U. S. A., 203 Bankr. 547 (Bankr. S. D. N. Y. 1997).

[22] Reading Co. v. Brown, 391 U. S. 471 (1968).

然赋予货物的卖方以管理费用优先权，虽然这不完全属于“管理费用”范畴。在申请前债权人中选择这类卖方给予他们优先权，这一做法虽然有一些理由，但是也很难理解为什么他们比被拖欠了工资的工人（他们享有较低顺位的优先权，并且有上限）或者是侵权受害人（他们无论是在破产内还是破产外，都完全不享有优先权）更应该获得优先权。当信贷市场缺乏流动性时，对用以全额支付这些供应商的现金的需求可能成为一个主要的障碍。

即使经管债务人不需要新的资金来继续经营，它也可能需要信用额度来使供应商相信他们能够获得付款，同时可能很难找到除现有的优先出借人（senior lender）以外的人来提供信用额度，除非债务人拥有无负担资产。资本结构的变化，尤其是二次担保的出现，现在导致了很多案件中没有无负担资产。

目前，大型案件中担保债权人的权利狭窄地限制了破产法官的选择。第三方出借人不愿意劣后于担保债权人，而破产法官又无法给予其相对于担保债权人的“优先担保”（priming lien），因为这样做就不可能给予担保债权人“充分保护”。

如果债务人的现金、银行账户和其他现金等价物上本身具有担保权益，甚至在债务人不需要借款的情况下，问题也依然存在。维持企业运转要求使用这一“**现金担保物**”（cash collateral）。托管人（以及经管债务人）必须在企业动用现金担保物之前，去法院证明其为享有现金担保物上担保权益的当事人提供了“充分保护”。在案件一开始，其他一切都在进行中的情况下做这样的证明，是很困难的。如果债务人能够在申请前与其优先出借人达成协议，那么债务人就有最大的成功机会。

如今，在很多大型的第 11 章案件中，担保债权人就像是房间里 800 磅的大猩猩。* 债务人无法从其他地方获得融资，这可能给了担保债权人对提交破产申请的有效否决权。实际上，在很多情况下，第 11

---

* 译者注：800 磅的大猩猩，比喻因强大而行事无须顾忌的人或物。

章申请被提交只是因为担保债权人想要通过破产程序来出售其担保物，
231 而不是根据州法行使其止赎权——如果资产包括分散在许多不同司法辖区的不动产和动产，行使止赎权通常是一个不可能的任务。

尽管《破产法典》建立在普通债权人是剩余索取者这一前提下，但《破产法典》中没有任何规定禁止仅仅使担保债权人获益的破产进行。实际上，第11章的前身，即19世纪的衡平接管（equity receiverships）通常会涉及资本结构主要是担保债务的公司。

在近期的案件中，冲突通常不在担保债权人和无担保债权人之间，而是在同一优先顺位的担保债权人之间。他们可能会在一些问题上产生分歧，如是否在公司作为营运事业出售的拍卖中出价。在这种情况下，破产法官关注担保债权人之间订立的协议，并根据协议条款执行这些协议。㉓

当担保债权人是第11章的受益人时，其必须准备好支付必要的费用（toll）。根据第506(c)条规定，托管人有权从担保物中收取维护担保物产生的合理的和必要的成本和费用，但是在实践中，这一权力经常被放弃。取而代之的是，案件开始时会进行谈判，担保债权人同意在一定范围内为案件提供资金。在这些“分割”（carve out）协议中，担保债权人放弃在担保物上的部分债权，以确保申请后的费用得到支付。此外，有担保的出借人将同意使用其现金担保物，并在必要时为经管债务人提供融资，以维持企业的运转。然而，与此同时，担保债权人可能会坚持一些条件。抛开其他不提，担保债权人希望限制其资金用于对其担保权益产生不利影响的程度。

经管债务人（DIP）的贷款可能实质上赋予出借人对重整程序完全的控制权。典型的经管债务人融资协议有很多财务约定事项，违反任何财务约定事项都会给予DIP融资的出借人终止融资的能力。DIP贷款还限制了破产自动冻结的范围。在**温迪克西百货**（Winn-Dixie）破产案中，DIP融资的出借人坚持要求能够在出现违约之后取得其任何担保

㉓ In re Metaldyne Corp., 409 Bankr. 671 (Bankr. S. D. N. Y. 2009).

物，只要提前5天通知债务人即可。当企业处于第11章程序中时，DIP融资的出借人只为其提供了有限的自由。一种典型的条款放弃了债务人在出借人反对的情况下使用其现金担保物的权利，另一种典型条款则 232
放弃了债务人在担保债权人的担保物上设立优先担保（priming lien）的权利。此外，DIP融资协议可能会规定，如果债务人未能在特定日期之前安排出售其资产，则贷款终止。

DIP融资的出借人既可以控制债务人制定重整计划花费的时间，也可以控制重整计划最终的形态。DIP融资协议有时会规定，如果重整计划没有在一定时间内提交，则属于违约事件。这样的条款有效地将专属期限长度的决定权放到了DIP融资的出借人而不是法院手中。债务人制定重整计划的自由也受到了限制。融资协议可能包含一项承诺，即在没有出借人事先书面同意的情况下，不提交重整计划甚至是在破产中不提出动议。

作为授权使用现金担保物的命令（cash collateral order）以及担保债权人获得充分保护权利谈判的一部分，担保债权人有时会要求“将原有的无担保债权转化为担保债权（roll-up）”。随着旧的债务获得清偿，新的债务形成，担保债权人要求将其旧的、申请前的贷款转换为申请后的、有担保的、享有管理优先权的贷款。这些条款有效地消除了债务人在债权人反对的情况下强制批准重整计划的权力，因为管理费用债权必须在计划被批准时以现金进行清偿。债务人试图抵制这种要求，但是如果没有其他人愿意为第11章中的企业提供融资，那么他们这么做的能力可能会受到限制。

上诉法院对出借人将破产前和破产后贷款联系在一起的努力持怀疑的态度，尤其是在案件开始时。[24] 但是，与破产实践中的许多其他情况一样，在上诉法院发生的事情与实际上发生的事情存在脱节。很多问

---

[24] See, e. g., Otte v. Manufacturers Hanover Commercial Corp. (In re Texlon), 596 F. 2d 1092 (2d Cir. 1979); Shapiro v. Saybrook Manufacturing Co., 963 F. 2d 1490 (11th Cir. 1992).

题在能够提起上诉之前的很长时间就已经变得毫无意义了。每个司法辖区都有各自不同的做法，有时甚至某个司法辖区内每个法官的做法都不相同。通过汇总在选定的诉讼地（担保债权人具有相当影响力的）符合司法要求的条款，优先债权人作为 DIP 融资出借人能够握有足够
233 的杠杆，以确保不会有重大决策以它反对的方式做出。授权使用现金担保物的命令通常包含类似的规定。

债权人曾经不得不要求任命托管人，如果他们想要替换管理层的话。但是，根据现代第 11 章的实践，他们没有理由要求法院下令任命托管人，因为通常他们自己就能够对管理层进行变更。实际上，他们并不希望任命托管人，因为这将使控制权转给其他人。任命托管人已经成为 DIP 融资协议中的违约事件。

DIP 融资和分割令（carve-out order）只是在案件开始时做出的许多重大决定中的两项。第 11 章很少能成功，除非提前做了周密的计划。除了其他方面，为了有效地制定计划，律师需要提前了解他们将面对什么样的挑战。

一个普遍的问题是需要立即付款给某些申请前的无担保债权人。如果第 11 章申请在星期四提交，被拖欠了星期五薪水的工人就其未得到的工资只是普通债权人。可以肯定的是，根据第 507 条规定，他们有权享有优先权，但是没有任何规定能够使他们有权在案件结束之前获得清偿，而且公司的价值通常远远低于欠担保债权人的金额。但是支付工人对于维持企业运转至关重要。

在很多情况下，清偿某些申请前债权的逻辑是如此的有说服力，以至于没有人会对此考虑太多。例如，在*漫威娱乐集团*（Marvel Entertainment Group）的第 11 章程序中，最大的普通债权人团体是公司漫画书的订户。公司向他们发送漫画以换取他们预付的订阅费，这是《破产法典》所指的“债权”。自动冻结应当适用于他们，正如适用于其他所有人一样，但是将数千名 12 岁的儿童带入第 11 章程序是绝对荒谬之举，并且暂停他们的订阅给公司运营带来的灾难性后果将使任何人都无法提出反对。通常奖励常旅客飞行里程也没有异议。

债务人有时需要支付某些供应商款项，这些供应商的产品对债务人继续经营非常重要，如果这些供应商的申请前债务得不到清偿，他们就会威胁切断对债务人的供应。清偿那些会使债务人申请后的经营陷入麻烦的债权可以使所有人受益。破产法官会根据第 363(b)条批准这些“关键供应商令”（critical vendor orders），但是他们对此保持警惕。他们通常会拒绝批准仅仅只是能够使债务人更轻松的付款。要求此类付款的人需要证明付款是为了破产财产的整体利益。[25] 234

法院也有可能将需要在案件一开始就支付的款项（如薪水支票或者可能会拒绝放弃他们占有的原材料的运输公司的款项），与能够等到债权人委员会组成的款项区分开来。前者在第一天就被批准，后者只有在债权人委员会有机会提出异议之后才可能被批准。与其他情况一样，破产前的筹划能够使程序的进行更加容易。如果债务人的经营依赖于某个特定供应商的发货，债务人应该对这些货物享有合同权利。通过签订这样的合同，然后在破产中承继该合同，债务人能够确保继续取得这些货物。

随着企业越来越依赖于人力资本，企业变得更加容易受到关键员工离职的影响。当企业发现自己陷入了财务困境，并且希望能够继续运营时，其最有价值的管理人员需要留下来，通常还需要聘请新的管理人员。此外，当企业要被出售或者清盘时，通常有必要让现有的管理层留任一段时间，即使他们以后不会再待在这个企业，而是都想要跳槽。在不奖励将债务人置于解散状态的不称职管理者的情况下实现这一目标，给法官带来了另一个挑战。

《破产法典》中包含了几个针对这一问题的条款。第 548(a)(1)条规定，根据雇佣合同向内部人进行的转移，如果发生在正常业务范围之外并且低于合理等价，则该转移是可撤销的。第 503(c)条禁止向内部人支付“留任奖金”（retention payments）来诱使他们留在企业，除非满足一系列条件。这些条件包括证明该员工收到了另一个雇主的善

---

[25] In re Kmart, 359 F. 3d 866 (7th Cir. 2004).

意工作邀请，以及该员工提供的服务对企业而言是至关重要的。

鼓励企业最有价值的员工去其他地方找工作毫无意义，因而证明了满足上述条件无论如何几乎都是不可能的。实践中出现了为关键员工提供“激励”薪酬，而不是去满足“留任奖金”那些不切实际的
235 规定。如何构建薪酬激励，是一个既需要谈判又需要司法审查的问题。[26]

营运出售

第363条授权托管人或者经管债务人在正常业务范围之外进行交易，前提是通知了债权人并进行了听证。此处提供最佳指导的非破产原则可能是那些当公司在破产外“正在比赛中”（in play）时所运行的原则。* 根据露华浓（Revlon）理论，一旦不可避免要进行收购，董事会就“有责任使公司的价值在出售中最大化”。董事会成员就成为负有取得最高价格责任的“拍卖人”（auctioneer）。[27] 第二巡回法院在 *Committee of Equity Security Holders v. Lionel Corporation* 案中确立了这样一种观点，即只要有合理的商业理由，就可以在破产中进行营运出售。[28]

仍然不明确的问题之一是，买方实际上能够在多大程度上无负担地购买营运事业。第三巡回法院对第363(f)条的表述进行了广义解释，允许不受“任何利益”影响地出售，包括根据州法在继受人责任诉讼

㉖ In re Global Home Products, LLC, 369 Bankr. 778 (Bankr. Del. 2007); In re Dana Corp., 358 Bankr. 567 (Bankr. S. D. N. Y. 2006).

* 译者注：此处是一种比喻。在足球等比赛中，当球在场外时，比赛规则暂不适用，因而球员可以用手去触碰球。但是一旦球回到场内，就重新进入了比赛，比赛规则即开始适用，球员不能再用手触碰足球。类似地，当公司处于“比赛”中，如进入敌意收购时，董事会就必须开始遵守相应的规则，即下文中的“有责任使公司的价值在出售中最大化”。

㉗ Revlon, Inc. v. MacAndrews & Forbes Holdings, 506 A. 2d 173, 182 (Del. 1986).

㉘ 722 F. 2d 1063 (2d Cir. 1983).

中可能产生的债权。[29] 这一路径作为第一性原理是有意义的。允许一些债权人追索新购买方手中的资产，既会降低资产出售的价格，也会将资产从一群债权人手中转移到另一群债权人手中。这一解释是否能被普遍接受还有待观察。

未来的问题已经不再是营运出售的适当性，而是如何进行出售的问题。在担保债权人对案件享有控制权的情况下，它也会决定出售过程的动态。根据第 363(k)条的规定，担保债权人有权竞购并且以其债权抵销购买价格。[30] "债权竞购"（credit bid）的能力从概念上来看是合理的。担保债权人有权获得不超过其债权金额的出售收益。担保债权人 236
作为买方交给拍卖人的每一美元，该担保债权人作为对被出售的资产享有优先权的人都有权获得。债权竞购只是为担保债权人节省了获得短期贷款的成本和风险。

由于担保债权人无法从推迟出售中获利，并且如果情况比预期糟糕将面临所有的不利，因此，担保债权人有动力推动出售迅速进行。如果公司的价值低于担保债权人的债权金额，那么出售在其主持下进行没有问题。然而，我们需要担心的是即使资产价值超过了其债权金额，担保债权人仍然力推进行出售。出售金额等于担保债权金额的减价出售不会对担保债权人造成任何损失，但是会损害其他所有人的利益。

当担保债权人想要出售公司或者通过债权竞购直接收购公司时，破产法官可能会处于十分尴尬的境地。担保债权人出现并声称只有法官批准了迅速出售，它才愿意授权使用现金担保物。大多数后顺位债权人几乎没有时间组织提出异议，担保债权人通过与确实提出了异议的后顺位债权人达成协议来获取他们的合作。快速的安排确保了只有担保债权人自己或者其事先找到的买方能够出现在拍卖上。

法院必须批准出售程序，他们也有权根据第 363(k)条的规定限制

---

[29] In re Trans World Airlines, 322 F. 3d 283 (3d Cir. 2003).

[30] Cohen v. KB Mezzanine Fund II (In re SubMicron Systems Corp.), 432 F. 3d 448 (3d Cir. 2006).

债权竞购。法院不应该仅仅为了确保拍卖中有竞争性出价而限制债权竞购。但是，当不妥协的担保债权人推动快速出售，而其担保的合法性仍然存疑时，他们可以有效限制其债权竞购的权利。㉛

当推动出售的人能够证明企业在申请破产之前已经被彻底地处理过，并且将支付所有的管理费用时，破产法官最愿意批准这种情况下的快速出售。如果债务人仔细地搜索了潜在的买方，并且提出了要求买方承担与其选定的“假马”（stalking horse）同样义务的出价程序，那么破产法官可能会犹豫。如果买方被迫接受特定的义务，则需要担
237 心采取了其他形式的出价（可能对内部人不利）将被扼杀。在 *Chrysler* 案中，破产法官在无异议的证词证明清算出售的收益更少之后才批准了营运出售。在 *Sun Times* 破产中，法官坚持扩大出售程序以允许清算出价（liquidating bids）。

没有买方愿意花费大量的资源来调查债务人并承诺购买企业，只是为了看着其他人享受其调查的成果，提出稍微高一点的报价，然后得到公司。在破产外，如果公司最终卖给了其他人，第一个出价的人通常要求向其支付固定的金额，该支付既是为了其进行了的出价准备工作，也是为了看跌期权——以固定价格出售资产的权利。这一分手费可能对出价产生寒蝉效应（chilling effect），但是也会诱使某些人提出可靠的出价，从而产生额外的出价。一些破产法官并不像破产外的法官那样看重分手费。㉜ 但是，当其目标和效果是提高出售价格时，法官愿意批准。㉝

破产法官不应对市场机制进行事后评价，但是他们必须保持警惕，以确保市场机制能够发挥作用。在小型市场中，区分差异通常并不容

㉛ In re Fisker Automotive Holdings, Inc., 2014 WL 210593 (Bankr. D. Del. 2014).

㉜ See, e. g., Calpine Corp. v. O'Brien Environmental Energy, 181 F. 3d 527, 535 (3d Cir. 1999); AgriProcessors, Inc. v. Fokkena (In re Tama Beef Packing, Inc.), 321 Bankr. 496, 498 (B. A. P. 8th Cir. 2005)(注意到破产中的分手费通常限制在购买价的1% ~4%).

㉝ Official Committee of Subordinated Bondholders v. Integrated Resources, 147 Bankr. 650 (S. D. N. Y. 1992).

易。潜在的买方可能是内部人，他们可能会在公司的债务或者股权中取得主要地位，以此来确保他们在谈判桌上有一席之地。在某种情况下引发出价的机制，在另一种情况下可能会抑制出价。法院在这时，就像其他情况下一样，承担着高危险的动作（high-wire act）。

随着营运出售变得越来越频繁，出价程序也变得越来越复杂。没有规定要求感兴趣的第三人进行现金出价，实际上破产法官已经引导进行了非现金竞价的出售。越多营运出售采取这种形式，包括仅承继某些债务而不承继其他债务的营运出售，人们就越是担心这一形式根本不是出售，而是一个重整计划。对于重整计划而言，计划批准程序提供的所有保护都是必需的。这些程序是下一章的重点。 238

239 # 第十一章　制定重整计划

重整程序概况

我们现在来看一下重整计划和重整程序。起草者设想的理想程序如下。一家无法清偿其贷款但是具有存续价值的公司提交了第 11 章申请，原有的管理层继续经营企业，他们只有在经过通知和听证之后才能做出正常业务范围之外的决策，但是大多数情况下，他们可以像以前一样管理企业，其他人继续以与之前相同的方式和这家公司做生意。申请提交后不久，联邦托管人任命了债权人委员会。这个委员会通常由愿意效劳的最大的 7 个无担保债权人或者组建了试图进行破产外重组的委员会的债权人组成。该委员会可以聘请专业人员来调查债务人的事务，并且为债务人和债权人之间的谈判提供媒介。

在官方的债权人委员会之外，债权人还可以组成他们自己的“特别”（ad hoc）委员会来促进共同利益。这些委员会使债权人在谈判中具有更高的公信力和影响力，甚至在某些情况下，他们的律师费也作为管理费用的一部分支付。但是，与官方的债权人委员会不同，特别委员会并不对全体债权人负有信义义务（fiduciary duty）。直到最近，还几乎没有对这些委员会的监督。现在，根据第 2019 条规定，所有特别委员会必须披露其成员，以及任何“受某一债权或者利益的价值、取得或者处置影响的”经济利益。这一规则确保了破产法官和其他重整中的行为人知道他们在与谁打交道。

在继续运营的同时，债务人试图提出一个重整计划。如果该计划除了符合所有的一般要求之外，还符合第1129(b)条中规定的特别要求，即使一个或者多个组别的债权人反对计划，债务人仍然可以请求批准该计划。在某一组别债权人反对的情况下取得对重整计划的批准，这一过程被称为**强制批准**（cram down）。但是强制批准要求外部估值，而这些估值既昂贵又不可靠。理想情况下，你希望计划能被所有组别的债权人接受。虽然你可以在任何一个组别反对的情况下请求法院强制批准计划，但是你也更希望不这样做。那些很可能获利的人通常会 240
坚持某些东西。

《破产法典》最初给了债务人120日的时间来提交重整计划。法官可以延长这一期限，但是只有在债务人能够证明事情进展顺利，并且负责人能够实现他们自己设定的目标的情况下，法官才可能这样做。对于大多数第11章中的小型企业来说，120日的时间足以确定企业是否能够存续。大型公司需要更多的时间。但是，如果债务人在提交申请之后的18个月之内没有提出重整计划，其他利害关系人就有机会提出他们自己的计划。[参见第1121(d)(2)条]

重整计划将债权人的债权分为多个组别，并分别针对每个组别提出一种处理方式。债务人提交重整计划之后，必须设法使重整计划获得通过（accepted）。债务人必须起草一份**披露声明**（disclosure statement）并且说服法院批准这一声明。披露声明的目的是向必须对计划进行投票的人解释计划。一旦披露声明被批准，债务人就可以开始寻求各组别通过计划。

债务人可以通过以下两种方式之一来获得计划的通过。首先，归入给定债权组的债权人可以通过重整计划。某一组别中拥有投票权的多数债权人必须投票支持该计划，并且他们的债权金额必须至少等于拥有投票权的债权人其债权总额的2/3。就股权而言，债务人只需要投赞成票者拥有2/3的股份。这与州公司法是一致的，根据州公司法的规定，股东的数量并不重要，股份的数额才是重要的。其次，如果某一债权组是第1124条所指的权益**未受削弱**（unimpaired）的债权组，那么债务人可以获得该组别的**推定通过**（constructive approval）。一般而言，如果某个组别只包含重整计划没有重组的债权，那么该组别就是未受削弱的。例如，对于某一债权人的债权，如果贷款的原始条款得以恢复（所有的违约都得到了纠正），那么该债权就是未受削弱的。

获得了需要的票数之后，债务人可以请求法院批准重整计划。法院必须确信该计划符合第11章的所有要求。许多要求都在第1129(a)条中有详细的说明。例如，计划必须规定以现金方式支付管理费用。[第1129(a)(9)(a)条] 这一要求对于无法及时进入资本市场的企业而言可能是一种负担。除了其他要求之外，债务人还必须找到现金来清偿在提交申请之前的20日内发出货物的供应商，这些债权虽然是在申请前产生的，但被归为“管理费用”的范畴。[第503(b)(9)条] 已经
241 出现了一些做法，使这一要求不如最初那么严格。**管理费用债权人**（Administrative creditors）可以在私下交易（side deal）中自由地按比例缩减或者修改他们的债权。他们是否愿意这样做取决于他们与债务人过去及未来的关系。例如，最大的管理费用债权可能是欠债务人法律顾问的款项，这些款项通常是有最初的时间安排表，然后随着时间的推移而产生。

这种对现金的需求有时使第11章重整的成功取决于债务人提起偏颇性清偿或者欺诈性转让诉讼的能力。否则，新现金的唯一来源可能就是老股东。对于这样的小型企业，重整只有在老股东至少有足够现金来支付管理费用的情况下才是可能的。重整持续时间越长，这一金额就越大，对于债务人来说批准重整计划就越难，至少在没有特别耐心的会计师和律师的情况下是如此。

类似地，第1129(a)(9)(b)条要求重整计划为根据第507(a)(3)~(7)条享有较高优先顺位的特定破产前债权提供现金清偿。例如，包括对员工的特定债务以及员工福利计划。如果该组别债权人没有通过重整计划，则要求立即全额清偿此类债务。如果该组别通过了计划，则单个债权人不能要求立即清偿，但是可以要求分期全额清偿，包括适当的利息。即使该债权的优先顺位根据第7章的规定不足以保证全额清偿的情况，也应当如此处理。

或许这些要求中最重要的是第1129(a)(9)(c)条中规定的条件，即重整计划规定以现金延期清偿根据第507(a)(8)条享有优先权的税收债权，包括所得税、消费税和预提税。这些现金清偿必须在重整计划实施之日起的6年内进行，并且其数额等于所欠税额，而不论该债权根据第7章是否能获得全额清偿。

该条关于税收债权优先权的规定很明确，也几乎没有因此产生**汇编判决**。在大型企业重整的案例中，这一问题也并不突出。然而，对于很多债务人公司而言，税收债权可能占据主导地位。破产中的债务人在破产之前的收入可能不足以产生高额的企业所得税，但是即使是一个不盈利的企业也会欠缴或者必须预缴与企业作为雇主的角色相关的税款。小型企业在遭遇困境时通常无法履行这些义务，尽管企业的管理者有承担刑事责任的风险。(与未能缴纳企业自身的税款相比，税法对未能缴纳从职工工资中预扣税款的处理要严重得多。）当债务人是小 242
型的家族企业时，关于税收债权如何清偿的谈判通常是第11章的主要重点。

另一个不常导致诉讼但是会影响重整计划的要求规定在第1129(a)(10)条中。即使计划符合绝对优先规则，法院也不能批准该计划，除非至少有一个受削弱的债权组通过了计划。第11章的重整计划应当是利害关系人之间谈判的产物。为了表明进行了谈判并且至少有一些相互让步，你必须取得一个有权反对的组别的通过。即使对于某一组别是否通过了重整计划很少会有争议，仍然有大量诉讼是关于债权最初的分组是否被操纵以创设出一个会通过重整计划的组别。债务人将债权分为不同组别的能力越强，某个组别投票支持重整计划的可能性就越大。

第1129(a)条中的许多要求成为重整计划谈判的重点。例如，第1129(a)(13)条要求重整计划规定继续全额清偿根据第1114条修改的退休人员福利。这些债务以及公司养老金计划的缺口，有时是大型工业公司第11章案件的主要问题。在进入第11章时，**伯利恒钢铁公司**(Bethlehem Steel）有120,000名有权享有福利的退休人员，但是只有

11,500 名在职员工。其养老金计划的缺口达29亿美元之多。承诺的健康和保险福利总计31亿美元，完全没有资金来源。重整计划不能在没有清偿这些债务的情况下被批准，仅这些债务就使公司资不抵债。换句话说，即使其他债务都消失了也无法全额清偿这些债务。与许多其他现代大型公司的第11章重整一样，**伯利恒钢铁公司**的破产以营运出售告终。

第1129(b)条体现了绝对优先规则的实质内容。当某一组别（而不是该组别中的少数人）不同意重整计划，并且劣后于该组别的另一组别根据重整计划能够获得一些清偿时，法院必须确认异议组别是否获得了全额清偿。如下所述，确定重整计划是否满足第1129(b)条的规定要求使用市场标准进行估值。相比之下，当异议是由单个债权人提出时，法院倾向于使用不太严格的估值方法。根据第1129(a)(7)条
243 的规定，法院必须确信每个单个债权人都同意重整计划，或者其获得的清偿与在第7章清算中能够获得的一样多，这通常被称为**债权人最佳利益标准**（best interests-of-creditors test）。当一个企业能够被作为营运事业出售时，在第7章中变现的价值可能与该企业在第11章中重整的价值相同。然而，不太严格的估值方法使第1129(a)(7)条比第1129(b)条更容易获得满足。但是，有时第7章的不同规则使利益相关者获得的清偿比在第11章中能够获得的要多。在这种情况下，最佳利益标准提高了其谈判地位。①

还有一个重要的要求，即法院必须确信公司不会在重整中再次面临结束。*［第1129(a)(11)条］这通常被称为**可行性标准**（feasibility test）。这一标准是主观的，但是法院可以通过将重整后公司的资本结构与同行业其他公司进行比较，来赋予其一些硬性的标准，使债务人

---

① See In re Washington Mutual, Inc., 461 Bankr. 200 (Bankr. D. Del. 2011), vacated in part, 2012 WL 1563880 (Bankr. D. Del. 2012)（有偿债能力的公司的股东在第7章中境况较好，因为债权人享有的是法定利率而非合同利率）.

* 译者注：《破产法典》原文是指公司不太可能进入清算程序或者需要进一步的财务重组，除非这种清算或者进一步的财务重组写入了重整计划。

公司相对于同行业其他公司杠杆率过高的重整计划不属于《破产法典》所指的具有可行性。然而，法官必须依赖他面前的记录。就像任何其他对抗式程序（adversary process）制度中的法律规则一样，这个要求只有在那些反对批准重整计划的人提供了必要证据的情况下才有效。

如果法院批准了重整计划，那么该重整计划将根据其条款被执行。根据第 1141 条规定，重整计划的批准将豁免除在计划中处理了的债务以外的（在重整计划批准前产生的）**所有**债务。从表面上看，第 11 章允许免除公司的所有债务。然而，正当程序规定了最低限度的通知，这将最终限制第 11 章破产免责的范围。

免责并不会免除任何在重整计划批准之后产生的义务。例如，回想一下，债务人拥有一处不动产，债务人（或者其他人）在申请破产之前在这处不动产上倾倒了有毒废弃物。在重整计划批准之前产生的环境债权被免除（只要它们确实属于“债权”②），但是如果债务人仍然是该不动产的所有人并因此承担义务，那么这些债权的免责就不足以 244
使债务人免于承担清理义务。此类债务人仍然应当对基于破产之后的所有权产生的环境清理义务承担责任，如同在债务人出售该不动产的情况下，买受人应该承担责任一样。③ 同样地，申请前发生的侵权可能会导致重整后的实体负有持续的披露义务，免责不能消除该义务。

第 11 章中的一些规则以更快、更简化的方式对待小型企业。法院必须在计划提交之后的 45 日内批准符合第 11 章规定的计划。[第 1129(e)条] 债务人可以以标准格式提交披露声明，法院可以有条件地批准。披露声明只有在法院裁定是否批准重整计划的听证会上同时进行投票表决的情况下才接受严格审查。[第 1125(f)条]

个人债务人也可以申请第 11 章。此类个人可能是律师或者医生。他们不以公司形式开展业务，并且其个人财产已经与其执业财产交织在了一起。如果没有任命托管人，经营业务以及提出重整计划的主体

② See United States v. Apex Oil Co., Inc., 579 F. 3d 734 (7th Cir. 2009).

③ See In re CMC Heartland Partners, 966 F. 2d 1143 (7th Cir. 1992).

就是个人债务人而非经管债务人。重整计划批准的规则是相同的。然而，与公司债务人不同的是，个人维持着独立于其所拥有的生产性资产的身份。因此，对于第11章中的个人债务人，只承担将计划中承诺的未来收入用于清偿债务的责任。在免责方面也有一些特定债务属于免责的例外，如子女的抚养费。

如果债权人坚持，债务人必须拿出其未来5年的可支配收入［按照第1325(b)(2)条的规定进行测算］用于清偿债权人。［参见第1129(a)(15)条］但是，债权人不一定会要求这样的计划，因为债务人通常可以转为第7章程序，然后获得彻底免责。只要个人债务人的大多数债务是经营性债务而非消费性债务，个人债务人就无须根据第707(b)条进行经济状况审查，很多申请第11章的专业人员都属于此类。

友好劝说

合纵连横是公司重整的核心。陷入财务困境的企业需要新的资本结
245 构，很多现金流权和控制权的不同配置都要符合要求。各方必须围绕很多可能的协议中的一个来达成共识。当事人必须劝说、诱导并以某种方式达成共识，即使他们的利益与周围所有人都完全冲突。他们必须说服那些不愿意达成共识的人，但是他们不能做得太过，否则将面临被处罚的风险。他们不能强迫或者贿赂任何人。他们也不能剥夺债权人参与程序的权利。当然，诀窍在于区分*友好劝说*（friendly persuasion）和*不正当手段*（sharp practice）。一方当事人认为能够推动案件朝着重整计划可获批准的方向前进的明智协议，可能在另一方当事人看来是排挤他、剥夺他在谈判过程中发言权的私下交易。

在很多情况下，只有在能够合理地确信债务人会支持他们达成的交易的情况下，参与重整计划谈判的债权人才愿意使用第11章程序来落实该交易的要素。因此，他们在破产中寻求债务人支持他们达成的交易的承诺。《破产法典》鼓励当事人在破产外进行谈判。一般来说，当

事人达成的协议是可以强制执行的。但是，债务人达成此类“**计划支持协议**”（plan support agreements）或“**重整支持协议**”（reorganization support agreements）的能力是受限制的。[④] 如果此类协议有利于协议方并以牺牲非协议方的利益为代价，而没有反映出以对所有人都公平的条款达成协议的努力，那么法院将不愿意执行这些协议。

所援引的特别理论明确地基于破产法（如要求重整计划必须是善意提出的）。但是，基本原则牢固地植根于非破产法。公司的董事不能免除其履行信义义务的职责。

计划支持协议通常包含**信义退出**（fiduciary out）条款。如果继续参与**计划支持协议**不符合其信义义务，那么董事会保留退出该协议的权利。因为出借人希望债务人的承诺是强有力的，他们在起草条款时使**信义退出**条款尽可能狭窄而又不会违反董事的勤勉义务和忠实义务——这些义务要求他们考虑所有投资者的利益而不仅仅是股东的 246
利益。[⑤]

In re Bush Industries, Inc. 案阐明了这一发展动态。[⑥] **布什产业公司**（Bush Industries, Inc.）是一家成品家具制造商。它进行了积极的扩张，然后在经济转型时面临严重的财务问题。担保债权人作为一个团体与债务人进行谈判。债务人同意提出重整计划，担保债权人同意通过该重整计划。在该重整计划中，担保债权人将大幅缩减其票据，并取得重整后公司的股权。所有其他债权人将获得全额清偿，但是老股东的权益将归零。老股东反对该重整计划。

法院确信企业的价值低于欠优先债权人的1.6亿美元。但是，**计划支持协议**包含的一些特征困扰着法院。首先，该计划使债务人的高管

---

④ 关于“计划支持协议”的概述，参见 Kurt A. Mayr, Unlocking the Lockup: The Revival of Plan Support Agreements under §1125(g) of the Bankruptcy Code, 15 Norton J. Bankr. L. & Prac. 729 (2006)。

⑤ See In re Innkeepers USA Trust, 442 Bankr. 227 (Bankr. S. D. N. Y. 2010)(提及“债务人及其董事会对债务人债权人负有信义义务，以使破产财产价值最大化，这就是‘破产101规则’”).

⑥ 315 Bankr. 292 (Bankr. W. D. N. Y. 2004).

免于承担他们对公司的任何债务。这些债务是向高管和董事提供的250万美元贷款。使高管和董事免于承担债务和给他们现金以换取对特定计划的支持没有多大区别。其次，协议也要求优先出借人继续给公司首席执行官（CEO）发薪水，即使并不期望他会做什么工作。实际上，他已经离开了公司搬到了佛罗里达。法院并不反对“**黄金降落伞**”（golden parachute）本身。* 正如法院解释的那样，“只要确认的债权金额超过了重整债务人的价值，申请前利益持有人组就没有固有权利来反对实际上是由重整债务人的新所有者买单的雇佣合同”。⑦ 但是随着债务免除一并出现的黄金降落伞表明，高管和董事在谈判**计划支持协议**时促进了他们自己的利益，而不是股东的利益。

有担保的出借人和董事最终商定了一个协议，在这个协议中取消了
247 债务免除和**黄金降落伞**，但是这一“纠正”是不够的。协议本身的存在表明了债务人并不是善意地提出计划。异议并不是针对他们自身权利的债务免除或者**黄金降落伞**，而是针对他们扭曲重整计划程序的方式。如果这一程序对没有参与的投资者不公平，那么由此形成的重整计划不能被批准，无论该计划是否按照符合适用的任何实质性规则的方式进行了修改。

Bush Industries 案中的协议与 *Residential Capital* 案中的协议形成了对比。⑧ 在经过数月的谈判之后，*Residential Capital* 案中出现了申请后的**计划支持协议**，部分是通过另一个破产法官主持的、法院监督下的调解促成的。不受制于债务人母公司的首席重组官（CRO）代表债务人，**计划支持协议**使债务人走上了解决数十亿争议债权的道路。法院批准了债务人签订**计划支持协议**，并认定协议的所有当事人的行为都是合理和善意的。

Residential Capital 案涉及在破产开始之后进行谈判的**计划支持协**

---

* 译者注：黄金降落伞是指公司被合并或接管的情况下，公司管理人员在被遣散时会得到的大笔付款或其他经济赔偿。

⑦ 315 Bankr. at 305.

⑧ In re Residential Capital, LLC, 2013 WL 3286198 (Bankr. S. D. N. Y. 2013).

议。这表明了现代实践是如何以不同于《破产法典》表面上要求的方式发展的。因为 *Residential Capital* 案中的**计划支持协议**是在申请提交后达成的，这似乎违反了第1125条的规定。就其条款而言，第1125条似乎限制了当事人在破产开始之后到法院批准披露声明期间达成重整计划的能力。

第1125条旨在保护普通的贸易债权人，公众投资者无法知晓债务人的真实财务情况。《破产法典》通过应在投票之前向他们提供披露声明这一要求，帮助他们作出明智的决定。按照《破产法典》的表述，投资者需要知晓“足够详细的信息，只要是合理可行的……来对计划做出明智的判断”，要考虑到特定组别债权或者股权的典型持有人从其他渠道获取信息的能力。⑨

虽然第1125条背后的政策是合理的，但是该条款给那些经验丰富的当事人设置了一个障碍，他们需要在可批准的重整计划轮廓成型之前进行谈判。对于当事人而言，在正式的投票程序之前互相博弈直到达成共识是不够的。所有当事人都想要确保其他人——以及他们随后交易债权的相对方——将继续支持达成的方案，不会改变立场。 248

尽管第1125条似乎是规定了通用规则，但是很多法院（如审理 *Residential Capital* 案的法院）都认为，各方在破产申请后承诺支持特定计划的协议是允许的，不构成第1125条中的不当拉票（improper solicitation）。⑩ 这些法院指出了给予当事人信义退出的条款，各种终止事件的存在，以及只有在披露声明批准之后他们才实际进行投票的事实。

由于这一做法与第1125条中绝对化措辞之间的紧张关系，诸如

---

⑨ See 11 U. S. C. §1125(a).

⑩ In re Heritage Organization, LLC, 376 Bankr. 783 (Bankr. N. D. Tex. 2007); In re Indianapolis Downs, LLC, 486 Bankr. 286, 296 (Bankr. D. Del. 2013)[所有各方都是“经验丰富的金融玩家，在整个诉讼过程中都由有能力和经验丰富的专业人士代表”。如果认为第1125(b)条要求排除他们的投票，因为他们应该在与债务人达成或支持一项交易之前有机会审查法院批准的披露声明，这将严重助长“形式重于实质”。]

Residential Capital 等案件中的当事人寻求法院正式批准他们的申请后计划支持协议也就不足为奇了。抛开其他不提，法院对协议的批准消除了以下可能性：协议某一当事人随后被法院认定为恶意行为，并因此应该排除他们的投票或者限制他们在第11章程序中的作用。

一些法院哀叹难以确定什么样的沟通是允许的。正如法院在 *Century Glove* 案指出的那样，"我们发现，谈判和为了将来通过计划所进行的拉票，这两者之间不存在原则性的、可预测的区别"。[11] 但是，这种界限划分的问题很容易被夸大，因为此处法院和在其他情况下一样，倾向于依赖经验丰富的当事人关注它们自身利益的能力。

对第1125条的合理解释着眼之处在于，这种沟通是否有效地预先阻止了对已批准的披露声明的公正解读。向受过训练且对极小的字体、
249 最细微的变化都很敏感的律师分发重整计划草案和披露声明，完全不同于向成千上万的侵权受害人分发草案，这些受害人的想法一旦形成，就不太可能改变。

对披露声明的听证是一个非常重要的事项，提供了解决很多问题的机会。其中包括是否应取消债务人的计划专属提交权以允许债权人提出其自己的计划。但是，披露声明中的信息本身可能并没有人们期望的那么有用。第1125(b)条明确规定，"法院可以在不对债务人估值或者不对债务人资产估价的情况下批准披露声明"。一个必须对重整计划投票的债权人至少应该知道是否能够获得比在清算中更高的待遇。这似乎要求进行某种形式的估值。此外，如果某人将获得股票，则或许不可能在不考虑债务人资产价值的情况下知道根据计划某人能够获得的价值。

---

⑪ See Century Glove v. First American Bank, 860 F. 2d 94, 101 (3d Cir. 1988).

债 权 分 组

《破产法典》并未详细规定债务人或者其他提出重整计划的主体在将债权划分为不同组别的方式上享有多大程度的自由。第1122(a)条规定只有实质类似（substantially similar）的债权或者股权才能被分到同一组。每个担保债权通常其自身就是一个组别。例如，如果两个债权由不同的担保物担保，那它们就不是实质上类似；当两个债权由同样的担保物担保时，如果一个债权优先于另一个债权，那这两个债权也不是实质类似。

其他的决定更加难以做出。试想一下，一方面是担保债权人基于其债权金额和其担保物价值之间的差额持有的差额债权，另一方面是希望继续与重整后的债务人进行交易的贸易债权人的债权。当这两个债权放在同一组别时，其中一个援引绝对优先规则的能力可能取决于另一个是否也想要援引。

破产法官必须决定计划的提出者是可以将不同的债权放入同一个组别、必须将其放入不同的组别，还是可以自由地任选一种。第1122(a)条告诉我们，可以将实质类似的债权放在一起，但“除(b)款另有规定”。(b)款允许计划在必要时，为了管理上的便利，将低于计划规定限额的无担保债权划分为一个单独的组别。[12] 因此，第1122(a)条中 250
“除(b)款另有规定”的表述表明，除了为了管理便利的债权之外，实质上类似的债权*必须*被放入同一组别。可以说，无担保债权从本质上来看是实质类似的，因为它们在非破产法下的法律属性是一致的。

另一种理解第1122(a)条的方法始于这样一种观察结论，即实质类似的债权是*可以*（may）被放入同一组别，但并不是*必须*（required）

⑫ See §1122(b).

这样做。[13] 然而，这一解释并不意味着无须决定债权实际上是否是实质类似的。回到我们之前贸易债权人和差额债权人的例子，有人可能认为这两个债权是实质类似的，因为这两个债权都是无担保债权，并且都不优先于对方。但是还有另外一种观点。

如果债权属于同一组别的债权人有着不同利益，我们并不能保证大多数人会做出使整个团体的利益最大化的决定。如果无担保债权可以和担保债权放入同一个组别，那么被操纵的可能性是显而易见的。担保债权人应该获得全额清偿，而普通债权人只能获得百分之几的清偿。对于持有某种债权的人而言，能够代表持有另外一种债权的人发声是没有意义的。

即使在决定是否将无担保债权人放入同一组别时，也会出现紧张局势。考虑一下这个问题：贸易债权人的债权是否能够和向债务人提供了一笔无担保贷款的银行的债权放在同一组别？银行可能急于减少损失，并且可能打算以后不再与债务人进行交易。相比之下，贸易债权人可能希望以后继续交易。他们能够从一个成功的重整中得到更多，可能更倾向于投票支持一份给债权人的分配较少但使公司资本更加充足的计划。银行和贸易债权人的利益有着根本上的不同，即使他们的法律权利，即无担保债权人的法律权利是相同的。

然而，并没有现成的基准来判断某一债权人是否*足够*不同，以至于将其债权归入一个单独的组别是合理的。银行与贸易债权人的区别可
251 能不够大。此外，在债权交易很普遍的情况下，仅仅关注债权的法律特征可能是有意义的。债权的持有人很可能是不良债权投资者，他们只对与债权有关的法律权利感兴趣，而对债权产生的情况不感兴趣。通常的假设是，债权有着同样法律地位的债权人应该被归入同一组别。贸易债权人的债权和银行的债权通常会被归为一类。

创设两个或者更多组别使重整计划的批准更加困难。如果所有的组

---

[13] 对于判例法的有用总结，see In re Dow Corning Corp., 244 Bankr. 634, 644 – 51 (Bankr. E. D. Mich. 1999).

别都同意，就可以避免强制批准。当所有组别都同意时，重整计划可以包含给价外期权投资者（out-of-the-money investor）的“礼物”（gifts）来帮助推动事情进展。每个组别越小，每一个异议债权人的影响就越大。要求债务人将债权人分为不同组别提高了异议者阻止其债权组通过计划的可能性。面对该组债权人的反对，债务人必须证明，对于该组债权人而言，计划符合绝对优先权规则。这种后果导致债务人想要将不满债权人的债权归入由其他人主导的组别。但有时债务人也希望将异议者的债权放入一个它们自己的组别中。法院只有在某一个受到削弱的债权组别通过了计划的情况下才可以批准计划，通过将异议者放入他们自己的组别，债务人的同盟才能够控制另外一个债权组。

当债务人唯一的资产是一处不动产时，会出现很多债权分组的情况。担保债权人享有一个高额的差额债权，还有各种小的贸易债权。这里的问题是差额债权是否能够被单独分为一组。[14] 大多数法院会查明单独分组是否只是为了创设一个将会投票支持计划的受削弱债权组。[15] 正如法院在 *In re Greystone Ⅲ Joint Venture* 案中所指出的：“一个产生于混乱判例法的关于第 1122 条债权分类规定的明确规则是：不得为了追求可以通过重整计划的投票结果而将类似债权不合理地分入不同组别。”[16]* 252

---

[14] 第七巡回法院认为，当有担保的债权在破产外无追索权，并且仅根据第 1111 条的规定存在差额债权时，由于法律权利不同，必须将其单独分类。贸易债权在第 7 章中有不同的权利，这些权利反过来又影响到第 1129(a)(7) 条中债权人最佳利益标准下的权利。See In re Woodbrook Associates, 19 F. 3d 312 (7th Cir. 1994).

[15] See In re Save Our Springs Alliance, Inc. , 388 Bankr. 202, 234 (Bankr. W. D. Tex. 2008)(对债权分组的唯一限制是，计划的支持者不可以通过分组设计来操纵投票).

[16] 995 F. 2d 1274, 1279 (5th Cir. 1991).

* 译者注：原文将这种有目的的、不合理的债权分组称为“格里蝾螈”(gerrymander)，这是一个政治术语，意思是指以不公平的选区边界划分方法操纵选举，致使投票结果有利于某方。这个政治术语源自 1812 年美国马萨诸塞州州长埃尔布里奇·托马斯·格里（Elbridge Thomas Gerry）将某一选区划分成不寻常的蝾螈（salamander）状，以让民主共和党得胜。当时被重划的选区中，有一选区形状特别怪异，有如蝾螈（一种长得像蜥蜴的两栖动物），格里的政敌于是将格里（Gerry）姓氏与蝾螈的字尾（mander）组合成“gerrymander”，用来影射为照顾党派利益的不公平划分选区的方式，此后沿用于世。美国联邦最高法院在 1985 年裁决该做法违宪，此后各州的众议院选区划分须以人口比例去做分配，每 10 年的人口普查决定州的选区数目。

在非单一资产的不动产案件中，更容易使单独分组合理化。[17] 但是，正如第二巡回法院所指出的：“如果对无担保债权单独分组只是为了创设一个受削弱的投赞成票的债权组，是不允许的；债务人必须提供一些可靠的证据来证明对类似债权单独分组具有正当的理由。”[18]

在不动产情境之外评估可能与不可能的界限时，可以期望破产法官不仅关注关于分组的众所周知的规则，而且关注更高原则，即分组方案是否反映出了存在污点的谈判过程。债权是否实质类似或者重整计划是否进行了不公正分组的技术性问题是相关的，但可能不是决定性的。法院对于什么情况下债权能够被单独分组仍然存在分歧。[19] 形式属性没有那些反对的人是否能够贴上“不公正分组”的标签那么重要。

In re Charter Communications 案说明了这一问题。[20] 在这个案件中，重整计划因票据持有人被归入了与其他普通债权人不同的组别中而受到了质疑。法院驳回了这一观点，并认定票据持有人可以被单独分组。
253 他们与那些享有产生于“诉讼、雇佣或者经营关系”的债权的人有“不同的法律权利和清偿预期”。[21] 他们之间有很多重要的区别，包括向第三人追回的权利。尽管不是所有这些区别都赋予了债权人对债务人的不同权利，但是重要的是，这些区别加在一起，票据持有人就有了一系列使将他们独立分组变得恰当的动机。法院进行了传统的分析，但是驱动分析的引擎仅仅是计划提出者组成了一个合理的同盟。

---

⑰ See, e. g. , In re Jersey City Med. Ctr. , 817 F. 2d 1055 (3d Cir. 1987)（将医生、医疗事故受害者、员工福利计划参与者和贸易债权人的债权分开）; In re U. S. Truck Co. , 800 F. 2d 581 (6th Cir. 1986). 关于 U. S. Truck 的分类争议和扩展分析摘要, see Scott F. Norberg, Classification of Claims under Chapter 11 of the Bankruptcy Code: The Fallacy of Interest Based Classification, 69 Am. Bankr. L. J. 119 (1995).

⑱ In re Boston Post Road Limited Partnership, 21 F. 3d 477, 483 (2d Cir. 1994).

⑲ Compare In re 18 RVC, LLC, 485 Bankr. 492 (Bankr. E. D. N. Y. 2012)（债务人负责人担保的差额债权的单独分类被认为是以不公正划分为目的）; In re Loop 76, LLC, 465 Bankr. 525 (B. A. P. 9th Cir. 2012)（法院可以考虑第三方担保，允许对差额债权进行单独分类）.

⑳ JP Morgan Chase Bank, N. A. v. Charter Communications. Operating, LLC, 419 Bankr. 221 (Bankr. S. D. N. Y. 2009).

㉑ Id. at 264.

在大型企业的第 11 章重整中，企业包括了公司集团中的很多公司。公司结构本身影响计划批准的动态。思考下面两个案例。第一个案例中，有一个债务人和三个债权人。银行、出借人和公司债券持有人分别借出了 100 美元。公司只有一项资产。该公司一年之后将价值 225 美元，但是现在无法拿出现金也无法清偿利息。银行享有优先担保权，出借人享有第二顺位的担保权，公司债券持有人的债权是无担保的。本案中提出一个计划，根据这个计划，新公司（NewCo）成为重整后的实体，银行和出借人将获得一年之后到期的票据，分别由优先担保权及第二顺位担保权进行担保，而公司债券持有人将获得股权。银行和债券持有人投票同意这个计划，但是出借人反对。赞成计划的受削弱债权组的存在，使法院能够在出借人反对的情况下批准该计划。

再考虑一下另外一个案例，在这个案例中有母公司（ParentCo）、控股公司（HoldingCo）和运营公司（OperatingCo）。运营公司持有和上个案例中几乎一样的 225 美元的资产。银行借给了运营公司 100 美元。出借人借给控股公司 100 美元，公司债券持有人借给了母公司 100 美元。出借人之间有着结构性优先权（structural priority）而不是担保权益，但是银行仍然排在第一，之后是出借人，然后是债券持有人。（通过设想资产被出售，有 225 美元可以用来分配，可以很容易理解结构性优先权。银行，作为运营公司的债权人，有权获得 100 美元，剩余的 125 美元属于运营公司唯一的股东即控股公司。作为控股公司的唯一债权人，出借人有权获得其中的 100 美元。剩余的 25 美元属于控股公司的股东即母公司。公司债券持有人作为母公司的债权人对其主张债权。）

本案中也提出了一个重整计划，以与上述只有一个法律实体进行借款的假设相同的方式，对银行、出借人和公司债券持有人的债务进行重组。银行和公司债券持有人投票赞成计划，出借人反对。该计划能 254
否被批准并不确定。出借人可能提出这个公司集团的计划不能被批准。从技术上讲，有 3 个不同的计划，运营公司、控股公司和母公司各一个。根据第 1129(a)(10) 条规定，每个计划都必须获得一个受削弱债权组的支持。[22] 因为出借人是控股公司的唯一债权人，它可以否决这一重整。没有其他组别通过控股公司的计划。

这一观点的逻辑是无可挑剔的。但是，这种情况与具有同样的投资者层次结构但是仅涉及单个公司实体的情况并无实质性区别。给予出借人的待遇没有违反第11章的原则。该计划没有就绝对优先规则做什么文章。出借人并不是私下交易的受害人，没有人将它当作替罪羊。某一法院甚至认为，一个计划是否获得了一个受削弱的债权组的赞成，这一问题应该基于整个计划进行评估，而不是基于公司集团内的单个债务人进行评估。[23]

债权削弱

第1124条和第1126(f)条剥夺了在重整中不会受到损害的债权组或股权组的投票权。用《破产法典》的表述，这些债权是未“受削弱的”（impaired）。如果一个债权组在破产中获得了与重整前相同的权利，那么享有这些债权的人就没什么可抱怨的。[第1124(1)条] 如果债务人愿意继续支付相同的款项、接受相同的条款，那么该贷款就是未受削弱的。即使某笔贷款违约了，但是根据第1124条规定，其也有可能被视为是未受削弱的。

第1124条面临着我们之前在待履行合同情境下遇到的问题。正如债务人可能在破产前夕仅仅因为没有什么动力去关注其他人的利益而违反一个待履行合同，债务人也可能会使一笔优惠贷款进入违约。与
255 第365条一样，第1124条通过允许纠正过去的违约并恢复原始贷款来解决这一问题。正如托管人可以通过纠正违约并承继其义务来继续履

[22] See §1129(a)(10).

[23] JP Morgan Chase Bank v. Charter Communications Operating, LLC, 419 Bankr. 221, 250 (Bankr. 252 S. D. N. Y. 2009). 并不是所有的法院都同意。See In re Tribune Co., 464 Bankr. 126 (Bankr. Del. 2011).

行待履行合同，托管人也可以恢复一笔贷款。对于某些类型的违约是否能够被纠正，以及某些规定是否具有不可执行的**破产约定条款**的性质可能存在争议。㉔

使某一债权人的债权不受削弱，是避免强制批准的一种方式。当恢复贷款使公司能够享受到从足额担保债权人那里取得的低于市场利率的贷款的好处时，托管人（或者更有可能是经管债务人）可能支持恢复贷款。假设一家银行以现在来看远低于市场行情的利率提供了100万美元的长期贷款。但是，债务人现在违约了。除非债务人利用第1124条的规定，否则违约将会加速贷款，使整个100万美元本金到期。根据第502条规定，银行享有100万美元的债权。在没有任何特殊规则的情况下，债权人最佳利益标准使银行能够就100万美元的现值享有一系列权利。

但是，第1124(2)条允许银行的债权被“减速”（deaccelerated）。其合同中的条款被恢复，银行被视为债权未受削弱。因此，银行被视为通过了计划。所以，即使银行将获得的付款流的现值远低于100万美元，银行也不能援引债权人最佳利益标准，更不必说绝对优先规则。正如这个例子，在贷款是超额担保的情况下，继续这一低于市场利率的贷款是最有意义的。超额担保债权人有权享有第506(b)条中的利益，因此，无论何种情况都将获得全额清偿。利用贷款的有利条款没有任何成本。

债权未受削弱的债权人被视为通过了计划，不需要征集他们的投票。[第1126(f)条] 重整计划不会影响这些债权人，因此他们通过计划是无关紧要的。基于类似的原因，根据计划一无所获的组别被视为反对该计划。[第1126(g)条] 没有理由去问这个计划是否给了他们足够的东西。(当然，反对使绝对优先规则发挥作用。)

当债务人寻找一个受到削弱的债权组来通过其计划时，债务人会选 256

㉔ See JP Morgan Chase Bank v. Charter Communications Operating, LLC, 419 Bankr. 221 (Bankr. S. D. N. Y. 2009).

择一个正常情况下可能会被视为未受削弱的债权组（如与债务人一起合作制定计划的足额担保的银行出借人），然后稍微改变该债权组的权利。该债权组继续支持计划，但是因为从技术上来看该债权受到了削弱，所以该债权组就构成了第1129(a)(10)条规定的通过了计划的受削弱债权组。一些法院认定这类人为的“削弱”是一种被禁止的弄虚作假。[25] 其他法院关注法规本身的表述，该法规只规定了（对权利）的改变，无论这种改变多么细微，都是一种“削弱”。[26] 对于这些法院，反对计划的人不能以第1129(a)(10)条为依据，而是必须证明计划并不是基于善意提交的。这些法院认为第1129(a)(3)条中的善意要求“完全赋予法院处理欺诈的权力”。[27]

与《破产法典》中的其他条款一样，第1124条不承认破产约定条款。即使破产申请触发了破产约定条款下的违约，债务人也有权恢复一笔贷款。即使这一违约是不可纠正的，《破产法典》也基于与一般情况下忽略破产约定条款同样的原因对此忽略。

当公司集团进入破产时，禁止破产约定条款产生的影响并不总是很明确。考虑一下以下假设。银行向一家母公司的每一个子公司都提供了贷款。每一笔贷款都规定，如果其他子公司中的任何一个申请了破产就终止该贷款。如果计划要求恢复银行的贷款，银行会辩称每一个子公司的违约都是不可纠正的，对破产约定条款的禁止并不适用。对于每个子公司，是**其他子公司**的破产触发了违约。法院越将公司集团视作一个单一的实体，就越有可能驳回这一观点。[28] 法院还可能指出相关的法规表述，这些法规表述禁止与“本卷下**案件**的开始”相关联的
257 条款。该表述不要求触发违约的案件与涉及寻求恢复贷款的债务人的

---

[25] See In re Windsor on the River Associates, Ltd., 7 F. 3d 127 (8th Cir. 1993).

[26] In re Village at Camp Bowie, 710 F. 3d 239 (5th Cir. 2013).

[27] 710 F. 3d at 248.

[28] See JP Morgan Chase Bank v. Charter Communications. Operating, LLC, 419 Bankr. 221, 251 (Bankr. S. D. N. Y. 2009).

案件是同一个案件。㉙

第 11 章阴影下的博弈

第 11 章的动态并不容易进行总结。重要的问题不是外部人是否能够精确定义**强硬手段**与**友好劝说**之间的区别，而是内部人是否理解这一点。重整法律光明的一面是，一方面，各方对掠夺性的私下交易和对规则的操纵有共同的理解；另一方面，对公正的重组中的“公平报价”（fair offers）也有共同的理解。被排挤在外的、权利受到侵害的少数人，有别于想要通过破坏一项重整计划来为自己谋取一点小利益的一小部分异议者。而暗淡的一面是，以“一见便知”（I-know-it-when-I-see-it）理念为基础的原则产生了太多的不确定性，使制定重整计划过于面临不确定的挑战。无论我们是拥抱好的光明的一面还是暗淡的一面，问题本身都凸显了我们目前面临的最大挑战：如何在一个参与者众多且不断变化的体系内中合纵连横。在此过程中，参与者必须关注破产法官批准计划时使用的特定标准。这是我们下一章的主题。

㉙ Lehman Brothers Special Financing, Inc. v. BNY Corporate Trustee Services Limited, 422 Bankr. 407 (Bankr. S. D. N. Y. 2010).

258 # 第十二章　批准重整计划

对重整计划进行投票表决之后，法院必须决定是否批准重整计划。法院必须确信重整计划符合第 11 章的要求，特别是第 1129 条。第 1129(a)(1)条要求法院审查重整计划以确保其符合“本卷的适用条款”。* 因此，法院应当主动审查诸如债权分组之类的事项。

当重整计划被批准后，所有的账目都应当结清，各方之间的争议也一劳永逸地解决。但是，实现这样的“世界和平”（global peace）并不容易。为了最终解决问题，各方希望能够解决所有悬而未决的问题。为企业提供了新价值的老股东不希望在重整后恢复过来只发现旧债权人仍然在追究他破产前的不当行为。董事和高管不希望因为违反了他们的职责而被心怀不满的利益相关者起诉。

作为重整计划的一部分，债务人可以放弃对其他人的任何权利。债务人的这种*放弃*（release）实质上是一种诉讼和解，破产法官只要确信符合破产财产的最佳利益，就可以根据《联邦破产程序规则》第 9019 条批准这种放弃。① 不太清楚的是，在与石棉相关的损害（asbestos-related injuries）这一情境之外，法院是否可以禁止当事人追究债务人，虽然他们拥有的并非《破产法典》所定义的“债权”。

---

* 译者注：“本卷”即《美国法典》第 11 卷（《破产法典》）。

① 在解决这个问题时，法院通常会预演一个“多因素标准”（multi-factor test），这个标准首先出现在：In re Master MortgageInvestment Fund, Inc., 168 Bankr. 930, 934 – 37 (Bankr. W. D. Mo. 1994). See, e. g., In re Zenith Electronics Corp., 241 Bankr. 92 (Bankr. D. Del. 1999). 这是一个概念上的错误。多因素标准很少具有启发性，而且无论如何，*Master Mortgage* 是一个关于非债务人放弃的案例，是一个完全不同的主题。约束出现在法庭上的同意方的标准与针对不同意甚至可能不出现在法庭的人的约束标准是完全不同的。

破产法官也很难保护第三人免于其他人可能对他们提起的诉讼。在一些案件中，法院已经允许在大规模的全面和解中出现这样的条款。[②] 259
法院也已经允许了保护重整后债务人、专业人员和债权人免于承担在第 11 章案件本身中作为或不作为责任的免责条款（exculpation clauses）。[③] 但是，一般而言，法院非常不愿意下达免除第三人责任的命令，除非受影响的当事人同意。最近案件中有争议的问题是所需同意的性质。

法院已经表明，在受影响方对重整计划投票时获得了退出机会的情况下，愿意允许对第三人的免责，只要这种免责根据所有的事实情况来看是合理的。由于没有提出反对意见，他们同意免除第三人的责任。其结果是约束了很多从未对重整计划投票的人。[④] 然而，在这种情况下，信息披露是十分重要的。没有进行完全披露和明显披露的人就是在玩火。[⑤]

法院审查的两个更重要的事项是批准的实质性标准——**债权人最佳利益标准和绝对优先规则**。正如我们已经提到的，第 1129(a)(7)条规定一个重整计划要想获得批准，要么每一个债权组的每一个成员都通过该计划，要么每一个投反对票的成员必须至少获得其债权的清算价值。鉴于根据第 1129(a)(7)条主张其权利的成本，债权人最好赞同重整计划，即使该债权人在第7 章中更有利。此外，正如我们已经观察到的，第 1129(a)(7)条的估值程序并不严格。第 1129(a)(7)条要求我们假设一种与事实相反的情况，在这种情况下，一家应进行第 11 章程序的公司在托管人的控制下进入第 7 章，并且法院倾向于假设第 7 章中

② See, e. g. , Securities & Exchange Commissionn v. Drexel Burnham Lambert Group, Inc. , 960 F. 2d 285 (2d Cir. 1992).

③ See, e. g. , In re National Heritage Foundation, Inc. , 478 Bankr. 216, 233 (Bankr. E. D. Va. 2012); In re PWSHolding Corp. , 228 F. 3d 224, 246 (3d Cir. 2000). 然而，免责条款并没有过于扩张，无法保护当事人免于重大过失或刑事不当行为的责任。

④ In re Indianapolis Downs, LLC. , 486 Bankr. 286 (Bankr. Del. 2013).

⑤ In re Neogenix Oncology, Inc. , 2014 WL 954124 (Bankr. D. Md. 2014); In re Lower Bucks Hospital, 2013 U. S. Dist. LEXIS 94 (E. D. Pa. 2013).

的所有清算都涉及了公司资产的零散出售。最后，破产法官可能使用与第1129(b)条规定不同的、不太仔细的估值程序。更加随意的估值
260 可能会损害债权人的利益，尤其是在法官认为认定支持异议者将会损害公司成功重整前景的情况下。

当多个重整计划都符合第1129条时,《破产法典》要求破产法官在考虑“债权人和股票持有人的意愿”之后选择一个计划。这一规定毫无帮助，因为这种意愿在案件的任何时候都可能向着相反的方向发展。

贯彻绝对优先规则

假设符合第1129(a)(7)条（或许是因为可以避免严格的估值)。如果某一组别反对重整计划，那么该计划仍然必须符合绝对优先规则。第1129(a)(8)条规定除非计划符合第1129(b)条规定的标准，否则不能批准该计划。第1129(b)(2)条规定每个组别必须在后顺位组别能够获得任何清偿之前获得全额清偿。在衡平接管的时代，绝对优先规则是每个债权人都享有的权利。但是根据《破产法典》规定，绝对优先规则仅适用于异议债权组。

第1129(b)(2)条包含了对绝对优先规则的3种不同注解，具体适用哪一种解释，取决于重整计划强制批准针对的组别，其债权或者股权的性质。第1129(b)(2)(A)条规定了担保债权的问题，第1129(b)(2)(B)条规定了无担保债权，第1129(b)(2)(C)条针对的是股权（interest)。(正如指出的那样，“claim”和“interest”的区别是债务和股本的区别。）基本要点是：要么优先组别的债权人必须在重整计划生效之日获得其债权的全额清偿——一个现值概念，要么后顺位组别的债权人什么都得不到。只有满足了以下两种情形之一，后顺位组别的债权人才能基于之前对公司的权利获得一些清偿：(1)优先组别通过整组投票，同意他们参与；(2)优先组别获得了全额清偿。

但是，后顺位组别的债权人有权在任何情况下援引第11章的程序

(尤其是估值程序)。相较于企业以现金出售，并且根据非破产的优先顺位分配现金的情况，这一援引第 11 章的权利能够极大地改变后顺位当事人的地位。如果能够使后顺位当事人同意重整计划，优先债权人可能更倾向于并非对其自身进行全额清偿的计划。如果后顺位债权人反对重整计划，就会产生额外的程序成本（这些后顺位债权人因反对而有权进行的程序)，因此，这种非全额清偿的方案可能是一种更好的选择。只要一个组别通过了这一重整计划，那么对该组别而言，是否 261
满足绝对优先规则的要求就不再重要了。

第 1129(b)(1)条中发挥作用的一个平行原则是，重整计划不能有不公正的区别对待。**不公正的区别对待**（unfair discrimination）标准确保了同一顺位债权的平等，正如绝对优先规则确保了优先债权与后顺位债权之间的层级得到尊重。同一顺位的债权必须推定获得同样比例的份额。如果普通债权人处于同一组别，那么每个普通债权人必须得到相同的待遇。但是，将普通债权人放入两个不同的债权组，在有充分理由的情况下，给予其不同比例的清偿是可能的。

重整计划不会仅仅因为其给了某一普通债权组现金，而给了另一普通债权组长期票据就被认为进行了不公正的区别对待。如果区别对待是有理由的，并且现金付款和票据给了每个组别中的债权相同份额的债务人资产，那么重整计划就是符合要求的。例如，需要进行手术的侵权受害者可能获得现金清偿，而机构出借人可能获得票据，因为其并没有类似的现金清偿的需要。

法院并不坚持认为**不公正的区别对待**原则和绝对优先规则一样有着硬性标准。他们也不认为给予同一顺位组别的价值必须在所有情况下都是相同的。一些法院认为，他们拥有广泛的自由裁量权，以衡量区别对待是否有合理依据以及重整计划是否可以被认定为不存在区别对待并获得批准。⑥ 其他法院将给予同一顺位的组别相同的数额视为一个强推定，只能通过“证明对异议者的较低清偿符合破产外本应得到的

⑥ See In re Aztec Co., 107 Bankr. 585, 590 (Bankr. M. D. Tenn. 1989).

结果，或者对其他组别更高的清偿是因为该组别对重整的贡献所获得的补偿”来推翻。⑦ 如果待遇上的区别特别大或者如果重整计划在没有这种区别的情况下能很容易被批准，这些法院通常会施加很重的证明责任。⑧

262 理解第1129(b)条中担保债权人的权利需要仔细审视第1111(b)条赋予担保债权人的特殊权利。无追索权的债权有了追索权，担保债权人可以放弃其无担保债权，将其整个债权视为有担保的。行使第1111(b)条中选择权的后果并不是很清楚，但是确定问题的关键点并不难。考虑一下一家借给债务人100万美元的银行。该贷款由甲土地担保。该贷款是无追索权的。在破产之外，银行只能以甲土地受偿。如果甲土地在止赎出售中仅以60万美元的价格被售出，对于剩余的40万美元银行就是运气不佳的。如果第1111(b)条不存在，在破产中会发生什么？破产法官会对银行的债权进行估价。如果法官将其估价为60万美元，银行将被迫接受现在的价值为60万美元的“一揽子”权利。由于该贷款的无追索权性质，银行不会享有无担保债权。40万美元的差额就此灭失。国会引入了第1111(b)条的选择权，因为其认为破产法官不应该能够用估值的“笔”一画就消灭了银行的差额。

在 *Great National Life Insurance Company v. Pine Gate Associates* 案根据《1898年破产法》作出裁决之后，国会在第1111(b)条中要解决的问题引起了广泛的关注。⑨ 在这个案子中，无追索权的担保债权人未能成功反对重整计划，在该计划中，其担保物将进行估价，该债权人将获得这一评估的价值。担保债权人希望获得全额清偿或者将财产交给他。

当然，如果恰当地进行了估价，担保债权人获得的数额与其出售了

---

⑦ See In re Tribune Co., 472 Bankr. 223, 241 (Bankr. D. Del. 2012). 这一标准由布鲁斯·马克尔（Bruce Markell）首先提出。See Bruce A. Markell, A New Perspective on Unfair Discrimination in Chapter 11, 72 Am. Bankr. L. J. 227, 228 (1998).

⑧ In re Deming Hospitality, LLC, 2013 WL 1397458 (Bankr. D. N. M. 2013).

⑨ 2 B. C. D. 1478, 1976 U. S. Dist. LEXIS 17366 (Bankr. N. D. Ga. 1976).

该财产能够获得的数额是一样的。但是，担保债权人担心未能对其担保物进行合理的估价。因为其债权是无追索权的，针对差额部分其并不享有无担保债权，因此在重整中没有表决权。第1111(b)条回应了这种情况——也被称为 *Pine Gate* 问题——首先，所有贷款，无论在破产外是否有追索权，在第11章中都是有追索权的。因此，上面例子中提到的银行（除非其进行了不同的选择）将会享有40万美元的无担保差额债权。通过享有这个债权，银行可以与无担保债权人一起投票。

第1111(b)条也赋予了担保债权人**选择权**（election）。如果做出了 263
选择，则债权人被视为享有全部债权金额的担保债权，无论担保物的价值是多少。因此，在上述案例中，银行将会享有100万美元，而不是60万美元的担保债权。但是，银行并不会获得价值100万美元的清偿。根据第1129(b)(2)(A)(i)(II)条规定，银行将会获得60万现值的连续支付的现金流（stream of payments）。(这一条款规定，给对银行的连续支付现金流必须等于“该债权人在该财产的财产利益上的利益价值”。法院已将该财产估值为60万美元。）就这一点来说，银行获得的待遇与其没有进行选择的情况下是一样的。通过做出选择，银行似乎受到了损害，因为其必须放弃40万美元的差额债权。但是进行选择也会出现有利的结果。

为了满足第1129(b)(2)条的规定，连续支付的现金流仅需价值60万美元，但是这些清偿的面值必须总计为100万美元。此外，连续支付的现金流是由100万美元而不是60万美元的**担保权**所担保的。与 *Pine Gate* 案中的债务人不同，现在从破产法官那里获得了人为的较低估值的债务人，不能通过向担保债权人支付司法评估金额的现金来摆脱担保债权人。在很多情况下，债务人愿意给债权人长期票据。贷款的期限足够长，以至于票据可以有60万美元的现值并且付款流将仍然超过100万美元。因此，第1111(b)条选择权通常只有在法院低估了财产价值，并且可能在不久的将来会违约或者存在加速100万美元债务的出售时，才会使担保债权人获益。

值得关注的是，第1129(b)(2)(A)条的不同部分是如何运转的。

对于一个重整计划而言，要做到公平公正地对待担保债权人，该计划必须向担保债权人提供：(1)其担保物上的担保权益以及等于其担保债权价值的票据；(2)能够以债权竞购（credit-bidding）的出售；(3)“能够就其担保债权的**确实等价物**（indubitable equivalent）实现其债权”。法条中对此的表述是分开来说的，但是每一条都必须依据其他条来理解。因此，重整计划的提出者主张该计划向担保债权人提供了债权的**确实等价物**的能力非常有限。例如，债务人不能在计划中提出进行不能以债权竞购的资产出售，并主张由于担保债权人将会获得其债权的**确实等价物**，所以该计划符合第1129(b)(2)(A)条的规定。资产的出售应附随债权竞购的权利这一具体要求含蓄地限制了提出向担保债权
264 人提供其债权**确实等价物**的计划的一般权力。⑩

结合第1111(b)条的选择权，对向担保债权人提供其债权的确实等价物的能力施加了另外一个限制。假设债务人欠银行100美元，并拥有甲土地，破产法院认定该土地价值50美元。银行做出了第1111(b)条选择，要求针对100美元取得甲土地上的担保权以及贴现现值为50美元的票据。债务人提出了一个重整计划，该计划向银行提供其债权的**确实等价物**。计划基于价值50美元的国库券，向银行提供连续支付的现金流。

毫无疑问，银行获得的连续支付的现金流事实上相当于破产法官确认的其担保债权的价值。与由甲土地担保的票据不同，由国库券担保的票据具有容易确定的市场价值，这一市场价值是50美元。因此，债务人主张，担保债权人获得了50美元债权的**确实等价物**。

但是，认同*Pine Gate*案的法院可能会反对这一重整计划。给予银行甲土地上其债权金额的担保权益的计划，使银行有机会在该财产的价值高于破产法官认定的价值的情况下获得上行利益。享有担保权益的能力为价值低估提供了缓冲——债权竞购也是如此。当担保债权人根据计划拥有优先担保债权时，即使破产法官对基础资产进行了错误

⑩ RadLAX Gateway Hotel, LLC v. Amalgamated Bank, 132 S. Ct. 2065 (2012).

的估值，担保债权人也更有可能获得其债权的真实价值。⑪

绝对优先和新价值计划

联邦最高法院在 *Bank of America v.* 203 *North LaSalle Street Partnership* 案中确定了绝对优先规则的框架。⑫ 在该案中，一群房地产投资者在芝加哥市中心购入了一栋写字楼的 15 层，并从银行获得了无追索权的抵押贷款。不动产价值在 20 世纪 90 年代初开始下跌，合伙人想要在第 11 章中重组银行的贷款。该合伙企业提出了一个重整计划，该计划向银行提供了比其通过州法上的止赎能够获得的金额更多的清偿，但是 265
允许合伙企业中的破产前投资者保留所有人身份并享受大量的税收优惠。在银行反对该合伙企业计划的情况下，破产法院必须确定该计划是否可以在银行反对的情况下获得批准。

当老股东无法与其最优先的债权人达成交易时，就会出现**新价值**（new value）的情况。作为带着“担保债权持有人”帽子的优先债权人不能反对**新价值计划**。如果重整计划符合第 1129(b)(2)(A)条的要求，那么担保债权将会获得全额清偿。作为该债权的持有人，优先债权人没有什么可抱怨的。但是，作为无担保的差额债权持有人，该债权人可以提出反对。

明确的法律问题可以简单地阐明。在债权金额大于担保物价值的情况下，除了担保债权以外，银行还享有无担保的差额债权。第七巡回法院已经作出裁决，银行的第 1111(b)条规定的差额必须单独设为一个组别。⑬ 因此，当银行投票反对重整计划时，必然会有一个无担保债权组投票反对。《破产法典》第 1129(b)(2)条规定当一个无担保债权

---

⑪ See In re River East, 669 F. 3d 826 (7th Cir. 2012).

⑫ 526 U. S. 434 (1999).

⑬ See In re Woodbrook Associates, 19 F. 3d 312 (7th Cir 1994).

组反对重整计划并且无法获得全额清偿的情况下，重整计划只有在“任何后顺位利益持有人……根据计划将无法基于该后顺位利益获得或者保留任何财产”的情况下才是公平公正的。

苏尔特（Souter）大法官在为法院撰写的书面材料中认为，该表述要求遵守“绝对优先”。在绝对优先制度下，如果异议组别没有获得全额清偿，老股东就不能获得任何“财产”。赋予老股东取得新股权的排他性权利的计划给了这些老股东第1129(b)条所指的“财产”。该计划实质上给了老股东取得**重整后实体**股权的排他性权利。这种排他性权利是股票期权，通常被视为财产，因而也是法规所指的财产。因此，如果不放开这一程序，股本就无法参与进来。

正如法院所解释的那样，“如果为股权支付的价格是给出的最高价格，老股东就不需要排他性的保护……如果不是最高价格，那么就没有明显的理由要与老股东进行这一交易”。[14] 法院指出，司法评估不能
266 确保实现“最高价”，“确定价值的最佳方式是面向市场”。但是，法院并没有明确阐明债务人想买进新公司股权时必须遵循的路径：“市场标准是否要求一个提供竞争性计划的机会，或者是否能够通过竞购（旧股权寻求的相同权益）的权利得以满足，不是我们此处要决定的问题”。[15]

在*203 North LaSalle*案之后的10年中，许多破产法院认定解除排他性就足够了。这些法院认为*203 North LaSalle*案中对计划的主要异议是老股东享有排他性的权利。但是只要其他人有权提出计划，老股东根据他们自己的计划享有的排他性权利就不会产生异议。解除排他性之后，根据计划购买股权的权利不再具有期权价值。任何利益相关人都可以通过提供其自己的计划来获得相同的权利。因此，股东不再能够获得“财产”。[16]

---

⑭ 526 U. S. at 456.

⑮ 526 U. S. at 458.

⑯ In re Red Mountain Machinery, 448 Bankr. 1, 18 (Bankr. D. Ariz. 2011).

其他法院拒绝了这种观点，他们认为排他性的终结是不够的："反对**任何**让内部人持有股权的计划的权益受削弱的出借人有权享有竞争的益处。"[17] 排他性是否终结并不重要。包含新投资的重整计划必须允许其他潜在的投资者出价。

难以强制批准一个针对优先债权人的新价值计划，往往会导致股东试图与优先债权人达成协议。这样的交易似乎是不会招致反对的。如果优先债权人支持包含老股东权益并且其自身不会获得全额清偿的计划，那么普通债权人将得不到任何清偿。优先债权人有权获得整个公司。因此，似乎优先债权人能够对公司为所欲为。但是，正如我们在第三章中讨论的，略过某一组别的"礼物"是可疑的。这些案件的重点不是股东是否贡献了价值，而是"礼物"本身是否破坏了第 11 章程序。

为了避免强制批准听证的费用而在资本结构中进行象征性的支付并 267
不罕见。普通债权人获得了足够多的清偿，因此可以完全避免绝对优先规则的复杂性。对这些组别的支付通常以诱导同意的方式进行。例如，重整计划有时包含"死亡陷阱"。如果某一组别整体投票赞成计划，该组别将获得少量的清偿，但是如果投票反对，就什么都得不到。这样的计划并不违反针对同等对待的禁止性规定，因为该组别中的所有人都获得了相同的东西（要么是少量的清偿，要么什么都没有，取决于整个组别的投票）。这种样态类似于我们在辩诉交易（plea bargaining）中所看到的，在辩诉交易中，刑事被告可能会认罪，而不是冒着被判很长刑期的风险坚持要求庭审。

善意与选票排除

破产法官还能够在案件期间监督债权人的不当行为。主要的武器之

---

[17] In re Castleton Plaza, LP, 707 F. 3d 821, 824 (7th Cir. 2013) (emphasis in original).

一就是第1126(e)条，该条赋予了破产法官“排除”（designate）恶意投票者的表决票的权力。法院要审查“围绕着通过的情况，可能导致通过计划的特殊的或者别有用心的动机，取得债权的时间以及为此支付的对价，等等”。[18] 正如道格拉斯（Douglas）大法官所解释的：

> 如果此类调查揭示了存在不公平交易、违反信义义务、从信托中获利、为重整人提供特殊利益，或者需要保护投资者免受少数内部人或某一类投资者的侵害，法院有充分的权力来调整救济以满足需要。[19]

一长串的案例试图确定什么类型的行为是允许的，什么是禁止的。他们从布莱克（Black）大法官在 *Young v. Higbee Co.* 案[20]的意见开始。他认为如果两个优先股股东同意放弃对重整计划的批准进行上诉，并
268 且将其股份以高于其组别中其他人根据该计划能够获得金额的价格出售给那些控制重整的人，那么，这两个股东的行为是不适当的。

Young v. Higbee Co. 案仍然是一个里程碑式的判例，并继续产生深远的影响。挑战在于如何理解这个判例。有人认为，重整程序应该确保同一组别的所有人获得同样的清偿。想要收购特定组别债权的人必须以对所有人都相同的条件收购。如果为这些债权支付的金额高于该组剩余债权人根据计划能够获得的金额，则不能为了确保重整计划的批准而买入债权。这是第二巡回法院在 *In re P-R Holding Corp.* 案中采用的方法。[21]

愿意为某一个债权支付高于该债权在重整中能够获得的清偿的价格，似乎是损害正在发生的迹象。除非买方能够从其他地方获得利益，

---

⑱ American United Mutual Life Ins. Co. v. Avon Park, 311 U. S. 138, 145 (1940).

⑲ 311 U. S. at 146.

⑳ 324 U. S. 204 (1945).

㉑ 147 F. 2d 895, 897 (2d Cir. 1945)(“当这些收购导致有利于出售其权益的债权人的歧视时，肯定存在‘恶意’”).

否则他为什么要为某个债权支付高于其在重整计划下能够获得的金额的价格呢？这就像以 1.01 美元购买 1 美元的纸币。但是还有更多良性的解释。一个重要的利害关系人可能愿意购买某个债权组中的更多债权来确保重整计划受挫，因为他认为提出的重整计划会使债务人误入歧途。如果重整计划考虑将企业出售给一个无法有效经营该企业的竞争对手，则有人可能会收购债权来投票反对该计划，并确保企业能够作为营运事业继续存续，或者至少以更高的价格清算。他收购债权是为了保护公司的价值以及他自己在其中的利益。[22]

在很多情况下，包括在 ***P-R Holding Corp.*** 案中，更高的价格很大程度上反映了**控制权溢价**（control premium）。以最简单的情况为例。只有一组债务，并且重整计划规定给每一美元的债务一股重整后实体的股份。一个投资者收购了足够多的债务，以便获得重整后公司的控制权益。出售股份的股东比剩余的少数股东获得的要多，因为他们获得了一些控制权溢价。同样的现象还发生在破产外敌意收购的情况下。 269
通常情况下，控股股东可以溢价出售，并且没有义务分享溢价。如果不这样做就会抑制公司控制权的市场，使投资者整体受到损害。

认识到公平对待的这一单独暗流非常重要。我们在 *In re Allegheny International, Inc.*[23] 案中看到了这一点。针对收购了**福尔库姆证券公司**（fulcrum security）控制权的一个外部人，法院确立了一种救济措施，确保控制权溢价扩大到组别中的每个人。在其他一些案例中，没有发现滥用行为恰恰是因为债权收购人愿意以相同的条款买断债权组中的所有人。这一事实并不总是充分的，但是是有帮助的，因为它至少消除了这一顾虑。

在诸如 *Higbee* 的案例中，还要防止“绿票欺诈”（greenmail）。破

---

[22] See, e. g. , In re Pine Hill Collieries Co. , 46 F. Supp. 669 (E. D. Pa. 1942). 本案中的债权人之前管理过债务人，同时也是股东。我们可以想象一下，这个案件会走向另一个方向，因为这个记录可能支持这样一种推论，即债权人不仅是在保护自己作为债权人的利益，而且也在保护其他的商业利益。See id. at 672.

[23] 118 Bankr. 282 (Bankr. W. D. Pa. 1990).

产之外，在一个人收购了一大批表决票并且以恶意的收购战来威胁管理者，迫使公司溢价回购他的股份时，就会出现“绿票欺诈”的问题。某人获得了关键组别中的**阻却地位**（blocking position），并且威胁要投票反对重整计划，除非它能够获得清偿，用**威廉·道格拉斯**（William O. Douglas）的话说，他实际上是在说：“只要花钱就能得到我们的投票”。[24] 换句话说，这不是债权收购人的不当行为，而是债权出售人的不当行为。其过错在于，仅仅因为会造成对他人的损害而威胁采取行动以获得清偿。有了这样的规则，那些优先股股东就不会威胁要进行昂贵的上诉来要求获得付款，因为他们不会从中得到任何好处。

我们必须担心重整过程的公正问题。侵略性的债权交易可能会扰乱某些程序，这些程序旨在确保程序不被滥用，以及战略参与者无法获取理应属于他人的价值。**克拉克**（Clark）法官在 *In re Applegate, Property, Ltd.*[25] 案中简明扼要地阐述了这一观点：

270 > 批准以阻止对手的计划为目的的债权收购，将会……引起几乎完全在《破产法典》精心设计的结构（重整计划、披露声明、同等对待、受规制的拉票、法院监督下的批准）之外进行的对投票的争夺，使债权人选择的并非最佳计划，而是他们可能能够单独谈判的最佳交易。毫无疑问，债权人会获得清偿，但是不是平等的清偿，也不是基于准确的信息。这样的一场混战可能会吸引具有创业精神的资本家，但是也会招致欺诈和腐败行为……[26]

收购债权来确保重整计划获得通过或者被否决，无异于在地方政府选举中购买选票。你可以试图说服选民，让他们相信你是更好的候选

---

[24] DISH Network Corp. v. DBSD North America, Inc., 634 F. 3d 79, 103 n. 10 (2d. Cir. 2011)(citing Revision of the Bankruptcy Act: Hearing on H. R. 6439 Before the House Comm. on the Judiciary, 75th Cong. 182 (1937)(statement of William O. Douglas)).

[25] 133 Bankr. 827 (Bankr. W. D. Tex. 1991).

[26] Id. at 836.

人，但是你不能向他们付钱来让他们投票给你。第 11 章中赤裸裸地买票与此相比没有任何不同。

抛开其他的不说，倾向于这一观点的法院可以引用《博拉法案》(Borah Act)。根据该法案，故意或欺诈性地给予、提供、接受或者试图获取任何金钱或者其他好处，以在任何破产案件中采取行动或者不采取行动，均属非法。[27] 从广义上理解，任何以投票赞成或反对重整计划为目的进行的债权收购都是禁止的。然而，值得注意的是，尽管措辞笼统，但是对战略性债权收购产生普遍怀疑的案例往往涉及内部人。

由于他们对其他人负有信义义务，内部人的行为必须受到比外部投资者更严格的审查，即便是那些采取战略性行动的外部投资者。通过购买**福尔库姆证券公司**（fulcrum security）取得控制权的外部收购人，不太可能遇到内部人或者收购一个组别来阻碍计划的外部收购人会遇到的麻烦。当购买**福尔库姆证券公司**的人愿意以与其他人提供的同样的条件收购时，这种可能性更低。

《破产法典》是围绕着**整组表决**（classwide voting）的理念构建的。这一方式——依赖于分散债权人共同利益的方式，在投资者只有几种选择的情况下是最容易被证明是正当的。然而，将分散在多个债权类别中的普通债权结合起来，由此产生的复杂地位已经成为一种常态现象。法院尚未理清在很多债权人占据着资本结构的很多不同层次这一 271
新情况下如何协调组别表决。不幸的是，很多规制债权人占据多个组别中的位置这种行为的判例法涉及的都是单一资产的不动产案例，这些案例的样态与涉及投资者有多重身份的大公司的案例完全不同。

一个大型出租公寓开发项目的所有者进入破产。[28] 他有一个债权金额为数百万的担保债权人，以及少量的无担保债权人。最大的无担保债权，占所有未偿债权的 1/3 多一点，属于一个 12 岁的孩子，他在破

---

[27] 18 U. S. C. § 152.

[28] 这个假设大致基于以下案件：Figter Ltd. v. Teachers Insurance & Annuity Association, 118 F. 3d 365 (9th Cir. 1997)。

产申请提交前的那个周六修剪了草坪但是没有获得20美元的报酬。

债务人提出了一个重整计划，在这个计划中他将逐步将出租公寓转变为托管公寓。如果计划成功，股东将获得巨大的收益。如果该计划失败，担保债权人将会承担全部损失。他将要花费数年的时间，来收拾这个半出租半托管的失败物业的烂摊子。债务人的重整计划提供给担保债权人一张据称相当于其担保债权价值的票据。该计划以现金向无担保债权人支付比其债权金额少一美分的数额。

担保债权人找到了那个12岁的孩子，按面值收购了他的债权并且投票反对重整计划。这样做将确保没有任何一个受到削弱的债权组愿意通过计划，该计划也就不能获得批准。该案并不需要进行高成本的估值听证。当然，担保债权人对12岁孩子债权的投票与其作为无担保债权人的利益无关，而完全是为了保护其作为担保债权人的地位。允许担保债权人收购无担保债权组中1/3的债权并且用该表决权来否决重整计划，使担保债权人能够将其作为担保债权人的意愿强加给整个无担保债权组。认为担保债权人的表决无论如何都反映了其**作为无担保债权持有人**的利益，这简直是愚蠢的想法。

在这种情况下，计算担保债权人的投票可能不太公平。允许担保债权人为无担保债权人发声是合理的，因为首先让普通债权人发言是没什么意义的。该案是一个被欠数百万的担保债权人和一个不动产开发
272 商之间的斗争。我们允许担保债权人收购债权来阻挠债务人的重整，因为我们怀疑债务人已经获得了对重整计划的足够支持。拥有少数债权金额微不足道的无担保债权人的信任应该是不够的。

更重要的是，这些案件的经验教训不应该适用于投资者有着多重身份的更复杂的案件，因为那完全是另外一种情况。《破产法典》目前的结构使法官处于一个十分尴尬的境地。如果法官允许有着多重身份的债权人为少数发声，那么这些少数人就被剥夺了表决的权利。但是，如果有着多重身份的债权人的投票被排除，则**他的**表决权被剥夺了。没有简单的解决方案。如果有利益冲突的债权人的债权被单独分为一个组别来确保所有人都投票，并且没有人有利益冲突，那么有着多重

身份的债权人有权在任何情况下坚持要求强制批准。希望进行强制批准听证的债权人则只需要收购其他组别中的债权。

法院似乎倾向于在三种方法中选择一种。第一种方法是 *In re Adelphia Communications Corp.*[29] 一案中戈伯（Gerber）法官的方法。债权人在多个组别中占据位置的情形在大型案件中是不可避免的。只要不涉及内部人，并且只要涉及的人只是提高他们自己作为债权人的地位（即使是作为其他组别中的债权人），那么规则就是旧西部械斗的规则：没有规则。

这场战斗是经验丰富的专业人士之间的战斗。没有寡妇或者孤儿参与。竞争环境是公平的。最后，所有人都享有第 1129 条的实质性规则，任何被批准的重整计划都必须符合《破产法典》的标准。可能会有边缘政策（brinkmanship），但这在其他情境中也存在。我们希望更冷静的头脑能占上风，但是如果没有，他们就只能怪自己。

第二种方法是法院在 *Aladdin Hotel Co. v. Bloom*[30] 案中采用的方法。这是一个老案件，也是完全发生在破产外的案件，但是这个案件被放在《破产法典》的立法历史中进行讨论，仍然提供了有益的例证。阿拉丁（Aladdin）酒店发行的未偿付债券可以以 2/3 的多数同意延长偿还本金的日期。这家酒店挣扎了很长时间。某个家族的成员最终取得了对酒店的控制，并且开始对其进行管理。至此，利息已经多年未曾 273
支付，酒店需要进行一些升级。该家族拥有大部分股票以及超过 2/3 的未偿付债券。该家族投资了 300,000 美元用于酒店的升级，开始支付利息，还清了第一笔抵押贷款，并且总收入增加了2 倍。同时，他们将本金到期的日期延长了 10 年。他们可以对债券进行这种变更，因为他们控制着债券和普通股。

变更之后，约瑟芬·布卢姆（Josephine Bloom）购买了部分债券，并起诉了这家酒店，理由是该家族作为股东的身份应该使他们无法投

---

[29] 441 Bankr. 6 (Bankr. S. D. N. Y. 2010).

[30] 200 F. 2d 627 (8th Cir. 1953).

票表决延长本金到期的日期。上诉法院认为该家族是善意的，布卢姆（或者更确切地说，其前手）已经由于未能及时提出异议而通过了这一变更。[31]

Aladdin 案代表了一种观点，即具有多重身份的投资者的行为应该接受严格审查。他们没有被禁止采取行动，但是当他们行动时，心中必须有整个公司的利益。该家族的成员是控股股东，因此负有各种信义义务。但是他们并没有违反这些信义义务。他们想要最大化债务人整体的价值，他们遵守了债券契约本身的形式要求。

Aladdin 案中的情况不可能再在破产外出现，因为《信托契约法》（Trust Indenture Act）不再允许在破产外进行此类变更，无论这种变更多么合理。[32] 但是，我们可以认为，*Aladdin* 案的方法就是第1126(e)条采取的方法。本身并不禁止，但是要进行审查——当利益冲突涉及内部人或者那些手握控制权的人时，应该进行特别审查。

第三种方法是禁止有利益冲突的人进行表决。众议院版本的《破产法典》有一个旨在推翻 *Aladdin* 案的规定。该规定明确授权法院从通过重整计划所需债权或股权的金额和数量中排除某类实体的投票，即“在这一组别中存在利益冲突，其实质足以证明排出该实体的债权或股
274 权是合理的”实体。[33] 从这一观点来看，允许该家族享有两个身份，存在一个固有的问题。该家族作为股东的利益使其无法同时代表债券持有人的利益。

虽然存在关于当债权人拥有多重身份时应该如何对待他们这一问题的争论，但是关于别有用心的第三人不能利用重整过程的杠杆，来达成他们自己的目的这一基本原则并无争论。当第三人取得债权并进行

---

[31] 200 F. 2d at 633.

[32] 15 U. S. C. §77aaa.

[33] H. R. 8200, 95th Cong., 1st Sess. (1977)，包括第1126(e)条的规定，欲知更多关于立法历史的分析，see Mark G. Douglas, Disenfranchising Strategic Investors in Chapter 11: “Loan to Own” Acquisition Strategy May Result in Vote Designation, 6 Pratt's J. Bankr. L. 383, 387 n. 31 (2010)。

表决时，挑战最终在于如何在别有用心的目的和允许的行为之间划清界限。

有些案例很简单。例如，心怀不满的前雇员创办了一家竞争性公司，他们不能获得债权以投票给他们的前雇主制造麻烦。[34] 如果债务人进行的是止赎而不是重整，那么重新取得所有权的开发商就不能为了阻碍重整而购买债权。[35]

这一理论的起源可以追溯到 *Texas Hotel Securities Corp. v. Waco Development Co.* [36] 案。该案围绕着关于得克萨斯州韦科市的罗斯福大饭店（Roosevelt Hotel）的一场争论。一群当地的商人接管了一个旧酒店，并请了康拉德·希尔顿（Conrad Hilton）对其进行翻新，建造了新塔楼然后运营该酒店。这是希尔顿（Hilton）在得克萨斯州的第三家酒店。交易从将旧酒店出售给希尔顿开始。他以该不动产取得了一大笔抵押贷款，进行了大规模的翻新。然后希尔顿将酒店卖回给了当地的商人，但是保留了该不动产上99年的租约，并继续负责偿还贷款。大萧条期间生意下滑。希尔顿继续清偿抵押贷款，但是拖欠了租金。随后在州法院开始了诉讼。韦科市的商人们胜诉。他们能够因为希尔顿未能支付租金而驱逐他，并且取消租约。

当时的商人不久之后发现他们处于与希尔顿一样的处境。他们不 275
需要支付租金，但是他们必须清偿抵押贷款，很快他们甚至都做不到这一点了。他们提交了破产申请。希尔顿仍然非常恼怒于对这些当地商人利用当地法院拿回酒店并取代其经理位置，他在一个受到削弱的债权组中收购到了阻却地位，然后投票反对计划。希尔顿没有重新获得酒店的控制权，但是第五巡回法院支持了希尔顿的投票权。[37]《破产法典》的立法历史表明，赋予破产法官排除投票的权力意在推翻这个案例。

㉞ See In re MacLeod Co., 63 Bankr. 654 (Bankr. S. D. Ohio 1986).

㉟ See In re Dune Deck Owners Corp., 175 Bankr. 839 (Bankr. S. D. N. Y. 1995).

㊱ 87 F. 2d 395 (5th Cir. 1936).

㊲ See 87 F. 2d at 399 – 400.

抛开希尔顿最初是否应该被驱逐这个问题（以及希尔顿进行的有利于当地商人的对酒店的升级这一问题）不说，希尔顿的动机是值得怀疑的。他投票反对计划的目的，就是要重新取得酒店的管理权，而不是最大化债权的价值或者甚至是酒店本身的价值。通过收购一个组别中1/3多一点的债务，希尔顿获得了这一阻却地位。与认为其能够最大限度地利用公司的战略性收购人不同，希尔顿是在促进其作为该酒店未来管理者而不是未来所有人的利益。

如果希尔顿想要买下酒店，并将取得投票权作为其战略的一部分，情况将有所不同。但是我们甚至必须怀疑地看待这类行为。我们需要担心的是，战略性收购人可能收购一个关键组别中的控制地位或者阻却地位，并以此来阻止任何没有以有利的条件将债务人的资产交付给他的计划。[38] 外部人不能仅仅为了控制重整过程并将其推向他的方向而取得债权。

在案件期间收购债权，随后被指控有为别有用心的债权人通常会回应：即使他现在试图获得债务人的控制权，但是他"购买债权是为了最大化其投资并且促进其自己的经济利益，而不是为了促进针对债务
276 人的战略性竞争利益"。[39] 当然，困难在于促进某人的经济利益通常和促进与其他人利益相冲突的战略性利益是一致的。

当买方在对支点证券（fulcrum security）进行大量投资，然后试图收购额外的债权以确保计划通过时，就会出现很困难的情况。它既是投资者也是买方。非破产法试图通过在这种情况下给股东施加义务来解决这一问题。在那种环境下这种方式完全无法发挥作用，但是在破产中，债权人通常完全没有义务，基准甚至更少。

在理解这个问题时，就像其他没有简单答案的问题一样，我们必须回到第一性原理。在此过程中，我们应该理解破产法及其局限，法律规则无法解决非法律问题。法律规则无法使鲁莽的人聪明、不幸的人

---

[38] DISH Network Corp. v. DBSD North America, Inc., 634 F. 3d 79 (2d. Cir. 2011).

[39] In re Lichtin/Wade LLC, 2012 WL 6576416 (Bankr. E. D. N. C. 2012).

幸运，也不能将经营不善的企业与市场现实隔离开来。破产的目标必然是适度的。“诚实而不幸”的个人应该获得全新开始。具有营运价值的公司应当能够获得新的资本结构，而那些无法生存的公司应该能够迅速处理好它们的各项事务。破产法不能创造奇迹，追求无法拥有的东西往往得不偿失。在努力使破产制度发挥作用的过程中，我们应该回顾一下我已故的同事和导师沃尔特·布卢姆（Walter Blum）经常说的话：在法律中，95%就是完美。

277 # 案例列表*

* 案例列表、法规列表、索引中的页码为本书页边码。

283 # 法规列表

Bankruptcy Code

286 索引

图书在版编目(CIP)数据

美国破产法精要：第6版/(美)道格拉斯·G.贝尔德(Douglas G. Baird)著；徐阳光，武诗敏译. -- 新1版. -- 北京：法律出版社，2020
(破产法文库)
书名原文：Elements of Bankruptcy，6th Edition
ISBN 978-7-5197-4695-7

Ⅰ.①美… Ⅱ.①道… ②徐… ③武… Ⅲ.①破产法—美国 Ⅳ.①D971.222.9

中国版本图书馆CIP数据核字(2020)第111804号

美国破产法精要(第6版)
MEIGUO POCHANFA JINGYAO(DI 6 BAN)

[美]道格拉斯·G.贝尔德(Douglas G. Baird)著
徐阳光 武诗敏 译

策划编辑 沈小英
责任编辑 刘晓萌
装帧设计 马 帅

出版 法律出版社
总发行 中国法律图书有限公司
经销 新华书店
印刷 中煤(北京)印务有限公司
责任校对 王沁陶
责任印制 吕亚莉

编辑统筹 法治与经济出版分社
开本 710毫米×1000毫米 1/16
印张 20.75
字数 297千
版本 2020年9月第1版
印次 2020年9月第1次印刷

法律出版社/北京市丰台区莲花池西里7号(100073)
网址/www.lawpress.com.cn
投稿邮箱/info@lawpress.com.cn
举报维权邮箱/jbwq@lawpress.com.cn
销售热线/400-660-8393
咨询电话/010-63939796

中国法律图书有限公司/北京市丰台区莲花池西里7号(100073)
全国各地中法图分、子公司销售电话：
统一销售客服/400-660-8393/6393
第一法律书店/010-83938432/8433 西安分公司/029-85330678 重庆分公司/023-67453036
上海分公司/021-62071639/1636 深圳分公司/0755-83072995

书号：ISBN 978-7-5197-4695-7 **定价**：118.00元